元 脱脱等撰

宋史

第九册

卷一一六至卷一二九（志）

中華書局

宋史卷一百一十六

志第六十九

禮十九 賓禮一

大朝會儀 常朝儀

周官：司儀掌九儀賓客擯相，詔王南鄉以朝諸侯；「大行人掌大賓之禮、大客之儀，以親諸侯」。蓋君臣之際體統雖嚴，然而接以仁義，攝以威儀，實有賓主之道焉。是以小雅鹿鳴燕其臣下，皆以嘉賓稱之。宋之朝儀，政和詳定五禮，列爲賓禮。今修宋史，存其舊云。

大朝會。宋承前代之制，以元日、五月朔、冬至行大朝會之禮。太祖建隆二年正月朔，始受朝賀於崇元殿，服衮冕，設宮縣、仗衞如儀〔一〕。仗退，羣臣詣皇太后宮門奉賀。帝常服，御廣德殿，羣臣上壽，用教坊樂。五月朔，受朝賀於崇元殿，帝服通天冠、絳紗袍，宮縣、儀仗如元會儀。乾德三年冬至，受朝賀於文明殿，四年於朝元殿，賀畢，常服御大明殿，羣臣上壽，始用雅樂登歌、二舞，羣臣酒五行罷。

太宗淳化三年正月朔，命有司約開元禮定上壽儀，皆以法服行禮，設宮縣、萬舞，酒三行罷。

眞宗咸平三年五月朔，雨，命放仗，百官常服，起居於長春殿，退詣正衙，立班宣制。

仁宗天聖四年十二月，詔明年正月朔先率百官赴會慶殿，上皇太后壽，酒畢，乃受朝天安殿，仍令太常禮院修定儀制。

五年正月朔，曉漏未盡三刻，宰臣、百官與遼使、諸軍將校，並常服班會慶殿。內侍請皇太后出殿後幄，鳴鞭，升坐；又詣殿後皇帝幄，引皇帝出。帝服鞾袍，於簾內北向褥位再拜，跪稱：「臣某言：元正啓祚，萬物惟新。伏惟尊號皇太后陛下，膺時納祜，於天同休。」內常侍承旨答曰：「履新之祐，與皇帝同之。」帝再拜，詣皇太后御坐稍東。內給事酌酒授內謁者監進，帝跪進訖〔二〕，以盤興，內謁者監承接之，帝却就褥位，跪奏曰：「臣某稽首言：元正令節，不勝大慶，謹上千萬歲壽。」再拜，內常侍宣答曰：「恭舉皇帝壽酒。」帝再拜，執盤侍立，教坊樂止，皇帝受虛醆還幄。通事舍人引百官橫行，典儀贊再拜、舞蹈、起居。太尉升自西階，稱賀簾外，降，還位，皆再拜、舞蹈。侍中承旨曰「有制」，皆再拜，宣曰：「履新之吉，與公等同之。」皆再拜、舞蹈。閤門使簾外奏：「宰臣某以下進壽酒。」皆再拜。太尉升自東階，翰林使酌御酒盞授太尉，執盞盤跪進簾外，內謁者監跪接以進，太尉跪奏曰：「元正令節，臣等不勝慶抃，謹上千萬歲壽。」降，還位，皆再拜。宣徽使承旨曰：「舉公等觴。」皆再拜。太尉升，立簾外，樂止。內謁者監出簾授虛盞。太尉降階，橫行，皆再拜、舞蹈。宣徽使承旨宣羣臣升殿，再拜，升，及東西廂坐，酒三行，侍中奏禮畢，退。樞密使以下迎乘輿於長春殿，起居稱賀。百官就朝堂易朝服，班天安殿朝賀，帝服袞冕受朝。禮官、通事舍人引中書令〔三〕、門下侍郎各於案取所奏文，詣褥位，脫劍舄，以次升，分東西立。諸方鎮表、祥瑞案先置門外，左右令史絳衣對舉，給事中押祥瑞〔四〕、中書侍郎押表案入，分詣東西階下對立。既賀，更服通天冠、絳紗袍，稱觴上壽，止舉四爵。乘輿還內，恭謝太后如常禮。

神宗元豐元年，詔龍圖閣直學士、史館修撰宋敏求等詳定正殿御殿儀注，敏求遂上朝會儀二篇、令式四十篇，詔頒行之。其制：

元正、冬至大朝會，有司設御坐大慶殿，東西房于御坐之左右少北，東西閣于殿後，百官、宗室、客使次于朝堂之內外。五輅先陳于庭，兵部設黃麾仗于殿之內外。大樂令展宮架之樂于橫街南。鼓吹令分置十二案于宮架外。協律郎二人，一位殿上西階之前楹，一位宮架西北，俱東向。陳輿輦、御馬于龍墀，繖扇于沙墀，貢物于宮架南，冬至不設貢物。餘則列大慶門外。陳布將士于街。左右金吾六軍諸衞勒所部，列黃麾大仗于門及殿庭。百僚、客使等俱入朝。文武常參官朝服，陪位官公服，近仗就陳于閤外。大樂令、樂工、協律郎入就位。中書侍郎以諸方鎭表案，給事中以祥瑞案俟于大慶門外之左右。冬至不設給事中位、祥瑞案。諸侍衞官各服其器服。

輦出，至西閤降輦，符寶郎奉寶詣閤門奉迎，百官、客使、陪位官俱入就位。侍中版奏中嚴，又奏外辦。殿上鳴鞭，宮縣撞黃鐘之鐘，右五鐘皆應。內侍承旨索扇，扇合，帝服通天冠、絳紗袍。御輿出，協律郎舉麾奏乾安樂，鼓吹振作。帝出自西房，降輿卽坐，扇開，殿下鳴鞭。協律郎偃麾樂止，爐煙升。符寶郎奉寶置御坐前，中書侍郎、給事中押表案、祥瑞案入，詣東西階下對立，百官、宗室及遼使班分東西，以次入，正安樂作，就位。樂止，押樂官歸本班，起居畢，復案位。三師、親王以下及御史臺、外正任、遼使俱就北向位。典儀贊拜〔三〕，在位者皆再拜，起居訖，太尉將升，中書令、門下侍郎俱降至兩階下立。凡太尉行，則樂作，至位樂止。太尉詣西階下，解劍脫舃升殿。中書令、門下侍郎各於案取所奏之文詣褥位，解劍脫舃以次升，分東西立以俟。太尉詣御坐前，北向跪奏：「文武百寮、太尉具官臣某等言：元正啓祚，萬物咸新。冬至易爲「晷運推移，日南長至」。伏惟皇帝陛下應乾納祜，與天同休。」俛伏，興，降階，佩劍納舄，餘官準此。還位，在位官俱再拜、舞蹈，三稱萬歲，再拜。侍中進當御坐前承旨，退臨階，西向，稱制宣答曰：「履新之慶，冬至易曰「履長之慶」。與公等同之。」贊者曰「拜」，舞蹈三稱萬歲。橫行官分班立。中書令、門下侍郎升詣御坐前，各奏諸方鎮表及祥瑞訖，戶部尙書就承制位俛伏跪奏諸州貢物，請付所司。禮部尙書奏諸蕃貢物如之。司天監奏雲物祥瑞，請付史館，皆如上儀。侍中進當御坐前奏禮畢，殿上承旨索扇，殿下鳴鞭，宮縣撞蕤賓之鐘，左五鐘皆應，協律郎舉麾，宮縣奏乾安樂，鼓吹振作，帝降坐，御輿入自東房，扇開，偃麾樂止。侍中奏解嚴〔六〕，百官退還次。客使、陪位官並退。

有司設食案，大樂令設登歌殿上，二舞入，立于架南。預坐當升殿者位御坐之前，文武相向，異位重行，以北爲上，非升殿者位于東西廊下。尙食奉御設壽尊于殿東楹少南，設坫于尊南，加爵一。有司設上下羣臣酒尊于殿下東西廂〔七〕。侍衞官及執事者各立其位，仗衞仍立俟，上壽百官立班如朝賀儀。

侍中版奏中嚴、外辦，聞鳴鞭，索扇，帝服通天冠、絳紗袍，御輿出東房，樂作。帝卽坐，扇開，樂止。贊拜畢，光祿卿詣橫街南，跪奏：「具官臣某言，請允羣臣上壽。」興，侍中承旨稱制可，少退。舍人曰「拜」，光祿卿再拜訖，復位。三師以下就位，贊者曰「拜」，在位者皆拜舞，三稱萬歲。太尉升殿，詣壽尊所，北向，尚食奉御酌御酒一爵授太尉，搢笏執爵詣前跪進，帝執爵，太尉出笏，俛伏，興，少退，跪奏：「文武百寮、太尉具官臣某等稽首言：元正首祚，臣等不勝大慶，謹上千萬壽。」俛伏，興，降，復位。贊者曰「拜」，在位者皆再拜，三稱萬歲。侍中承旨退，西向宣曰：「舉公等觴。」贊者曰「拜」，在位者皆再拜，三稱萬歲，北向，班分東西序立。太尉自東階侍立，帝舉第一爵〔九〕，和安樂作，飲畢，樂止。太尉受虛爵復於坫，降階。三師以下再拜、舞蹈〔九〕，稱萬歲，如上儀。

侍中進奏：「侍中具官臣某言，請延公王等升殿。」俛伏，興，降，復位，侍中承旨退，稱有制，贊者曰「拜」，在位者皆再拜。宣曰：「延公王等升殿〔一〇〕。」贊者曰「拜」，在位者皆再拜。公王等詣東西階〔一一〕，升立於席後。尚食奉御進酒，殿中監省酒以進，帝舉第二爵，登歌作甘露之曲。飲訖，殿中監受爵，樂止。羣臣升殿，就橫行位。舍人曰：「各賜酒。」贊者曰「拜」，羣官皆再拜，三稱萬歲。舍人曰：「就坐。」太官令行酒，羣官搢笏受酒〔一二〕，宮縣作正安之樂，文舞入，立宮架北。觴行一周。凡行酒訖，並太官令奏巡周，樂止。尚食進食，升階，以次置御坐前。又設羣官食，訖，太官令奏食徧。太樂丞引盛德升聞之舞入，作三變，止，出。殿中監進第三爵，羣官立席後。登歌作瑞木成文之曲。飲訖，樂止。殿中丞受虛爵，舍人曰：「就坐。」羣官皆坐。又行酒、作樂、進食，如上儀。太樂丞引天下大定之舞，作三變，止，出。殿中監進第四爵，登歌奏嘉禾之曲，如第三爵。太官令行酒又一周，樂止，舍人曰：「可起。」百寮皆立席後，侍中進御坐前跪奏禮畢，俛伏，興，與羣官俱降階復位，贊者曰「拜」，皆再拜、舞蹈，三稱萬歲，起，分班立。殿上索扇，扇合，殿下鳴鞭，太樂令撞蕤賓之鐘，左右鐘皆應〔三〕。協律郎俛伏，舉麾，太樂令令奏乾安之樂，鼓吹振作。帝降坐，御輿入自東房，扇開，樂止。侍中奏解嚴，所司承旨放仗。百寮再拜，相次退。

舊制，朝賀、上壽，帝執鎭圭，至是始罷不用。

元祐八年，太常博士陳祥道言：「貴人賤馬，古今所同。故覲禮馬在庭，而侯氏升堂致命；聘禮馬在庭，而賓升堂私覿。今元會儀，御馬立於龍墀之上，而特進以下立於庭，是不稱尊賢才、體羣臣之意。請改儀注以御馬在庭，於義爲允。」

舊制，五月朔受朝，熙寧二年詔罷之。元符元年四月，得傳國受命寶，禮官言：「五月朔於故事當大朝會，乞就是日行受寶之禮，依上尊號寶册儀。前一日，帝齋于殿內；翼日服通天冠、絳紗袍，御大慶殿，降坐受寶，羣臣上壽稱賀。」其後，徽宗以元日受八寶及定命寶，冬至日受元圭，皆于大慶殿行朝賀禮。

新儀成，改元豐儀太尉爲上公，侍中爲左輔，中書令爲右弼，太樂令爲大晟府，盛德升聞爲天下化成之舞，天下大定爲四夷來王之舞及增刑部尙書奏「天下斷絕，請付史館」；餘並如舊儀。凡遇國恤則廢，若無事不視朝，則下敕云「不御殿」，羣臣進表稱賀于閤門。

紹興十二年十月，臣僚言：「竊以元正一歲之首，冬至一陽之復，聖人重之，制爲朝賀之禮焉。自上世以來，未之有改也。漢高祖以五年卽位，而七年受朝于長樂宮；我太祖皇帝以建隆元年卽位，受朝于崇元殿。主上臨御十有六年，正、至朝賀，初未嘗講。艱難之際宜不遑暇。茲者太母還宮，國家大慶，四方來賀，亶惟其時。欲望自今元正、冬至舉行朝賀之禮，以明天子之尊，庶幾舊典不至廢墜。」禮部太常寺考定朝會之禮，依國故事，設黃麾、大仗、車輅、法物、樂舞等，百寮服朝服，再拜上壽，宣王公升殿，間飲三周。詔：「自來年舉行。」十一月，權禮部侍郎王賞等言：「朝會之制，正旦、冬至及大慶受朝受賀，係御大慶殿。其文德、紫宸、垂拱殿禮制各有不同，月朔視朝則御文德殿，謂之前殿正衙，仍設黃麾半仗；紫宸、垂拱皆係側殿〔四〕，不設儀仗。元正在近，大慶殿之禮事務至多，乞候來年冬至別行取旨。」詔從之。

明年，閤門言：「依汴京故事，遇行大禮，則冬至及次年正旦朝會皆罷。」

十四年九月，有司言：「明年正旦朝會，請權以文德殿爲大慶殿，合設黃麾大仗五千二十七人，欲權減三分之一；合設八寶於御坐之東西，及登歌、宮架、樂舞、諸州諸蕃貢物。行在致仕官、諸路貢士舉首，並令立班。」詔從之。十五年正旦，御大慶殿受朝，文武百官朝賀如儀。

常朝之儀。唐以宣政爲前殿，謂之正衙，卽古之內朝也。以紫宸爲便殿，謂之入閤，卽古之燕朝也。而外又有含元殿，含元非正、至大朝會不御。正衙則日見，羣臣百官皆在，謂之常參，其後此禮漸廢。後唐明宗始詔羣臣每五日一隨宰相入見，謂之起居，宋因其制。皇帝日御垂拱殿。文武官日赴文德殿正衙曰常參，宰相一人押班。其朝朔望亦於此殿。五日起居則於崇德殿或長春殿，中書、門下爲班首。長春卽垂拱也。至元豐中官制行，始詔侍從官而上，日朝垂拱，謂之常參官。百司朝官以上，每五日一朝紫宸，爲六參官。在京朝官以上，朔望一朝紫宸，爲朔參官、望參官，遂爲定制。

正衙常參。國朝之制：兩省、臺官、文武百官每日赴文德殿立班，宰臣一員押班。常朝官有詔旨免常朝，及勾當更番宿者不赴。遇假併三日以上，卽橫行參假。宰臣、參知政事及免常朝者悉集。事務急速，赴橫行不及者，牒報臺。如遇親王、使相過正衙，則取別旨。羣官見、謝、辭者，皆赴正衙。其日，文武班尙書、上將軍以下，並先敍立於殿門之外，東西相向。文班一品、二品不敍立。正衙見、謝、辭官立於大班之南，右巡使立正衙位南，北向。臺官大夫、中丞、三院御史各就揖，班位再揖。三院不全，卽不揖。揖訖，臺官與左巡使先入，各就位。左右巡使立鐘鼓樓下，左巡使奏武班，右巡使奏文班。如只巡使一員，卽就入班南立，單奏。如俱闕，卽於臺官或員外郞以下差攝。次兩班及右巡使入，次見、謝、辭官入，次兩省官入，兩省官自殿西偏門入，於右勤政門北偏門立，候文武班將至，循午階就位。次文班一品、二品入。次宰臣出東上閤門，就位，通事舍人一員立於閤門外，北向，四色官立其後。舍人通承旨奉敕不坐，四色官應喏急趨至放班位宣敕，在位官皆再拜而退。其應橫行者班定，通事舍人揖羣官轉班北向，舍人揖再拜復位，如常朝之儀。兩省官幕次舊在中書門外，近制就使權就朝堂門南上將軍幕次。凡見、謝、辭官，新受、加恩、出使到闕者〔一五〕。宰臣、親王、使相，候班定，引贊引出東上閤門，至押班位，西向立定，先赴午階南中書門下正衙位再拜，却還押班位。樞密使、副使、知院、同知院、簽書院事、參知政事、宣徽使、宗室節度使以下至刺史將軍，候班定，四方館吏引出東上閤門，至殿庭，由東黃道赴正衙位，北向，以西爲首，將軍以東爲首。正衙畢，宰臣、樞密出西便門，親王宗室入東上閤門。觀文殿大學士、資政殿大學士、觀文殿學士、三司使、翰林資政侍講、侍讀學士、直學士、知制誥、待制，直學士以上集丞郞幕次，待制集上將軍幕次。候班定，四方館吏引入殿西便門赴班，於大夫、中丞前出。門下、中書侍郎至正言，四方館吏引先集勤政門北，俟班定，於一品、二品官未就位前先就位，故班訖，由西偏門出。御史大夫至御史，序班如常朝。三師、三公、僕射，東宮三師、三少，班入殿門，朝堂吏引入殿東便門赴班，於兩省、臺官前出。尚書丞郎、左右金吾上將軍至將軍，序班如常朝。節度使至刺史、軍職四廂都指揮使以上〔一六〕，三司副使、文班京朝官、武官郎將以上，分司官、樞密都承旨、諸使副、醫官帶正員官者，並文東武西相向，重行序立，餘如常朝。其權三司使、開封府、吏部銓、祕書監、修撰、直館閣校理檢討、三司判官、主判官、開封府判官、推官、宮僚〔一七〕、內職、軍校領郡者，內客省使至通事舍人，節度行軍司馬至團練副使，幕職上佐州縣官，諸司勒留官新受者，京朝官改賜章服者，致仕、責授、降授，並謝。行軍副使仍辭。京朝官、貢舉發解畢者亦見。準儀制，知貢舉官合謝辭。近歲皆即時鎖宿，故謝辭皆停。

垂拱殿起居，則內侍省都知、押班，率內供奉官以下幷寄班等先起居；次客省、閤門使以下，呈進目者。次三班使臣，節度、觀察、防禦、團練、刺史等子弟充供奉官、侍禁、殿直，有旨令內朝起居者〔一八〕。次內殿當直諸班，殿前指揮使、左右班都虞候以下、內殿直、散員、散指揮〔一九〕、散都頭、金槍班等。次長入祗候、東西班殿侍，次御前忠佐，次殿前都指揮使率軍校至副指揮使，次駙馬都尉，任刺史以上者綴本班。次諸王府僚，次殿前諸軍使〔二〇〕、都頭，次皇親將軍以下至殿直，次行門指揮使率行門起居。以上並內侍贊喝。如傳宣前殿不坐，卽宰相、樞密使、文明殿學士、三司使、翰林樞密直學士、中書舍人、三司副使、知起居注、皇城內監庫藏朝官、諸司使副、內殿崇班、供奉官、侍禁、殿直、翰林醫官、待詔等同班入；次親王、侍衞親軍馬步軍都指揮使率軍校至副都指揮使，次使相，次節度使，次統軍，次兩使留後、觀察使，次團練、防禦使、刺史，次侍衞馬步軍使、都頭，起居畢，見、謝班入。如御崇德殿，卽紫宸殿也。卽樞密使以下先就班，候升坐，諸司使副以下至殿直，分東西對立，餘皆北面。長春殿皆北面〔二〕。宰相、參知政事最後入。以上並閤門贊喝。日止再拜，朔望及三日假，樞密使以下皆舞蹈。早朝，則宰相、樞密、宣徽使起居畢，升殿問聖體。宰相奏事，樞密、宣徽使退候。宰相對畢，樞密使復入奏事。次三司、開封府、審刑院及羣臣以次登殿。大兩省以上領務京師有公事，許卽時請對。自餘受使出入要切者，欲回奏事，則聽先進取旨。其見、謝、辭官，以次入于庭。凡見者先之，謝次之，辭又次之。出使閑慢或未升朝官，或止拜於門外，自祕書監、上將軍、觀察使、內客省使以上得拜殿門階上〔三〕，及升殿止拜御坐前，餘皆庭中班次。惟宰相、親王、使相赴崇德殿，卽宣徽使通喚，餘皆側立候通，再拜舞蹈；致辭，卽不舞蹈；見，卽將相升殿問聖體。其賜分物酒食及收進奉物，皆舞蹈稱謝。凡收進奉物皆入謝。幕職、州縣官謝、辭，卽判銓官引對，兼於殿門外宣辭戒勵。凡國有大慶瑞及出師勝捷，樞密使率內職軍校入賀致辭，閤門使宣答；宰相致辭，宣徽使宣答。如賜酒，卽預坐官後入，作樂送酒，如曲宴之儀。晚朝則宰相、樞密、翰林學士當直者，洎近侍執事之臣皆赴。

乾德六年九月，始以旬假日御講武殿，又名崇政。近臣但赴早參。宰相以下鞸笏，諸司使以下繫帶。其節假及大祀，並令如式。

開寶九年四月，詔旬休日不視事。及太宗卽位，復如舊視朝。退進食訖，則易服，御崇政殿。先羣臣告謝，次軍頭引見司奏事于殿下，次三班、審官院、流內銓、刑部及諸司引見官吏。如假日起居辭見畢，卽移御坐，臨軒視事。旣退，復有奏事，或閱器物之式者，謂之後殿再坐。

淳化三年，令有司申舉十五條：常參文武官或有朝堂行私禮，跪拜，待漏行立失序，談笑喧譁，入正衙門執笏不端，行立遲緩，至班列行立不正，趨拜失儀，言語微喧，穿班仗，出閤門不卽就班，無故離位，廊下食、行坐失儀，入朝及退朝不從正衙門出入，非公事入中書。犯者奪奉一月；有司振舉，拒不伏者，錄奏貶降。

景德二年，光祿寺丞錢易言：「竊覩文德殿常朝班不及三四十人，蓋以凡掌職務止赴五日起居，頗違舊章。望令並赴朝參。」乃詔應三館、祕書閣、尚書省二十四司、諸司寺監朝臣內殿起居外，並赴文德殿常參。其審刑院、大理寺、臺直官、開封府判官推官司錄兩縣令〔三〕、司天監、翰林天文、監倉場庫務等仍免。

大中祥符二年，御史知雜趙湘言：「伏見常參官每日趨朝，多不整肅。舊制，並早赴待漏院，候開內門齊入。伏緣每日迨辰以朝，以故後時方入。又風雨寒暑，即多稱疾，宜令知班驅使官視其入晚者申奏。疾者，遣醫親視。」

天禧四年十月，中書、門下言：「唐朝故事：五日一開延英，隻日視事，雙日不坐。方今中外晏寧，政刑清簡，望準舊事，三日、五日一臨軒聽政，隻日視事，雙日不坐。至於刑章、錢穀事務，遣差臣僚，除急切大事須面對外，餘並令中書、樞密院附奏。」詔禮儀院詳定，雙日前後殿不坐，隻日視事；或於長春殿，或於承明殿，應內殿起居羣臣並依常日起居；餘如中書、門下之議〔三〕。俄又請隻日承明殿常朝，依假日便服視事，不鳴鞭。詔可。

康定初，詔中書、樞密、三司，大節、大忌給假一日；小節、旬休並後殿奏事，前後毋得過五班，餘聽後殿對，御廚給食。假日，崇政殿辰漏，上入內進食，俟再坐復對。

神宗即位，御史中丞王陶以皇祐編敕宰臣押班儀制移中書，謂「天子新即位，大臣不應隳廢朝儀」，不報。舊制：祖宗以來，日御垂拱殿，待制、諸司使以上俱赴，而百官班文德殿，曰常朝；五日皆入，曰起居。平時，宰相垂拱殿奏事畢，赴文德殿押班，或日昃未退，則閤門傳宣放班，多不復赴。王陶以韓琦、曾公亮違故事不押班爲不恭，劾之。琦、公亮上表待罪，且言：「唐及五代會要，月九開延英，則餘日宰相當押正衙班。及延英對日，未御內殿前，傳宣放班，則宰相不押正衙班明矣。自祖宗繼日臨朝，宰相奏事。至祥符初，始詔循故事，押文德班。以妨職浸廢，乃至今日。請下太常、禮院詳定。」陶坐絀。司馬光代爲中丞，請令宰相遵國朝舊制押班，不須詳定。尋詔：「宰相春分辰初、秋分辰正，垂拱殿未退，聽勿赴文德殿，令御史臺放班。」光又言：「垂拱奏事畢，春分以後鮮有不過辰初，秋分以後鮮有不過辰正，然則自今宰臣常不至文德殿押班。請春分辰正、秋分巳初，奏事未畢，即如今詔，庶幾此禮不至遂廢。」迺詔春秋分率以辰正。

熙寧六年正月，西上閤門副使張誠一言：「垂拱殿常朝，先內侍唱內侍都知以下至宿衞行門計一十八班起居，後通事舍人引宰執、樞密使以下大班入，次親王，次侍衞馬步軍都指揮以下，次皇親使相以下十班入，方引見、謝、辭。或遇百官起居日，自行門後，通事舍人引樞密以下，次親王、使相以下至刺史十班入，方奏兩巡使起居。立定，方引兩省官入，次閤門引宰臣以下大班入。起居畢，候百官出絕，兩省班出，次兩巡使出，中書、樞密方奏事，已是日高；況大班本不分別丞郎、給諫、臺省及常參官，今獨使相以下曲爲分別，虛占時刻。請遇垂拱殿百官起居日，將親王以下十班合爲四班，親王爲一班，侍衞馬步軍都指揮使爲一班，皇親使相以下至刺史重行異位爲兩班，可減六班。如垂拱殿常朝不係百官起居，或紫宸殿百官起居，其親王、使相以下班，並依舊儀序入起居。」從之。九月，引進使李端愨言：

「近朔望御文德殿視朝，祁寒盛暑數煩清蹕，而紫宸之朝歲中罕御。請朔日御文德，既望坐紫宸，庶幾正衙、內殿朝儀並舉。」從之。

元豐八年二月，詔諸三省、御史臺、寺監長貳、開封府推判官六參，職事官、赤縣丞以上、寄祿升朝官在京釐務者望參，不釐務者朔參。

哲宗元祐四年十月，以戶部尚書呂公孺言，詔朔參官兼赴望參，望參官兼赴六參。五年，詔權侍郎並日參。

紹聖四年十月，御史臺言：「外任官到闕朝見訖，並令赴朔、望參。」尋又言：「元豐官制，朝參班序有日參、六參、望參、朔參，已著爲令。元祐中，改朔參兼赴望參，望參兼赴六參，有失先朝分別等差之意。止依元豐儀令。」從之。

政和詳定五禮新儀，有文德殿月朔視朝儀、紫宸殿望參儀、垂拱殿四參儀、紫宸殿日參儀、垂拱殿日參儀、崇政殿再坐儀、崇政殿假日起居儀，其文不載。中興仍舊制。

乾道二年九月，閤門奏：垂拱殿四參，四參官謂宰執、侍從、武臣正任、文臣卿監員郎監察御史已上。皇帝坐，先讀奏目。知閤以下，次御帶、環衞官以下，次忠佐、殿前都指揮使以下，次殿前司員僚，次皇太子，次行門已上，逐班並常起居。次樞密、學士、待制、樞密都承旨以下，知閤幷祗應武功大夫以下，通班常起居。次親王，次馬步軍都指揮使，次使相，次馬步軍員僚已上，逐班並常起居。次殿中侍御史入側宣大起居訖，歸侍立位。次宰執以下，並兩省官、文武百官入〔三〕，相向立定，通班面北立，大起居訖，凡常起居兩拜，大起居七拜。三省升殿侍立。次兩省官出，次殿中侍御史對揖出，三省、樞密院奏事，次引見、謝、辭，次引臣僚奏事訖，皇帝起。詔：「今後遇四參日，分起居班次，可移殿中侍御史及宰執以下百官班，令次樞密以下班起居。却令親王幷殿前都指揮使以下殿前司員僚，逐班於宰執以下班後起居，餘並從之。」

淳熙七年九月，詔：「自今垂拱殿日參，宰臣特免宣名。」

嘉定十二年正月，臣僚奏：「竊見皇帝御正殿，或御後殿，固可間舉，四參官亦有定日。近者每日改常朝爲後殿，四參之禮亦多不講，正殿、後殿、四參間免。陛下臨朝之日固未嘗輟，而外廷不知聖意，或謂姑從簡便，非所以肅百執事也。常朝之禮止於從臣，後殿之儀從臣不與，四參止及卿郎，而乃累月僅或一舉。咫尺天威，疏簡至此，非所以尊君上而勵百辟也。伏願陛下嚴常朝、後殿、四參之禮，起羣下肅謹之心，彰明時厲精之治，豈不偉哉。」從之。

初，羣臣見、辭、謝，皆赴正衙。淳化二年知雜御史張郁言：「正衙之設謂之外朝，凡羣臣辭、見及謝，先詣正衙，見訖，御史臺具官位姓名以報，閤門方許入對，此國家舊制也。自乾德後，始詔先赴中謝，後詣正衙。而文武官中謝後〔二六〕，次日並赴正衙，內諸司遙領刺史、閤門通事舍人以上新授者亦赴正衙辭謝，出使急速免衙辭者亦具狀報臺，違者罰奉一月。其內諸司職官并將校至刺史以上新授者〔二七〕，欲望同百官例，赴正衙謝。」從之。元豐既定朝參之制，侍御史知雜事滿中行上言〔二八〕：「文德正衙之制，尙存常朝之虛名，襲橫行之謬例，有司失於申請，未能釐正。兩省、臺官、文武百官赴文德殿，東西相向對立，宰臣一員押班，聞傳不坐，則再拜而退，謂之常朝。遇休假併三日以上，應內殿起居官畢集，謂之橫行。自宰臣、親王以下應見、謝、辭者，皆先赴文德殿，謂之過正衙。然在京釐務之官例以別敕免參，宰臣押班近年已罷，而武班諸衙本朝又不常置。故今之赴常朝者，獨御史臺官與審官、待次階官而已。今垂拱內殿宰臣以下既已日參，而文德常朝仍復不廢，舛謬倒置，莫此爲甚。至於橫行參假，與夫見、謝、辭官先過正衙，雖沿唐之故事，然必俟天子御殿之日行之可也。」詔下詳定官制所。言〔二九〕：「今天子日聽政於垂拱，以接執政官及內朝之臣，而更於別殿宣敕不坐，實爲因習之誤。兼有執事升朝官五日一赴起居，而未有執事者反謂之參〔三〇〕，疏數之節尤爲未當。又辭、見、謝，自已入見天子，則前殿正衙對拜爲虛文。其連遇朝假，則百官司赴大起居，不當復有橫行參假。宜如中行言。」於是常朝、正衙、橫行之儀俱罷。

校勘記

〔一〕仗衞如儀　「仗」原作「侍」，據通考卷一〇七王禮考、宋會要禮五六之四改。

〔二〕內給事酌酒授內謁者監進帝跪進訖　「事」原作「侍」，據通考卷一〇七王禮考、太常因革禮卷八七朝賀並上壽條改。

〔三〕通事舍人引中書令　「事」原作「侍」，據上文及通考卷一〇七王禮考改。

〔四〕左右令史絳衣對舉給事中押祥瑞　「史」原作「使」，「事」原作「侍」，據下文及通考卷一〇七王禮考改。

〔五〕典儀贊拜　「拜」字原脫，據通考卷一〇八王禮考並參考宋會要禮五六之一改。

〔六〕侍中奏解嚴　「中」原作「郎」，據上下文及通考卷一〇八王禮考、宋會要禮五六之二改。

〔七〕有司設上下羣臣酒尊于殿下東西廂　「于」字原脫，據通考卷一〇八王禮考補。

〔八〕帝舉第一爵　「帝」字原脫，據下文及通考卷一〇八王禮考並參考宋會要禮五六之三補。

〔九〕三師以下再拜舞蹈　「再」原作「贊」，據通考卷一〇八王禮考改。

〔一〇〕延公王等升殿　「王」字原脫，據上下文及通考卷一〇八王禮考補。

〔一一〕公王等詣東西階　「西」字原脫，據通考卷一〇八王禮考、宋會要禮五六之二補。

〔一二〕羣官搢笏受酒　「羣官」二字原脫，據通考卷一〇八王禮考、宋會要禮五六之三補。

〔一三〕左右鐘皆應　「右」，上文和通考卷一〇八王禮考都作「五」。「右」疑「五」之誤。

〔一四〕皆係側殿　宋會要禮五七之四、玉海卷七〇都作「皆係別殿」。

〔一五〕新受加恩出使到闕者　「新受」，宋會要儀制四之一作「新授」，「受」疑「授」之誤。

〔一六〕四廂都指揮使以上　「四」原作「兩」，據通考卷一〇八王禮考、宋會要儀制四之二改。

〔一七〕宮僚　原作「官僚」，據文義改。

〔一八〕侍禁殿直有旨令內朝起居者　「旨」原作「皆」，據通考卷一〇七王禮考、宋會要儀制二之一改。

〔一九〕散指揮　「指揮」原作「旨爲」，據通考卷一〇七王禮考、宋會要儀制二之一改。

〔二〇〕次殿前諸軍使　「諸」原作「都」，據通考卷一〇七王禮考、宋會要儀制二之一改。

〔二一〕長春殿皆北面　「皆」原作「階」。此處指長春殿起居時，諸司使副以下至殿直皆北向而立。通考卷一〇七王禮考作「皆」，據改。

〔二二〕內客省使以上得拜殿門階上　「客省使」三字原脫，據宋會要儀制九之七、通考卷一〇七王禮考補。

〔二三〕開封府判官推官司錄兩縣令　「令」字原脫，據長編卷六一補。

〔二四〕餘如中書門下之議　「議」原作「儀」，長編卷九六作「奏」。據此，「儀」當爲「議」之訛，因改。

〔二五〕並兩省官文武百官入　「武」原作「臣」，據宋會要儀制二之二三改

〔二六〕而文武官中謝後　此句下當有脫文。宋會要儀制四之三、長編卷三二在此句下，都有「多不卽赴正衙（長編於此句之下尙有「致朝綱之隳廢」一語），欲望自今內外官中謝後」等語。

〔二七〕其內諸司職官幷將校至刺史以上新授者　自此以下至「赴正衙謝」，宋會要儀制四之四、長編卷三二均無此段文字。按文義，此段文字與前文重複，當有衍誤。

〔二八〕侍御史知雜事滿中行　「滿」原作「蒲」，據宋會要儀制四之七、長編卷三二〇、玉海卷七〇改。

〔二九〕言　「言」字上有脫文。宋會要儀制四之八、長編卷三二〇都作「本所言」。

〔三〇〕而未有執事者反謂之參　「謂之」二字，宋會要儀制四之八、長編卷三二〇均作「日」，從上文看，於義較合。

宋史卷一百一十七

志第七十

禮二十 賓禮二

入閤儀　明堂聽政儀肆赦儀附　皇太后垂簾儀

皇太子正至受賀儀　皇太子與百官師保相見儀

入閤儀。唐制：天子日御正衙以見羣臣，必立仗。朔望薦食陵寢，不能臨前殿，則御便殿，乃自正衙喚仗由宣政兩門而入，是謂東、西上閤門，羣臣俟於正衙者因隨以入，故謂之入閤。五代以來，正衙既廢，而入閤亦希闊不講，宋復行之。

建隆元年八月朔，太祖常服御崇元殿，設仗衞，文武百官入閤，始置待制、候對官，乃以工部尙書竇儀〔一〕待制，太常卿邊光範候對。仗退，賜食廊下。

乾德四年四月朔〔二〕，帝服通天冠、絳紗袍，御崇元殿視朝，設金吾仗衞，羣臣入閤。

太宗淳化二年十一月，詔以十二月朔御文德殿入閤，令史館修撰楊徽之、張洎定爲新儀。前一日有司供帳於文德殿。宋初曰文明。是日既明，先列文武官于殿庭之東西，百官、軍校、行軍副使等序班於正衙門外屏南階下；次御史中丞、三院御史序立，中丞獨穿金吾班過揖兩班，一揖歸本位；次監察御史兩員監閤，於正衙門外屏北階上北面立；次中書、門下、文明翰林樞密直學士〔三〕、兩省官分班立；次司天奏辰刻；次閤門版奏班齊。皇帝服鞾袍乘輦，至長春殿駐輦，樞密使以下奏謁，前導至文德殿。殿上承旨索扇，捲簾。皇帝升位，扇却，儀鸞使焚香；次文武官等拜；次司天鷄唱；次閤門勘契；次閤門使承旨呼四色官喚仗，南班有辭謝者再拜先退，中書、門下班對揖，序立正衙門外屏北階上；次翰林學士、兩省官、中丞、侍御史序立；次金吾將軍押細仗入正衙門後，橫行拜訖，分行上黃道，仗隨入，金吾將軍至龍墀分班揖訖，序立；次吏部、兵部侍郎執文武班簿入〔四〕，對揖立；次中書、門下、學士、兩省、御史臺官入，北面拜訖，上黃道，將至午階，嚴蹕急趨赴丹墀，彈奏御史至吏部侍郎南便落黃道，急趨就位；起居郎、舍人至兵部、吏部侍郎後，急趨而進，飛至香案前，皆揖訖序立；次金吾大將軍先對揖並鞠躬，嚴蹕行至折方石位又對揖，北行至奏事石位鞠躬，一員奏軍國內外平安，倒行就位；次引文武班就位，揖訖，鞠躬，嚴蹕急趨入沙墀；次引侍從班橫行，宰臣祝月起居畢，分班序立；文武兩班出，序立於衙門外。刑法、待制官赴監奏位，中書、門下夾香案侍立，兩省御史臺官、學士、兵部吏部侍郎、金吾將軍、監閤御史並相次出，就衙門外立。惟學士立門側北候宰相。中書、門下詣香案前奏曰：「中書公事，臣等已具奏聞。」訖，乃退，揖殿出。次刑法官、待制官各奏事，並宣徽使答訖，乃出就班。次彈奏官、左右史出。閤內失儀者，彈糺如式〔五〕。彈奏官失儀，起居郎糺之；起居郎失儀，閤門使糺之；閤門使失儀，宣徽使糺之。凡出者皆厰韡急趨揖殿。次中書、門下、學士就位，閤門使宣放仗，再拜，賜廊下食，又再拜。次閤門使奏閤內無事〔六〕，文武官出，殿上索扇，垂簾，輦還宮。其賜廊下食，自左右勤政門北東西兩廊，文東武西，以北為上立定；中丞至本位，面南一揖，乃就坐食；至臺吏，贊乃搢笏食，食訖復贊，食畢而罷。五月朔〔七〕，命有司增黃麾仗二百五十人，令文武官隨中書、門下橫行起居，徙翰林學士位于參知政事後，與節度使分東西揖殿出。真宗凡三行之，景德以後其禮不行。仁宗從知制誥李淑議，仍讀時令，詔禮官詳定儀注，以言者謂未合典禮而罷。

熙寧三年，知制誥宋敏求等言：「奉詔重修定閤門儀制內文德殿入閤儀，按今文德殿，唐宣政殿也；紫宸殿，唐紫宸殿也。然祖宗視朝，皆嘗御文德殿入閤。唐制，常設仗衞于宣政殿，或遇上坐紫宸，即喚仗入閤。如此，則當御紫宸殿入閤，方合舊典。」翰林學士王珪等議：「按入閤者，乃唐隻日紫宸殿受常朝之儀也〔八〕。唐紫宸與今同，宣政殿卽今文德殿。唐制，天子坐朝，必立仗于正衙。若止御紫宸卽喚正衙仗自宣政殿東西閤門入，故爲入閤。五代以來遂廢正衙立仗之制。今閤門所載入閤儀者，止是唐常朝之儀，非盛禮也。」自是入閤之禮遂罷。

敏求又言：「本朝惟入閤乃御文德殿視朝，今旣不用入閤儀，卽文德遂闕視朝之禮。請下兩制及太常禮院，約唐制御宣政殿，裁定朔望御文德殿儀，以備正衙視朝之制。」學士韓維等以入閤圖增損裁定上儀曰：

朔日不値假，前五日閤門移諸司排辦，前一日，有司供帳文德殿。其日，金吾將軍常服押本衞仗，判殿中省官押細仗，先入殿庭，東西對列；文武官東西序立；諸軍將校分入，北向立；朝堂引贊官引彈奏御史二員入殿門踏道，當下殿北向立；次催文武班分入，並東西相向立；諸軍將校卽於殿庭北向立班。皇帝服鞾袍御垂拱殿，鳴鞭，內侍、閤門、管軍依朔望常例起居；次引樞密、宣徽、三司使副、樞密直學士、內客省使以下至醫官、待詔及修起居注官二員並大起居。諸司使以下，退排立。帝輦至文德殿後，閤門奏班齊，帝出，殿上索扇，升榻，鳴鞭；扇開，捲簾，儀鸞使焚香，喝文武官就位，四拜起居；鷄人唱時；舍人於彈奏御史班前西向喝大起居。御史由文武班後至對立位，次引左右金吾將軍合班於宣制石南大起居，班首出班躬奏軍國內外平安，歸位再拜，各歸東西押仗位。通喝舍人於宣制石南北向對立。舍人退於西階，次揖宰臣、親王以下，躬奏文武百僚、宰臣某姓名以下起居，分引宰臣〔九〕以下橫行，諸軍將校仍舊立。閤門使喝大起居，舍人引宰臣至儀石北，俛伏跪致詞祝月訖，其詞云：「文武百僚、宰臣全銜臣某姓名等言：孟春之吉，伏惟皇帝陛下膺受時祉，與天無窮，臣等無任歡呼抃蹈之至。」歸位五拜。閤門使揖中書由東階升殿，樞密使帶平章事以上由西階升殿侍立；給事中一員歸左省位立；轉對官立於給事中之南；如罷轉對官，每遇御史臺前期牒請；文官二員並依轉對官例，先於閤門投進奏狀。吏部侍郎及刑法官立於轉對官南；兵部侍郎於右省班南，與吏部侍郎東西相向立〔一〇〕，搢笏，各出班籍置笏上；吏部、兵部侍郎以知審官東、西院官充〔一一〕，刑法官以知審刑、大理寺官充。親王、使相以下分班出；引轉對官於宣制石南，宣徽使殿上承旨宣答如儀；次吏部、兵部侍郎及刑法官對揖出；次彈奏御史無彈奏對揖出；如有彈奏，並如儀。引給事中至宣制石南揖，躬奏殿中無事；喝祗候，揖，西出；次引修起居注官，次引排立供奉官以下各合班於宣制石南躬；喝祗候，揖，分班出；喝天武官等門外祗候，出〔一二〕。索扇，垂簾，皇帝降坐，鳴鞭；舍人當殿承旨放仗，四色官廠鞾急趨至宣制石南，稱奉敕放仗。金吾將軍幷判殿中省官對拜訖，隨仗出；親王、使相、節度使至刺史、學士、臺省官、諸軍將校等並序班朝堂，謝賜茶酒。帝復御垂拱殿，中書、樞密及請對官奏事；不引見、謝、辭班。後殿坐，臨時取旨。其日遇有德音、制書、御札，仍候退御垂拱殿坐，制箱出外。應正衙見、謝、辭文武臣僚，並依御史臺儀制喚班，依序分入於文武班後，以北爲首，分東西相向，重行異位，依見、辭、謝班序位。餘押班臣僚於班稍前押班，候刑法官對揖出，分引近前揖躬。舍人當殿宣班，引轉對班見、謝、辭，並如紫宸儀。樞密使不帶平章事、參知政事至同簽書樞密院事、宣徽使並立於宣制石稍北，宰臣、親王、樞密使帶平章事、使相係押班者，立於儀石南，餘官並立於宣制石南，如合通喚，閤門使引並如儀。贊喝訖，係中書、樞密並揖升殿辭謝，揖，西出，其合問聖體者，並如儀；餘官分班出。彈奏御史候見、謝、辭班絕，對揖出。其朝見，如謝都城門外御筵，及召赴闕謝茶藥撫問之類，不可合班者，各依別班中謝對。賜酒食等並門賜。其係正衙見門謝辭，亦門外唱放。

應正衙見、謝、辭臣僚，前一日於閤門投諳正衙榜子，閤門上奏目；又投正衙狀於御史臺、四方館。應朔日或得旨罷文德殿視朝，止御紫宸殿起居，其已上奏目，正衙見、謝、辭班並放免，依官品隨赴紫宸殿引，或值改，依常朝文德殿，自有百官班日，並如舊儀。

應外國蕃客見、辭，候喚班先引赴殿庭東，依本國職次重行異位立，候見、辭、謝班絕，西向躬。舍人當殿通班轉於宣制石南，北向立，贊喝如儀，西出。其酒食分物並門賜，如有進奉，候彈奏御史出，進奉入。唯御馬及擔床自殿西偏門入，東偏門出。其進奉出入，天武官起居〔一三〕，舍人通某國進奉，宣徽使喝進奉出，節次如紫宸儀。候進奉出，給事中奏殿中無事，出。其後殿再坐，合引出者，從別儀。

其日，賜茶酒，宰臣、樞密於閤子，親王於本廳，使相、宣徽使、兩省官、待制、三司副使、文武百官、皇親使相以下至率府副率，及四廂都指揮使〔一四〕以下至副都頭，並於朝堂。如朝堂位次不足，即於朝堂門外設次。管軍節度使至四廂都指揮使、節度使、兩使留後至刺史，並於客省廳。

詔從所定。

徽宗初建明堂，禮制局列上七議：

一曰：古者朔必告廟，示不敢專。請視朝聽朔必先奏告，以見繼述之意。

二曰：古者天子負扆南向以朝諸侯，聽朔則各隨其方。請自今御明堂正南向之位，布政則隨月而御堂，其閏月則居門焉。

三曰：禮記月令，天子居青陽、總章，每月異禮。請稽月令十二堂之制，修定時令，使有司奉而行之。

四曰：月令以季秋之月爲來歲受朔之日。請以每歲十月於明堂受新曆，退而頒之郡國。

五曰：古者天子負扆，公、侯、伯、子、男、蠻夷戎狄四塞之國各以內外尊卑爲位。請自今元正、冬至及大朝會並御明堂，遼使依賓禮，蕃國各隨其方，立於四門之外。

六曰：古者以明堂爲布政之宮，自今若有御劄、手詔並請先於明堂宣示，然後榜之朝堂，頒之天下。

七曰：赦書、德音，舊制宣於文德殿，自今非御樓肆赦，並於明堂宣讀。

政和七年九月一日，詔頒朔、布政自十月爲始。是月一日，上御明堂平朔左个，頒天運、政治及八年戊戌歲運、曆數于天下。自是每月朔御明堂布是月之政。先是，羣臣五上表請負扆聽朝，詔弗允，至是復再請，始從之。十一月一日上御明堂，南面以朝百辟，退坐于平朔頒政。其禮：百官常服立明堂下，乘輿自內殿出，負斧扆坐明堂。大晟樂作，百官朝于堂下，大臣升階進呈所頒布時令，左右丞一員跪請付外施行，宰相承制可之，左右丞乃下授頒政官，頒政官受而讀之訖，出，閤門奏禮畢。帝降坐，百官乃退。自是以爲常。其歲運、曆數、天運、政治之辭，文多不載。是後則各隨歲月星曆氣運推移沿改，而易其辭焉。

初，尚書左丞薛昂請凡崇寧以來紹述熙、豐政事，各條其節目，繫之月令，頒于明堂。尋詔：「頒月之朔〔一五〕，使民知寒暑燥濕之化，而萬里之遠，雖驛置日行五百里已不及時。其千里外當前期十日進呈取旨，頒布諸州長吏封掌，俟月朔宣讀之。」

宣和元年，蔡京言：「周觀治象於正月之始和，以十二月頒告朔于邦國，皆不在十月。後世以十月者，祖秦朔故也。秦以十月爲歲首，故月令以孟冬頒來歲之朔，今不當用。請以季冬頒歲運于天下。」詔自今以正月旦進呈宣讀。四年二月，太常王黼編類明堂頒朔布政詔書〔一六〕、條例、氣令應驗，凡六十三册，上之。靖康元年，詔罷頒朔布政。

御樓肆赦。每郊祀前一日，有司設百官、親王、蕃國諸州朝貢使、僧道、耆老位宣德門外，太常設宮縣、鉦鼓。其日，刑部錄諸囚以俟。駕還至宣德門內幄次，改常服，羣臣就位，帝登樓御坐，樞密使、宣徽使侍立，仗衞如儀。通事舍人引羣官橫行再拜訖，復位。侍臣宣曰「承旨」，舍人詣樓前，侍臣宣敕立金鷄。舍人退詣班南，宣付所司訖，太常擊鼓集囚。少府監立鷄竿於樓東南隅，竿末伎人四面緣繩爭上，取鷄口所銜絳幡，獲者即與之。樓上以朱絲繩貫木鶴，仙人乘之奉制書循繩而下，至地以畫臺承鶴，有司取制書置案上。閤門使承旨引案宣付中書、門下，轉授通事舍人，北面宣云「有制」，百官再拜。宣赦訖，還授中書、門下，付刑部侍郎承旨放囚，百官稱賀。閤門使進詣前，承旨宣答訖，百官又再拜，舞蹈，退。若德音、赦書自內出者，並如文德殿宣制之儀。其降御劄，亦閤門使跪授殿門外置箱中，百官班定，閤門授宰臣讀訖，傳告，百僚皆拜舞稱萬歲。眞宗宣制，有司請用儀仗四千人，自承天殿設細仗導衞，近臣起居訖，則分左右前導之。

皇太后臨朝聽政。乾興元年，眞宗崩，遺旨以皇帝尙幼，軍國事兼權取皇太后處分。宰相率百官稱賀，復前奉慰，又慰皇太后於簾前。有司詳定儀式：內東門拜表，合差入內都知一員跪授傳進；皇太后所降批答，首書「覽表具之」，末云「所請宜許或不許」。初，丁謂定皇太后稱「予」，中書與禮院參議，每下制令稱「予」，便殿處分稱「吾」。皇太后詔：「止稱『吾』，與皇帝並御承明殿垂簾決事。」百官表賀。

英宗卽位，輔臣請與皇太后權同聽政。禮院議：自四月內東門小殿垂簾，兩府合班起居，以次奏事，非時召學士亦許至小殿。時帝以疾權居柔儀殿東閤西室，太后垂簾處分稱「吾」，唯兩府日入候問聖體，因奏政事，退詣小殿簾外，覆奏太后。帝疾間，御前後殿聽政，兩府退朝，猶於小殿覆奏。

哲宗卽位，太皇太后權同聽政。三省、樞密院按儀注：未釋服以前，遇隻日皇帝御迎陽門，日參官並赴起居，依例奏事。每五日，遇隻日於迎陽門垂簾，皇帝坐於簾內之北，宰執奏事則權屏去左右侍衞；事有機速，許非時請對，及賜宣召亦許升殿。禮部、御史臺、閤門奏討論御殿及垂簾儀制，每朔、望、六參，皇帝御前殿，百官起居，三省、樞密院奏事，應見、謝、辭班退，各令詣內東門進榜子。皇帝雙日御延和殿垂簾，日參官起居太皇太后，移班少西起居皇帝，並再拜。三省、樞密院奏事，三日以上四拜不舞蹈，候祔廟畢，起居如常儀。簾前通事以內侍，殿下以閤門。吏部磨勘奏舉人〔七〕，垂簾日引。應見、謝、辭臣僚遇朔、望參日不坐，並先詣殿門，次內東門，應擡賜者並門賜之。於是帝御迎陽門幄殿，同太皇太后垂簾，宰臣、親王以下合班起居。常制分班十六，至是合班，以閤門奏請故也。禮官請如有祥瑞、邊捷，宰臣以下紫宸殿稱賀皇帝畢，赴內東門賀太皇太后。從之。

徽宗卽位，皇太后權同聽政。三省、樞密院聚議：故事，嘉祐末，英宗請慈聖同聽政，五月同御內東門小殿垂簾，至七月十三日英宗間日御前後殿，輔臣奏事，退詣內東門簾前覆奏。又故事，唯慈聖不立生辰節名，不遣使契丹；若天聖、元豐則御殿垂簾，立生辰節名，遣使與契丹往還，及避家諱等。曾布曰：「今上長君，豈可垂簾聽政？請如嘉祐故事。」蔡卞曰：「天聖、元豐與今日皆遺制處分，非嘉祐比。」布曰：「今日之事，雖載遺制，實出自德音，又皆長君，正與嘉祐事相似。」有旨：依嘉祐、治平故事。布語同列曰：「奏事先太后，次覆奏皇帝，如今日所得旨。」遂爲定式矣。尋以哲宗靈駕發引，太后手書罷同聽斷焉。

皇太子元正、冬至受羣臣賀儀。政和新儀：前一日，有司於東門外量地之宜，設三公以下文武羣官等次如常儀；典儀設皇太子答拜褥位於階下南向，又設文武羣官版位於門之外。其日，禮直官、舍人先引三公以下文武羣臣以次入，就位立定。禮直官、舍人引左庶子詣皇太子前，跪請內嚴；少頃，又言外備。內侍褰簾，皇太子常服出次，左右侍衞如常儀。皇太子降階詣南向褥位，典儀曰「再拜」，贊者承傳曰「再拜」，三公以下皆再拜，皇太子答拜。班首少前稱賀云：「元正首祚，冬至云：「天正長至。」景福維新。伏惟皇太子殿下，與時同休。」賀訖，少退，復位。左庶子前，承令詣羣臣前答云：「元正首祚，冬至云：「天正長至。」與公等均慶。」典儀曰「再拜」，班首以下皆再拜，皇太子答拜。訖，禮直官、通事舍人引三公以下文武百官以次出，內侍引皇太子升階，還次，降簾，侍衞如常儀。

少頃，禮直官、舍人引知樞密院官以下入，就位立定，內侍引皇太子降階，詣南向褥位，樞密以下參賀如上儀。訖，退。次引師、傅、保、賓客以下入，就位，參賀如上儀。師、傅、保以下以次出。

內侍引皇太子升坐，禮直官引文武宮官入，就位，重行北向立，典儀曰「再拜」，在位官皆再拜。左庶子少前，跪言：「具官某言：元正首祚，冬至云：「天正長至。」伏惟皇太子殿下，與時同休。」俛伏，興，復位。典儀曰「再拜」，在位者皆再拜，分東西序立。左庶子少前，跪言禮畢。左右近侍降簾，皇太子降坐，宮官退，左右侍衞以次出。

皇太子與百官相見。至道元年，有司言：「百官見皇太子，自兩省五品、尙書省御史臺四品、諸司三品以上皆答拜，餘悉受拜。宮官自左右庶子以下，悉用參見之儀。其宴會位在王公上。」

與師、傅、保相見。政和新儀：前一日，所司設師、傅、保以下次於宮門外道，西南向；

設軒架之樂於殿庭，近南，北向。其日質明，諸衞率各勒所部屯門列仗，典謁設皇太子位於殿東階下西向，設師、傅、保位於殿西階之西，三少位於傅、保之南稍却，俱東向北上。師、傅、保以下俱朝服至宮門，通事舍人引就次，左庶子請內嚴。通事舍人引師、傅、保立於正殿門之西，三少在其南稍却，俱東向北上。左庶子言外備，諸侍奉之官各服其器服，俱詣閤奉迎。皇太子朝服以出，左右侍衞如常儀，軒架作翼安之樂，至東階下西向立，樂止。通事舍人引師、傅、保及三少入，就位，軒架作正安之樂，至位樂止。皇太子再拜，師、傅、保以下答拜。若三少特見，則三少先拜。通事舍人引師、傅、保以下出，軒架正安之樂作，出門，樂止。左庶子前跪稱：「左庶子某言，禮畢。」皇太子入，左右侍衞及樂作如來儀。

校勘記

〔一〕寶儀　原作「竇儼」，據宋會要儀制一之二一、長編卷三二和本書卷二六二竇儀、竇儼傳改。

〔二〕乾德四年四月朔　據宋會要儀制一之二一，這是建隆四年四月朔的事。乾德四年四月朔入閤，不在崇元殿而在文德殿。

〔三〕文明翰林樞密直學士　宋會要儀制一之一九文德殿視朝儀作「翰林學士」，無「文明」、「樞密直」等字。

〔四〕次吏部兵部侍郎執文武班簿入　「兵部」二字原脫，據宋會要儀制一之二〇文德殿視朝儀，幷參照下文所記赴朝羣官補。

〔五〕彈糺如式　「糺」原作「紀」，據下文和宋會要儀制一之二〇改。

〔六〕閤內無事　「無事」原作「無使」，據宋會要儀制一之二〇文德殿視朝儀和一之二五李淑等重修入閤儀注改。

〔七〕五月朔　按宋會要儀制一之二三，「五月朔」上脫「三年」二字。

〔八〕乃唐隻日紫宸殿受常朝之儀也　「隻日」原作「舊日」。通考卷一〇七王禮考引石林葉氏說：唐盛時，遇朔望陵寢薦食，改御紫宸殿入閤；中世衰亂，宣政殿不復御，乃惟以隻日常朝御紫宸殿。作「隻日」是。據宋會要儀制一之二九、長編卷三二、通考卷一〇八王禮考改。

〔九〕分引宰臣　「宰臣」原作「羣臣」，據宋會要儀制一之三二、通考卷一〇八王禮考改。

〔一〇〕與吏部侍郎東西相向立　「東西」原作「東南」，據同上二書同卷改。

〔一一〕吏部兵部侍郎以知審官東西院官充　「審」字下原衍「刑」字，據宋會要儀制一之三二、通考卷一〇八王禮考改。

〔一二〕喝天武官等門外祗候出　「天武」原作「文武」，據宋會要儀制一之三二和龐元英文昌雜錄卷三所記文德殿視朝儀改。

〔三〕天武官起居　「天武」原作「文武」，據宋會要儀制一之三四文德殿視朝儀，幷參照本書卷一一九、太常因革禮卷八三改。

〔四〕四廂都指揮使　按宋會要儀制一之三四作「廂都指揮使」，下文已有「四廂都指揮使」，此處「四」字疑衍。

〔五〕頒月之朔　「頒」字原脫，據宋會要禮二四之八四，並參照上文「頒朔布政」語補。

〔六〕編類明堂頒朔布政詔書　「詔書」上原衍「與」字。按同上書同卷載宣和四年二月太宰王黼言，謂「今編類到明堂頒朔布政司政和七年十月止宣和三年十月頒朔布政詔書及建府以來條例幷氣令應驗目錄一冊」，據刪。

〔七〕吏部磨勘奏舉人　「奏」原作「奉」，據宋會要儀制一之一三改。

宋史卷一百一十八

志第七十一

禮二十一 賓禮三

朝儀班序 百官轉對 百官相見儀制

朝儀班序。太祖建隆三年三月，有司上合班儀：太師，太傅，太保，太尉，司徒，司空，太子太師、太傅、太保，嗣王，郡王，左右僕射，太子少師、少傅、少保，三京牧，大都督，大都護，御史大夫，六尙書，常侍，門下、中書侍郎，太子賓客，太常、宗正卿，御史中丞，左右諫議大夫，給事中，中書舍人，左右丞，諸行侍郎，秘書監，光祿、衞尉、太僕、大理、鴻臚、司農、太府卿，國子祭酒，殿中、少府、將作監，前任節度使，開封、河南、太原尹，太子詹事，諸王傅，司天監，五府尹，國公，郡公，中都督，上都護，下都督，太子左右庶子，五大都督府長史，中都護，下都護，太常、宗正少卿，秘書少監，光祿等七寺少卿，司業，三少監，三少尹，少詹事，左右諭德、家令、率更令、僕，諸王府長史、司馬，司天少監，起居舍人，侍御史，殿中侍御史，左右補闕、拾遺，監察御史，郎中，員外郎，太常博士，五府少尹，五大都督府司馬，通事舍人，國子博士，五經博士，都水使者，四赤令，太常、宗正、秘書丞，著作郎，殿中丞，尚食、尚藥、尚舍、尚乘、尚輦奉御，大理正，太子中允、贊善、中舍、洗馬，諸王友、諮議參軍，司天五官正。凡雜坐者，以此爲準。詔曰：「尚書中臺，萬事之本，而班位率次兩省官；節度使出總方面，古諸侯也，又其檢校兼守官多至師傅三公，而位居九寺卿監之下，甚無謂也。其給事、諫議、舍人宜降於六曹侍郎之下，補闕次郎中，拾遺、監察次員外郎，節度使升於六曹侍郎之上、中書侍郎之下，餘悉如故。」

乾德元年閏十二月，詔：「自今一品致仕官曾帶平章事者，朝會宜綴中書門下班。」二年二月，詔重定內外官儀制。有司請令上將軍在中書侍郎之下，大將軍在少卿監之下，諸衞率、副率在東宮五品之下，內客省使視大卿，客省使視大監，引進使視庶子，判四方館事視少卿，閤門使視少監，諸司使視郎中，客省引進、閤門副使視員外郎，諸司副使視太常博士，通事舍人從本品，供奉官視諸衞率，殿直視副率，樞密承旨視四品朝官，兼南班官諸司使者從本品，副承旨視寺監丞，諸房副承旨視南省都事。凡視朝官者本品下，視京官在其上。

開寶六年九月，詔曰：「周之宗盟，異姓爲後，此先王所以睦九族而和萬邦也。晉王親賢莫二，位望俱崇，方資夾輔之功，俾先三事之列，宜位宰相上。」九年十一月，詔齊王廷美、武功郡王德昭位在宰相上。

大中祥符元年正月，有司上酺宴班位。駙馬都尉、宮僚、員僚、皇親大將軍已下〔一〕，行門、宰臣、樞密使已下，潁王、皇親郡王、侍衞馬軍都指揮使已下，皇親使相、皇親節度使、皇親觀察留後已下，皇親防禦、團練、刺史三班合爲一；節度使、觀察留後已下，防禦、團練、刺史三班合爲一，並重行異位。詔依所定。既而武康軍節度使李端愿言：「使相亦當合爲一班，不當獨行尊異。」詔令閤門再定，而閤門引儀制及以前議爲是。端愿復伸其議，自劾妄言。乃詔太常禮院與御史臺同詳定。禮院言：「常朝起居班次，緣祖宗舊制，不宜併合。」從之。

四年閏三月〔二〕，太常禮院、閤門言：「準詔同詳定閤門使李端懿所奏閤門儀制，宰臣與親王立班坐位分左右各爲班首，宰臣、樞密使帶使相，或帶郡王幷使相作一行，總爲中書門下班。其親王獨行一班者，準封爵令。兄弟皇子皆封國，謂之親王，所以他官不可參綴。檢會坐次圖，直將宗室使相輒綴親王，蓋更張之時未見親王，遂致失於講求。近見朝拜景靈宮，東陽郡王顥亦綴親王班，竊恐未安。今取到閤門儀制，其合班宰臣、使相在東，親王在西，分班立。又祥符元年宴坐次圖，宰臣王旦與使相石保吉在東，寧王元偓、舒王元偁、廣陵郡王元儼、節度使惟吉在西，分班坐。其元儼、惟吉是郡王與節度使，許綴親王班，竊慮當時出自特旨。今來檢尋元初文字不見，在先朝只依祥符元年宴坐次圖子，親王及帶使相郡王在西爲一班。臣等參詳，請依閤門儀制，親王在西，獨爲一班，宗室郡王帶使相許綴親王立班坐次，卽係臨時特旨。」從之。

熙寧二年四月，國信所言：「大遼賀同天節左番使耶律奭赴文德殿拜表，言南使到北朝綴翰林學士班，今來却在節度使之下。館伴者諭之，始就班。時下御史臺、閤門同詳定，奏稱人使不知本朝翰林學士班自在節度使之下，如遇合班，卽節度使在翰林學士之西差前，別爲一班立，俱不相壓。欲且依久來儀制體例。」詔依所定。是月〔三〕，編修閤門儀制所言：「慶曆中，改文明殿學士爲觀文殿學士，又置大學士。按文明殿卽今文德殿，乃正衙前殿也，後唐始置學士，序位樞密副使之下，每遇紫宸殿坐朝，則升殿侍立。蓋文德、紫宸通謂之前殿，故學士侍立爲宜。其觀文殿深在禁中，乃與資政、端明殿相類，而資政、端明學士並不侍立。竊詳慶曆所改職名，雖用舊之班著，而殿之次序與舊義理不同。其觀文殿大學士自今遇紫宸殿坐朝，請更不升殿侍立。」從之。

元祐元年五月，詔：「太師平章軍國重事文彥博，已降旨令獨班起居；自今赴經筵、都堂同三省、樞密院奏事〔四〕，並序位在宰臣之上。」

百官轉對。自建隆詔內殿起居日，令百官以次轉對，限以二人。其封章於閤門通進，復鞠躬自奏，宣徽使承旨宣答，拜舞而出，著爲閤門儀制。淳化二年，詔：自今內殿起居日，復令常參官二人次對，閤門受其章。大中祥符末，罷不復行。景德三年，復詔：「羣臣轉對，其在外京官內殿崇班以上，候得替，先具民間利害實封，於閤門上進，方得朝見。」治平中，命御史臺每遇起居日，令百官轉對。御史臺言：「舊制，起居日，輪兩省及文班秩高者二員轉對。若兩省官有充學士、待制，則綴樞密班起居，內朝臣僚不與。」尋詔遇轉對日，增二員。熙寧初，閤門言：「舊制，中書省、樞密院奏事退，再引三班，假日則兩班，或再御後殿引對，多及午刻，遇開經筵，即至申末，恐久勞聖躬。請遇經筵日，自二府奏事外，止引一班，或有急奏及言事官請對卽取旨，俟罷經筵日仍舊。」又言：「假日御崇政殿，每遇辰時，則隔班過延和殿再引，不待進食，至巳刻隔班取旨，尙許引對。請自今隔班過延和殿，俟已進食再引。遇寒暑、大風雨雪卽令次日引對。」詔：「自今授外任者許令轉對訖朝辭。」監察御史裏行張戩、程顥言：「每欲奏事，必俟朝旨，或朝政有闕及聞外事而機速後時，則已無所及；況往復俟報，必由中書，萬一事干政府，則或致阻格。請依諫官例，牒閤門求對，或有急奏，卽許越次登對，庶幾遇事入告，無憂失時。」又以編修閤門儀制所言，三衙有急奏，許於後殿登對，若別有奏陳，則報閤門如常制，或假日御崇政殿，則於已得旨對班後續引，且許兩制以上同班奏事。

元豐中，詔：「尙書侍郎同郎官一員奏事，郎中、員外郎番次隨之，不許獨留身。侍郎以下，亦不許獨請奏事。其左右選非尙書通領者，聽侍郎以上郎官自隨。秘書、殿中省、諸寺監長官視尙書，貳丞以下視侍郎。」又詔：「三省、樞密院獨班奏事日，無得過三班。若三省俱獨班，則樞密院當請奏事。其見任官召對訖，次日卽朝辭回任聽旨。」

元祐中，宰臣呂大防言：「昨垂簾聽政，惟許臺諫以二人同對，故不正之言無得以入。今陛下初見羣臣，請對者必衆。旣人人得進，則善惡相雜，故於采納尤難。」帝曰：「人君以納諫爲上，然邪正則不可不辨。」遂詔上殿班當直牒及帥臣、國信使副，許依元豐八年以前儀制。

紹聖初，臣僚言：「文德殿視朝輪官轉對，蓋襲唐制，故祖宗以來，每遇轉對，侍從之臣亦皆與焉。元祐間因言者免侍從官轉對，續詔職事官權侍郎以上並免，自此轉對止於卿監郎官而已。請自今視朝轉對依元豐以前條制。」又詔〔五〕：「自今三省、樞密院進擬在京文臣開封府推判官、武臣横行使副、在外文臣諸路監司藩郡知州、武臣知州軍已上〔六〕，取旨召對。」臣僚言：「每緣職事請對，待次旬日，遇有急奏，深恐失事。請自今後許依六曹、開封例，先次挑班上殿，仍不隔班。」又言：「諸路監司，朝廷所選，以推行法令，省問風俗，朝辭之日，當令上殿。」六曹尚書〔七〕如有職事奏陳，許獨員上殿。其羣臣請對，雖遇休假，特御便殿聽納。既又詔：「應節鎮郡守往令陛辭，歸許登對，不特審觀人材，亦所以重外任也。可於監司不許免對條下，增入節鎮郡守依此。」

重和元年，臣僚言：「比年以來，一二三大臣奏對留身，讒疏善良，請求相繼，甚非至公之體。」詔：「自今惟蔡京五日一朝許留身，餘非除拜、遷秩、因謝及陳乞免罷，並不許獨班奏事，令閤門報御史臺彈劾。」又詔〔八〕：「寺監職事上部，部上省，故得上下維持，綱紀所出。今後雖係兩制，職司寺監不許獨對。」臣僚言：「祖宗舊制，有五日一轉對者，今惟月朔行之，有許朝官轉對者，今惟待制以上預焉。自明堂行視朔禮，歲不過一再，則是畢歲而論思者無幾。請遇不視朔，卽令具章投進，以備覽觀。」又「諸路監司未經上殿者，雖從外移，先赴闕引對，方得之官。」並從其議。

百官相見儀制。乾德二年，詔曰：「國家職位肇分，軌儀有序，冀等威之斯辨，在品式之惟明。矧著位之庶官及內司之諸使，以至軒墀引籍，州縣命官，凡進見於宰相，或參候於長吏，旣爲總攝，合異禮容，稽於舊儀，且無定法。或傳晉天福、周顯德中，以廷臣、內職、賓從、將校，比其品數，著爲綱條，載於刑統，未爲詳悉。宜令尙書省集臺省官、翰林、秘書、國子司業、太常博士等詳定內外羣臣相見之儀。」

翰林學士承旨陶穀等奏：

兩省官除授、假使出入，並參宰相，起居郎以下參同舍人。五品以上官，遇於塗，斂馬側立，須其過。常侍以下遇三公、三師、尙書令，引避；其値僕射，斂馬側立。御史大夫、中丞皆分路行。起居郎以下避僕射，遇大夫，斂馬側立；中丞，分路。尙書丞郎、郎中、員外並參三師、三公、令、僕，郎中、員外兼參左右丞、本行尙書、侍郎及本轄左右司郎中、員外。御史大夫以下參三師、三公、尙書令，中丞兼參大夫，知雜事參中丞，三院御史兼參知雜及本院之長〔九〕。大夫避尚書令以上，遇僕射，斂馬側立而避。大夫遇尚書丞郎、兩省官諸司三品以上、金吾大將軍、統軍上將軍，皆分路。餘官遇中丞，悉引避。知雜兼避中丞，遇左右丞斂馬側立，餘皆分路。郎中及少卿監、大將軍以下，皆避知雜。三院同行，如知雜之例。少卿監並參本司長官，丞參少卿〔一〇〕。諸司三品遇僕射於途，皆引避。諸衞大將軍參本衞上將軍。東宮官參隔品。凡參者若遇於途，皆避。

公參之禮，列拜堂上，位高受參者答焉。四赤縣令初見尹，趨庭，受拜後升廳如客禮。內客省使謁宰相、樞密使以客禮，閤門使以上列拜，皆答，客省副使至通事舍人、諸司使、樞密承旨不答焉。自樞密使副、宣徽使皆差降其禮，供奉官、殿直、教坊使副、辭令官、伎術官並趨庭，倨受。諸司副使參大使，通事舍人參閤門使，防禦、團練、刺史謁本道節帥，節度、防禦、團練副使謁本使，並具軍容趨庭，延以客禮。少尹、幕府於本院長官悉拜〔一一〕。防禦、團練判官謁本道節帥，並趨庭。上佐、州縣官見宰相、樞密使及本屬長官，並拜於庭；天長、雄武等軍使見宰相、樞密亦如之。參本府賓幕官及曹掾，縣簿、尉參令，皆拜。王府官見親王如賓職見使長，府縣官兼三館職者見大尹同。赤縣令、六品以下未嘗參官，見宰相、樞密及本司長官，並拜階上。流外見流內品官，並趨庭。

諸司非相統攝，皆稱移牒。分路者不得籠街及占中道，依秩序以分左右。遇於驛舍非相統攝及名位縣隔，先至者居之。臺省官當通官呵止者，如舊式。文武官不得假借呼稱，以紊朝制。當避路者，若被宣召及有所捕逐，許横度焉。又令：「諸司使、副使、通事舍人見宰相、樞密使，升階、連姓通名展拜，不答拜。其見樞密副使、參知政事、宣徽使，以客禮展拜。」

太平興國以後，又制京朝官知令錄者，見本州長吏以客禮，三司判官、推官、主判官見本使，如郎中、員外見尚書丞郎之儀。

咸平中，又詔：開封府左右軍巡使、京官知司錄及諸曹參軍到畿縣見京尹，並趨庭設拜。六年，命翰林學士梁顥等詳定閤門儀制，成六卷，因上言：「三司副使序班、朝服比品素無定列，至道中，筵會在知制誥後、郎中前。今請同諸司、少卿監，班位在上。如官至給諫、卿監者，自如本品，朝會大宴隨判使赴長春殿起居引駕。其朝會引駕至前殿，與諸司使同退。」

大中祥符五年，復命翰林學士李宗諤等詳定儀制：文武百官遇宰相、樞密使、參知政事，並避。起居郎以下遇給舍以上，斂馬。御史大夫遇東宫三師、尚書丞郎、兩省侍郎，分路而行。中丞遇三師、三少、太常卿、金吾上將軍，並分路而行。知雜御史遇尚書侍郎、諸司三品、金吾大將軍、統軍、諸衞上將軍〔三〕，分路而行。三院同行如知雜例，不同行，遇左右丞，則避。尙書丞郎、郎中、員外遇三師、三公、尙書令，則避。郎中、員外遇丞郎，則避。太常博士以下朝官遇本司長官、三師、三公、僕射、尙書丞郎、大夫、中丞、知雜御史，並避，權知判者不避，遇兩省給舍以上，斂馬。京官遇丞郎、給舍、大卿監、祭酒以上及本寺少監卿，司業，並避。諸軍衞大將軍以下遇上將軍、統軍，亦避。詹事遇上臺官，如卿監之例。庶子、少詹事至太子僕遇東宮三師、三少，並避；遇上臺官，如少卿監例。中允以下遇東宮三師、三少，並避；遇賓客、詹事，斂馬；遇上臺官，如太常博士例。應合避尙書者，並避三司使。其權知開封府如本官品避。其臺省官雖不合避，而職在統臨者，並避。武班、內職並依此品。

大觀二年，定王、嘉王府侍講沈錫等奏：「二王出就外學，其初見及侍王禮儀、講說疏數之節，請如故事。」手詔：「按祥符故事，記室、翊善見諸王，皆下拜。眞宗特以張士遜爲王友，命王答拜，以示賓禮。今講讀輔翊之官，職在訓道，亦王友傅也，可如例，令王答拜。」羣臣赴臺參、謝、辭者，新授、加恩、出使者。尙書侍郎則三院御史各一員、中丞、大夫皆對拜。三院仍班迎，不坐班即不赴。節度使、賓客、太常宗正卿則御史一員、中丞、大夫皆對拜。兩使留後至刺史、秘書監至五官正、上將軍至郎將、四廂都指揮使及內職軍校遙郡以上、樞密都承旨及內職帶正員官者、四赤縣令、三京司錄、節度行軍至團練副使、幕職官任憲銜者，皆御史一員對拜，中丞、大夫對揖。亦令揖訖進言，得參風憲，再揖而退。若曾任中書、門下及左右丞皆不赴。加階勳、食邑、章服，館閣三司、開封府職事及內職轉使額、軍額，亦不赴臺謝。僕射過正衙日，臺官大夫以下與百官，並詣幕次致賀。文官一品、二品曾任中書、樞密院者，不赴。大夫、中丞則郎中、少卿監、大將軍以下亦然。本官約止則不赴，僕射赴上都省者，罷此儀。

校勘記

〔一〕駙馬都尉宮僚員僚皇親大將軍已下　按宋會要儀制三之三〇，自此以下至「並重行異位」，係英宗治平三年九月閤門奏定的起居班次部分內容，距上文「大中祥符元年正月」已有五十九年，與「酺宴班位」爲兩事；此語前面並有脫文。又下文「潁王、皇親郡王、侍衛馬軍都指揮使已下」語，「下」原作「上」；「皇親使相」上原衍「以」字，據上述會要刪改。

〔二〕四年閏三月　宋會要儀制三之三一作「治平四年閏三月」。按前文「大中祥符元年正月，有司上酺宴班位」之後有脫文，致將治平三年的時間漏書，此處「四年閏三月」當以會要所繫年號爲是。

〔三〕是月　按以下「編修閤門儀制所言」至「請更不升殿侍立」一段，宋會要儀制三之三六繫於熙寧二年十月二十五日，與此處承前文指熙寧二年四月不同。

〔四〕同三省樞密院奏事　「奏」字原脫，據長編卷三七八補。

〔五〕又詔　按以下詔文，長編卷五〇一、宋會要儀制六之一九都繫於元符元年八月五日，與此處承前文指紹聖初不同。

〔六〕在外文臣諸路監司藩郡知州武臣知州軍已上　「上」原作「下」，據長編卷五〇一、宋會要儀制六之一九改。

〔七〕六曹尙書　按自此以下至「便殿聽納」，皆詔文中語，宋會要儀制六之一九分別繫於崇寧元年、五年，此上當有脫文。

〔八〕又詔　按以下詔文，宋會要儀制六之二一繫於宣和三年四月六日，與此處承前文指重和元年不同。

〔九〕三院御史兼參知雜及本院之長　「參」字原脫，據宋會要儀制五之二補。

〔一〇〕丞參少卿　「少卿」，宋會要儀制五之二作「少卿監」，當是。

〔一一〕少尹幕府於本院長官悉拜　「院」，宋會要儀制五之三作「使」。

〔一二〕諸衞上將軍　「衞」原作「位」，據上文及宋會要儀制五之九改。

宋史卷一百一十九

志第七十二

禮二十二 賓禮四

錄周後　錄先聖後　羣臣朝使宴餞　朝臣時節餽廩

外國君長來朝　契丹夏國使副見辭儀高麗附　金國使副見辭儀

諸國朝貢

昔周滅殷，封微子爲殷後，俾修其禮物，作賓于王家，與國咸休。宋以柴周之後爲二恪，又錄孔子之後，亦先王崇德象賢之意也，故皆爲賓禮。其餘則有朝使之宴餞、歲時之廩餽及外國之使聘、遠方之朝貢，著其迓餞宴賚之式，登降揖遜之儀，備一代之制焉。

太祖建隆元年正月四日，詔曰：「封二王之後，備三恪之賓，所以示子傳孫，興滅繼絕。夏、商之居杞、宋，周、隋之啓介、酅，古先哲王，實用茲道。矧予涼德，歷試前朝，雖周德下衰，勉從於禪讓；而虞賓在位，豈忘於烝嘗？其封周帝爲鄭王，以奉周嗣，正朔服色，一如舊制。」又詔曰：「矧惟眇躬，逮事周室。謳歌獄訟，雖歸新造之邦；廟貌園陵，豈忘舊君之禮？其周朝嵩、慶二陵及六廟，宜令有司以時差官朝拜祭饗，永爲定式。仍命周宗正卿郭玘行禮。」乾德六年八月，詔於周太祖、世宗陵寢側，各設廟宇塑像，命右贊善大夫王碩管勾修蓋。開寶六年三月，周鄭王殂，詔輟朝十日。帝素服發哀於便殿。十月四日，葬周恭帝於順陵，詔特輟四日、五日朝參。

仁宗天聖六年，錄故虢州防禦使柴貴子肅爲三班奉職。七年，錄故太子少傅柴守禮孫詠爲三班奉職。其後，又錄柴氏之後曰熙、曰愈、曰若拙、曰上善並爲三班奉職，曰餘慶、曰織爲州長史、助教，曰貽廓等十一人復其身，仍各賜錢一萬。又錄世宗曾孫揆、柔，及貴曾孫曰宣，守禮曾孫若訥，皆爲三班奉職。

嘉祐四年，著作郎何鬲言：「昔舜受堯、禹受舜之天下，而封丹朱、商均以爲國賓。周、漢以降以及於唐，莫不崇奉先代，延及苗裔。本朝受周天下，而近代之盛莫如唐，自梁以下皆不足以崇襲。臣願考求唐、周之裔，以備二王之後，授以爵命，封縣立廟，世世承襲，永爲國賓。」事下太常議，曰：「古者立二王後，不惟繼絕，兼取其明德可法。五代草創，載祀不永，文章制度，一無可考。上取唐室，世數已遠，於經不合。惟周則我受禪之所自，義不可廢，宜訪求子孫，如孔子後衍聖公，授一京官，爵以公號，使專奉廟饗，歲時存問，賜之粟帛、牲器、祭服，每遇時祀，並從官給，其廟宇亦加嚴飾。如此，則上不失繼絕之義，度之於今，亦簡而易行。」從之。四月，詔曰：「先王推紹天之序，尚尊賢之義，褒其後嗣，賓以殊禮，豈非聖人稽古報功之大典哉。國家受命之元，繼周而王，雖民靈欣戴，曆數允集，而虞賓將遜，德美丕顯。頃者推命本始，褒及支庶，每遇南郊，許奏白身一名充班行，恩則厚矣，而義未稱。將上采姚、姒之舊，略循周、漢之典，詳其世嫡，優以公爵，異其仕進之路，申以土田之錫，俾廟寢有奉，饗祀不輟，庶幾乎春秋通三統、厚先代之制矣。宜令有司取柴氏譜系，於諸房中推最長一人，令歲時親奉周室祀事。如白身，即與京主簿，如爲班行者，即比類換文資，仍封崇義公，與河南府、鄭州合入差遣，給公田十頃，專管勾陵廟。應緣祭饗禮料所須，皆從官給。如至知州資序，即別與差遣，却取以次近親，令襲爵授官，永爲定式。」八月，太常禮院定到內殿崇班、相州兵馬都監柴詠於柴氏諸族最長〔一〕，詔換殿中丞，封崇義公，簽書奉寧軍節度判官事，以奉周祀。又以六廟在西京，而歲時祭饗無器服之數，令有司以三品服一、四品服二及所當用祭器給之。

熙寧四年，西京留司御史臺司馬光言：「崇義公柴詠祭祀不以儀式。周本郭姓，世宗后姪，爲郭氏後。今存周後，則宜封郭氏子孫以奉周祀。」帝閱奏，問王安石，安石曰：「宋受天下於世宗，柴氏也。」帝曰：「爲人後者爲之子。」安石曰：「爲人後於異姓，非禮也。雖受天下於郭氏，豈可以天下之故而易其姓氏所出？」帝然之。五年正月，柴詠致仕。詠長子早亡，嫡孫夷簡當襲。太常禮院言夷簡有過，合以次子西頭供奉官若訥承襲。詔以若訥爲衞尉寺丞，襲封崇義公，簽書河南府判官廳公事。

政和八年，徽宗詔曰：「昔我藝祖受禪于周，嘉祐中擇柴氏旁支一名封崇義公。議者謂不當封周。然禪國者周，而三恪之封不及，禮蓋未盡。除崇義公依舊外，擇柴氏最長見在者以其祖父爲周恭帝後，以其孫世世爲宣義郎，監周陵廟，與知縣請給，以示繼絕之仁，爲國二恪，永爲定制。」

紹興五年，詔周世宗玄孫柴叔夏爲右承奉郎，襲封崇義公，奉周後。二十六年，叔夏升知州資序，別與差遣。以子國器襲封，令居衢州，朝廷有大禮，則入侍祠如故事。其柴大有、柴安宅亦各補官。

淳祐九年，又以世宗八世孫柴彥穎特補承務郎，襲封崇義公。

時又求隋、唐及朱氏、李氏、石氏、劉氏、郭氏之後，及吳越、荆南、湖南、蜀漢諸國之子孫，皆命以官，使守其祀。具見本紀、世家。

錄先聖後。仁宗景祐二年，詔以孔子四十六世孫北海尉宗愿爲國子監主簿，襲封文宣公。皇祐三年七月，詔曰：「國朝以來，世以孔氏子孫知仙源縣，使奉承廟祀。近歲廢而不行，非所以尊先聖也。宜以孔氏子孫知仙源縣事。」

至和初，太常博士祖無擇言：「按前史，孔子後襲封者，在漢、魏曰褒成、褒尊、宗聖〔二〕，在晉、宋曰奉聖，後魏曰崇聖，北齊曰恭聖，後周、隋並封鄒國，唐初曰褒聖，開元中，始追謚孔子爲文宣王。又以其後爲文宣公，不可以祖謚而加後嗣。」遂詔有司定封宗愿衍聖公，令世襲焉。

治平初，用京東提點王綱言，自今勿以孔氏子弟知仙源縣，其襲封人如無親屬在鄉里，令常任近便官不得去家廟。

熙寧中，以四十八代孫若蒙爲沂州新泰縣主簿，襲封。

元祐初，朝議大夫孔宗翰辭司農少卿，請依家世例知兗州以奉祀。又言：「孔子後襲封疏爵，本爲侍祠，今乃兼領他官，不在故郡。請自今襲封者，無兼他職，終身使在鄉里。」朝議依所請，命官以司其用度，立學以訓其子孫，襲封者專主祠事，增賜田百頃，供祭祀之餘許均贍族人。其差墓戶並如舊法。賜書，置教授一員，教諭其家子弟，鄉鄰或願學者聽。改衍聖公爲奉聖公，及删定家祭冕服等制度頒賜之。其後，通直郎孔宗壽等舉若蒙弟若虛襲封，仍請自今衆議擇承襲之人，不必子繼，庶幾留意祖廟，惇睦族人。

宣和三年，詔宣議郎孔端友襲封衍聖公，爲通直郎、直秘閣，仍許就任關升，以示崇奬。端友言：「詔敕文宣王後與親屬一人判司簿尉，今孔若采當承繼推恩。」詔補迪功郎。

高宗紹興二年，以四十九代孫孔玠襲封衍聖公；其後，以搢，以文遠，以萬春，以洙，終宋世，皆襲封主祀事。

羣臣朝覲出使宴餞之儀。太祖、太宗朝，藩鎭牧伯，沿五代舊制，入覲及被召、使回，客省齎籤賜酒食。節度使十日，留後七日，觀察使五日。代還，節度使五日，留後三日，觀察一日，防禦使、團練使、刺史並賜生料。節度使以私故到闕下，及步軍都虞候以上出使回者，亦賜酒食、熟羊。羣臣出使回朝，見日，面賜酒食，中書、樞密、宣徽使、使相並樞密使伴；三司使、學士、東宮三師、僕射、御史大夫、節度使並宣徽使伴；兩省五品以上、侍御史、中丞、三司副使、東宮三少、尙書丞郞、卿監、上將軍、留後、觀察防禦團練使、刺史、宣慶宣政昭宣使並客省使伴；少卿監、大將軍、諸司使以下任發運轉運提點刑獄、知軍州、通判、都監、巡檢回者卽賜，並通事舍人伴；客省、引進、四方館、閤門使並本廳就食。羣臣賀，賜衣；奉慰，並特賜茶酒，或賜食。外任遣人進奉，亦賜酒食，或生料。自十月一日後盡正月，每五日起居，百官皆賜茶酒，諸軍分校三日一賜。冬至、二社、重陽、寒食，樞密近臣、禁軍大校或賜宴其第及府署中，率以爲常。

大中祥符五年，詔自今兩省五品、尙書省四品、諸司三品以上官，同列出使，並許醵錢餞飲，仍休假一日。餘官有親屬僚友出行，任以休務日餞送。故事，樞密、節度使、使相還朝，咸賜宴於外苑。見辭日，長春殿賜酒五行，仍設食，當直翰林龍圖閣學士以上、皇親、觀察使預坐。八年四月，侍衞步軍副都指揮使王能自鎭定來朝，宴於長春殿。閤門言：「舊制，節度使掌兵，無此禮例。旣赴坐，則殿前馬軍都校當侍立，於品秩非便。」遂令皆預位。

中興，仍舊制。凡宰相、樞密、執政、使相、節度、外國使見辭及來朝，皆賜宴內殿或都亭驛，或賜茶酒，並如儀。

時節餽廩。大中祥符五年十一月，以宰相王旦生日，詔賜羊三十口、酒五十壺、米麪各二十斛，令諸司供帳，京府具衙前樂，許宴其親友。旦遂會近列及丞郎、給諫、修史屬官。俄又賜樞密使副、參知政事羊三十口，酒三十壺、米麪各三十斛。其後，以廢務非便，奏罷會，而賜如故。又制僕射、御史大夫、中丞、節度、留後、觀察、內客省使、權知開封府，正、至、寒食，並客省齎籤賜羊、酒、米、麪；立春，賜春盤；寒食，神餤、餳粥；端午，粽子；伏日，蜜沙冰；重陽，糕，並有酒；三伏日，又五日一賜冰。四廂及廂都指揮使，中書舍人，統軍，防禦、團練使，刺史，客省使，樞密都承旨，知銀臺司、審刑院，三司三司勾院〔三〕，諸司使，禁軍校、忠佐，海外諸蕃進奉領刺史以上，至寒食，並賜節料；立春，奉內朝者皆賜幡勝。

元祐二年十一月冬至，詔賜御筵於呂公著私第，遣中使賜上尊酒、香藥、果實、縷金花等，以御飲器勸酒，遣教坊樂工，給內帑錢賜之。及暮賜燭，傳宣令繼燭，皆異恩也。

紹興十三年十二月二十三日，高宗賜宰臣秦檜詔曰：「省所奏辭免生日賜宴。朕聞賢聖之興必五百歲，君臣之遇蓋亦千載。夫以不世之英，值難逢之會，則其始生之日，可不爲天下慶乎！式燕樂衎，所以示慶也。非喬嶽之神無以生申、甫，非宣王之能任賢無以致中興。今日之事，不亦臣主俱榮哉。宜服異恩，毋守沖節。所請宜不允。」

宋朝之制，凡外國使至，及其君長來朝，皆宴于內殿，近臣及刺史、正郎、都虞候以上皆預。

太祖建隆元年八月三日，宴近臣於廣政殿，江南、吳越朝貢使皆預。乾德三年五月十六日，宴近臣及孟昶于大明殿。開寶四年五月七日，宴近臣及劉鋹〔四〕于崇德殿。十一月五日，江南李煜、吳越錢俶各遣子弟來朝，宴于崇德殿。八年三月晦，宴契丹使于長春殿。

太平興國二年二月十一日，宴兩浙進奉使、契丹國信使及李煜、劉鋹、禁軍都指揮使以上于崇德殿，不舉樂，酒七行而罷。契丹遣使賀登極也。五月十一日，再宴契丹使于崇德殿，酒九行而罷，以其貢助山陵也。三年正月十六日，宴劉鋹、李煜、契丹使、諸國蕃客于崇德殿，以契丹使來賀正故也。三月二十五日，吳越錢俶來朝，宴于長春殿，親王、宰相、節度使、劉鋹、李煜皆預。十月十六日，宴宰相、親王以下及契丹使、高麗使、諸州進奉使於崇德殿，以乾明節罷大宴故也。是後，宴外國使爲常。

其君長來朝，先遣使迎勞於候館，使者朝服稱制曰「奉制勞某主」，國主迎於門外，與使者俱入升階，使者執束帛，稱有制，國主北面再拜稽首受幣，又再拜稽首，以土物儐，使者再拜受。國主送使者出，鴻臚引詣朝堂，所司奏聞，通事舍人承敕宣勞，再拜就館。翌日，遣使戒見日如儀。又次日，奉見于乾元殿，設黃麾仗及宮縣大樂。典儀設國主位於縣南道西北向，又設其國諸官之位於其後。所司迎引，國主服其國服，至明德門外，通事舍人引就位。侍中奏中嚴，皇帝服通天冠、絳紗袍，出自西房，卽御位。典儀贊拜，國主再拜稽首。侍中承制降勞，皆再拜稽首，敕升坐，又再拜稽首，至坐，俛伏避席。侍中承制曰「無下拜」，國主復位。次引其國諸官以次入，就位再拜並如上儀。侍中又承制勞還館，通事舍人引國主降，復位，再拜稽首，出。其國諸官，皆再拜以次出。侍中奏禮畢，皇帝降坐。其錫宴與受諸國使表及幣，皆有儀，具載開寶通禮。

契丹國使入聘見辭儀。自景德澶淵會盟之後，始有契丹國信使副元正、聖節朝見。大中祥符九年，有司遂定儀注。

前一日，習儀于驛。見日，皇帝御崇德殿。宰臣、樞密使以下大班起居訖，至員僚起居後，館伴使副一班入就位，東面立。次接書匣閤門使升殿立。次通事入，不通，喝拜，兩拜，奏聖躬萬福，又喝兩拜，隨呼萬歲，喝祗候，赴東西接引使副位。舍人引契丹使副自外捧書匣入，當殿前立。天武官擡禮物分東西面入，列於殿下，以東爲上。舍人喝天武官起居，兩拜，隨呼萬歲，奏聖躬萬福，喝各祗候。閤門從東階降，至契丹使位北〔五〕。舍人揖使跪進書匣〔六〕，閤門側身搢笏、跪接，舍人受之。契丹使立，閤門執笏捧書匣升殿，當御前進呈訖，授內侍都知，都知拆書以授宰臣，宰臣、樞密進呈訖，遂擡禮物出。舍人與館伴使副引契丹使副至東階下，閤門使下殿揖引同升，立御前。至國信大使傳國主問聖體，通事傳譯，舍人當御前鞠躬傳奏訖，揖起北使。皇帝宣閤門迴問國主，北使跪奏，舍人當御前鞠躬奏訖，遂揖北使起，却引降階至辭見位，面西揖躬。舍人當殿通北朝國信使某官某祗候見，應喏絕，引當殿，喝拜，大起居，其拜舞並依本國禮。出班謝面天顏，歸位，喝拜舞蹈訖，又出班謝沿路驛館御筵茶藥及傳宣撫問，復歸位，喝拜舞蹈訖，舍人宣有敕賜窄衣一對、金蹀躞子一、金塗銀冠一、鞾一兩、衣着三百匹、銀二百兩〔七〕、鞍轡馬一，每句應喏，跪受，起，拜舞蹈訖，喝祗候，應喏西出。凡傳語并奏聖躬萬福、致辭，並通事傳譯，舍人當殿鞠躬奏聞，後同。次通北朝國信副使某官某祗候見，其拜舞、謝賜、致詞並如上儀，西出。其敕賜衣一對，金腰帶一，幞頭、靴、笏、衣着二百匹，銀器一百兩，鞍轡馬一。次通事及舍人引舍利已下分班入，不通，便引合班，贊喝大起居，拜舞如儀。舍人喝有敕賜衣服、束帶、衣着、銀器分物，應喏跪受〔八〕，擡擔床絕〔九〕，起，舞蹈拜訖，喝各祗候分班引出。次引差來通事以下從人分班入，不通，便引合班，喝兩拜，奏聖躬萬福，又拜，隨呼萬歲，喝有敕各賜衣服、腰帶、衣着、銀器分物，應喏跪受，起，喝兩拜，隨拜萬歲，喝各祗候唱喏分班引出。次行門、殿直入，起居訖，殿上侍立。文明殿樞密直學士、三司使、內客省使下殿。舍人合班奏報閤門無事，唱喏訖，卷班西出。客省、閤門使以下東出，其排立，供奉官已下橫行合班。宣徽使殿上喝供奉官已下各祗候分班出，並如常儀。皇帝降坐還內。

宴日，契丹使副以下服所賜，承受引赴長春殿門外，幷侍宴臣僚宰執、親王、樞密使以下祗候。俟長春殿諸司排當有備，閤門使附入內都知奏班齊，皇帝坐，鳴鞭，宰臣、親王以下並宰執分班，舍人引入。其契丹使副〔10〕綴親王班入。舍人通某甲以下，唱喏，班首奏聖躬萬福，喝各就坐、兩拜，隨呼萬歲，喝就坐，分班引上殿。或皇帝撫問契丹使副，舍人便引下殿，喝兩拜，隨拜萬歲，喝各就坐。次舍人、通事分引舍利以下東西分班，喝兩拜，喝就坐，分引赴兩廊下。次舍人引差來通事、從人東西分班入，合班，喝兩拜，隨拜萬歲，喝就坐，分引赴兩廊。次喝教坊已下兩拜，班首奏聖躬萬福，又喝拜，兩拜，隨拜萬歲，喝各祗候。次引看盞二人稍近前，喝拜，兩拜，隨拜萬歲，喝上殿祗候，分東西上殿立。有司進茶床，內侍酹酒，訖，閤門使殿上御前鞠躬奏某甲已下進酒，餘如常儀。宴起，宰臣已下降階，舍人喝兩拜，搢笏，舞蹈，喝各祗候，分班出。次舍利合班，喝兩拜，舞蹈，三拜，拜謝訖，喝各祗候分引出。次通事、從人合班，喝兩拜，隨拜萬歲，喝各祗候，分班引出。次喝教坊使已下兩拜，隨拜萬歲，喝各祗候。如傳宣賜茶酒，又喝謝茶酒拜，兩拜，隨拜萬歲，喝各祗候，出。閤門使殿上近前側奏無事，皇帝降坐，鳴鞭還內。

辭日，皇帝坐，內殿起居班欲絕，諸司排當有備，催合侍宴臣僚東西相向，班立崇德殿庭。俟奏班齊，舍人喝拜，東西班殿侍兩拜，奏聖躬萬福，喝各祗候。次舍人通館伴使副某甲以下常起居，次通契丹使某甲常起居，次通副使某甲常起居，俱引赴西面立。次通宰臣以下橫行，通某甲以下，應喏，奏聖躬萬福，喝各就坐，應喏，兩拜呼萬歲，分升殿東西向立。次通事、舍人引契丹舍利以下，次差來通事、從人，俱分班入，當殿兩拜，奏聖躬萬福，喝各就坐，兩拜，呼萬歲，分引赴兩廊立。次通教坊使、看盞。及進茶床、斟酒并閤門奏進酒，並如長春宴日之儀。酒五巡，起。宰臣以下降階班立，兩拜、搢笏、舞蹈，三拜，喝各祗候。宰臣以下并三司使、文明殿學士、樞密直學士升殿侍立，其餘臣僚并契丹使並出。次引舍利及差來從人，俱兩拜萬歲訖，分班引出。如傳宣賜茶酒，更喝謝拜如前儀。已上班絕，舍人再引契丹使入〔一〕，西面揖躬。舍人當殿通北朝國信使某祗候辭，通訖，引當殿兩拜，出班致辭，歸位，又兩拜訖，宣有敕賜，跪受拜舞訖，喝好去，遂引出。次引副使致詞、受賜、拜舞如前儀，亦出。次引舍利已下，次引差來通事、從人，俱分班入，舍人喝有敕賜衣服、衣着、銀器分物，各應喏跪受，候擡擔床絕，就拜，起，又兩拜萬歲，喝好去，分班引出。其使副各服所賜，再引入，當殿兩拜萬歲訖，喝祗候，引升殿，當御前立。皇帝宣閤門使授旨傳語國主，舍人揖國信使跪，閤門使傳旨通譯訖，揖國信使起立，閤門使御前搢笏，於內侍都知處捧授書匣，舍人揖國信使跪，閤門使跪分付訖，揖起下殿，西出。

政和詳定五禮，有紫宸殿大遼使朝見儀、紫宸殿正旦宴大遼使儀、紫宸殿大遼使朝辭儀、崇政殿假日大遼使朝見儀、崇政殿假日大遼使朝辭儀。其紫宸殿赴宴，遼使副位御坐西，諸衞上將軍〔三〕之南。夏使副在東朵殿，並西向北上。高麗、交阯使副在西朵殿，並東向北上，遼使舍利、從人各在其南。夏使從人在東廊舍利之南。諸蕃使副首領、高麗交阯從人、溪峒衙內指揮使在西廊舍利之南。又至各就位，有分引兩廊班首詣御坐進酒，樂作，贊各賜酒，羣官俱再拜就坐。酒五行，皆作樂賜華，皇帝再坐，赴宴官行謝華之禮。

夏國進奉使見辭儀。夏國歲以正旦、聖節入貢。元豐八年，使來。詔夏國見辭儀制依嘉祐八年，見于皇儀殿門外，朝辭詣垂拱殿。

政和新儀：夏使見日，俟見班絕、謝班前，使奉表函，引入殿庭，副使隨人，西向立，舍人揖躬。舍人當殿躬奏夏國進奉使姓名以下祗候見，引當殿前跪進表函，舍人受之，副入內侍省官進呈。使者起，歸位四拜起居。舍人宣有敕賜某物，兼賜酒饌。跪受，箱過，俛伏興，再拜。舍人曰各祗候，揖西出。次從人入，不奏，即引當殿四拜起居。舍人宣賜分物，兼賜酒食。跪受，箱過，俛伏興，再拜。舍人曰各祗候，揖西出。辭日，引使副入殿庭，西向立，舍人揖躬。舍人當殿躬奏夏國進奉使姓名以下祗候辭，引當殿四拜。宣賜某物酒饌，再拜如見儀。凡蕃使見辭，同日者，先夏國，次高麗，次交阯，次海外蕃客，次諸蠻。

高麗進奉使見辭儀。見日，使捧表函，引入殿庭，副使隨入，西向立，舍人鞠躬，當殿前通高麗國進奉使姓名以下祗候見，引當殿，使稍前跪進表函，俛伏興訖，歸位大起居。班首出班躬謝起居，歸位，再拜，又出班謝面天顏、沿路館券、都城門外茶酒，歸位，再拜，搢笏，舞蹈，俛伏興，再拜。舍人宣有敕賜某物兼賜酒食，搢笏，跪受，箱過，俛伏興，再拜。舍人曰各祗候，揖西出。次押物以下入，不通，即引當殿四拜起居。宣有敕賜某物兼賜酒食，跪受，箱過，俛伏興，再拜起居。舍人曰各祗候，揖西出。

辭日，引使副入殿庭，西向立，舍人揖躬。舍人當殿躬通高麗進奉使姓名以下祗候辭，引當殿四拜起居。班首出班致詞，歸位，再拜。舍人宣有敕賜某物兼賜酒食，搢笏，跪受，箱過，俛伏興，再拜。舍人曰好去，揖西出。次從人入辭，如見。

政和元年，詔高麗在西北二國之間，自今可依熙寧十年指揮隸樞密院。明年入貢，詔復用熙寧例，以文臣充接伴使副，仍往還許上殿。七年，賜以籩豆各十二，簠簋各四，登一，鉶二，鼎二，罍洗一，尊二。銘曰：「惟爾令德孝恭，世稱東蕃，有來顯相，予一人嘉之。用錫爾寶尊，以寧爾祖考。子子孫孫，其永保之！」紹興二年，高麗遣使副來貢，並賜酒食于同文館。

金國聘使見辭儀。宣和元年，金使李善慶等來，遣直秘閣趙有開偕善慶等報聘。已而金使復至，用新羅使人禮，引見宣政殿，徽宗臨軒受使者書。自後屢遣使來，帝待之甚厚，時引上殿奏事，賜予不貲，禮遇並用契丹故事。

紹興三年十二月，宰臣進呈金使李永壽等正旦入見。故事，百官俱入。上曰：「全盛之時，神京會同，朝廷之尊，百官之富，所以夸示。今暫駐於此，事從簡便。舊日禮數，豈可盡行？無庸俱入。」使人見辭，並賜食于殿門外。八年，金國遣使副來，就驛議和。詔王倫就驛賜宴。十一年十一月，金國遣審議使來。入見，時殿陛之儀議猶未決。議者謂「兵衞單弱，則非所以隆國體；欲設仗衞，恐駭虜情。」乃設黃麾仗千五百人于殿廊，蔽以帟幙，班定徹帷。十二年，扈從徽宗梓宮、皇太后使副來。十三年十一月，有司言：「賀正旦使初至，於盱眙軍賜宴。未審回程合與不合筵待？」詔內侍省差使臣二員沿路賜御筵，一員於平江府，一員於鎭江府，一員於盱眙軍。尋詔：金國賀正旦人使到闕赴宴等坐次，令與宰臣相對稍南。使副上下馬於執政官上下馬處。三節人從並於宮門外上下馬。立班則於西班，與宰臣相對立。仍權移西班使相在東壁宰臣之東。十四年正月一日，宴金國人使于紫宸殿。文臣權侍郞已上、武臣刺史已上赴坐。自後正旦賜宴倣此。五月，金國始遣賀天申節使來。有司言合照舊例北使賀生辰聖節使副隨宰臣紫宸殿上壽，進壽酒畢，皇帝、宰臣以下同使副酒三行，教坊作樂，三節人從不赴。既而三節人從有請，乞隨班上壽，詔許之，仍賜酒食。遇賀正，人使朝辭在上辛祠官致齋之內，仍用樂。二十九年，以皇太后崩，其賀正使副止就驛賜宴。見辭日，賜茶酒，並不舉樂。

大率北使至闕，先遣伴使賜御筵于班荆館，在赤岸，去府五十里。酒七行。翌日登舟，至北郭稅亭，茶酒畢，上馬入餘杭門，至都亭驛，賜褥被、鈔鑼等。明日，臨安府書送酒食，閤門官入位，具朝見儀，投朝見榜子。又明日，入見。伴使至南宮門外下馬，北使至隔門內下馬。皇帝御紫宸殿，六參官起居，北使見畢，退赴客省茶酒，遂宴垂拱殿，酒五行，惟從官已上預坐。是日，賜茶器名果。又明日，賜生餼。見之二日，與伴使偕往天竺燒香，上賜沉香、乳糖、齋筵、酒果。次至冷泉亭、呼猿洞而歸。翌日，賜內中酒果、風藥、花餳，赴守歲夜筵，酒五行，用傀儡。正月朔旦，朝賀禮畢，上遣大臣就驛賜御筵。中使傳旨宣勸，酒九行。三日，客省簽賜酒食，內中賜酒果。遂赴浙江亭觀潮，酒七行。四日，赴玉津園燕射，命諸校善射者假管軍觀察使伴之，上賜弓矢。酒行樂作，伴射官與大使並射弓，館伴、副使並射弩。酒九行，退。五日，大宴集英殿，尚書郎、監察御史已上皆預，學士撰致語。六日，朝辭退，賜襲衣、金帶、大銀器。臨安府書送贐儀。復遣執政官就驛賜宴。晚赴解換夜筵，伴使與北使皆親勸酬，且以衣物爲侑。次日，加賜龍鳳茶、金鍍合。乘馬出北闕門登舟，宿赤岸。又次日，復遣近臣押賜御筵。

自到闕朝見、燕射、朝辭，共賜大使金千四百兩，副使金八百八十兩，衣各三襲，金帶各三條。都管上節各賜銀四十兩，中下節各三十兩，衣一襲，塗金帶一條。使人到闕筵宴，凡用樂人三百人，百戲軍七十人，築毬軍三十二人，起立毬門行人三十二人，旗鼓四十人，並下臨安府差；相撲一十五人，於御前等子內差，並前期教習之。

諸國朝貢。其交州、宜州、黎州諸國見辭，並如上儀。惟迓勞宴賚之數，則有殺焉。其授書皆令有司付之。又有西蕃唃氏、西南諸蕃、占城、回鶻、大食、于闐、三佛齊、邛部川蠻及溪峒之屬，或比間數歲入貢。層檀、日本、大理、注輦、蒲甘、龜茲、佛泥、拂菻、眞臘、羅殿、渤泥、邈黎、闍婆、甘眉流諸國入貢，或一再，或三四，不常至。注輦、三佛齊使者至，以眞珠、龍腦、金蓮花等登陛跪散之，謂之「撒殿」。

元祐二年，知潁昌府韓縝言：「交阯小國，其使人將及境，臣嘗近弼，難以抗禮。按元豐中迓以兵官，餞以通判，使副詣府，其犒設令兵官主之。請如故事。」仍詔所過郡，凡前宰相、執政官知判者亦如之。又詔立回賜于闐國信分物法。歲遣貢使雖多，止一加賜〔三〕。又命于闐國使以表章至，則間歲聽一入貢，餘令於熙、秦州貿易。

禮部言：「元豐著令，西南五姓蕃，每五年許一貢。今西南蕃泰平軍〔四〕入貢，期限未及。」詔特許之。學士院言：「諸蕃初入貢者，請令安撫、鈐轄、轉運等司體問其國所在遠近大小，與見今入貢何國爲比，保明聞奏，庶待遇之禮不致失當。」宣和詔蕃國入貢，令本路驗實保明。如涉詐僞，以上書詐不實論。

建炎三年，占城國王遣使進貢，適遇大禮，遂加恩，特授檢校少傅，加食邑。自後明堂郊祀，並倣此。紹興二年，占城國王遣使貢沉香、犀、象、玳瑁等，答以綾錦銀絹。

建炎四年〔三〕，南平王薨，差廣南西路轉運副使尹東珣充弔祭使，賜絹布各五百匹，羊、酒、寓錢、寓綵、寓金銀等，就欽州授其國迎接人，制贈侍中，進封南越王。封其子爲交阯郡王，遇大禮，並加恩如占城國王。淳熙元年，賜「安南國王」印，銅鑄，塗以金。

紹興七年，三佛齊國乞進章奏赴闕朝見，詔許之。令廣東經略司斟量，只許四十人到闕，進貢南珠、象齒、龍涎、珊瑚、琉璃、香藥。詔補保順慕化大將軍、三佛齊國王，給賜鞍馬、衣帶、銀器。賜使人宴于懷遠驛。淳熙五年，再入貢。計其直二萬五千緡，回賜綾錦羅絹等物、銀二千五百兩。

紹興三十一年正月，安南獻馴象。帝曰：「蠻夷貢方物乃其職，但朕不欲以異獸勞遠人。其令帥臣告諭，自今不必以馴象入貢。」三十二年，孝宗登極，詔曰：「比年以來，累有外國入貢，太上皇帝沖謙弗受，況朕涼菲，又何以堪！自今諸國有欲朝貢者，令所在州軍以理諭遣，毋得以聞。」淳祐三年，安南國主陳日煚來貢，加賜功臣號。十一年，再來貢。景定三年六月，日煚上表貢獻，乞授其位於其子陳威晃。咸淳元年二月，加安南大國王陳日煚功臣，增「安善」二字；安南國王陳威晃功臣，增「守義」二字，各賜金帶、鞍馬、衣服。二年，復上表進貢禮物，賜金五百兩，賜帛一百匹，降詔嘉獎。

校勘記

〔一〕相州兵馬都監柴詠於柴氏諸族最長　宋會要崇儒七之七二作「諸房最長」，前文說「於諸房中推最長一人」，此處「諸族」疑「諸房」之誤。

〔二〕在漢魏曰褒成褒尊宗聖　考異卷七〇說「褒尊當作褒亭」。金石萃編卷八，據孔龢碑、史晨碑和後漢書安帝紀疑孔氏並未徙封爲褒亭侯。皇朝類苑卷三二、玉海卷一三五引祖無擇此文都作「在漢、魏曰褒成、宗聖」，沒有「褒尊」二字。疑此處「褒尊」二字有誤。

〔三〕三司三司勾院　宋會要禮六二之二一作「三司副使判三勾院」。按三勾院即三司勾院，或稱三部勾院，主其事者稱「判」，或稱「同勾當」。上「三司」下疑有脫文。

〔四〕劉鋹　此下原衍「子」字，據長編卷一二、宋會要禮四五之二刪。

〔五〕至契丹使位北　「北」字原脫，據太常因革禮卷八三、五禮新儀卷一五〇補。

〔六〕舍人揖使跪進書匣　「舍人」二字原脫，據同上書同卷補。

〔七〕銀二百兩　太常因革禮卷八三作「銀器二百兩」，下文賜物中都作銀器若干，「銀」下疑脫「器」字。

〔八〕應喏跪受　「跪受」原作「跪授」，據太常因革禮卷八三改。下文「跪授」數見，並據五禮新儀卷一五五同改。

〔九〕擡擔床絕　「絕」原作「跪」。下文有「候擡擔床絕」語，「跪」當爲「絕」之訛；太常因革禮卷八三正作「絕」，據改。

〔一〇〕其契丹使副　原脫「副」字，據太常因革禮卷八三、五禮新儀卷一五〇補。

〔一一〕舍人再引契丹使入　「入」原作「人」。太常因革禮卷八三作「入」，按前文已說「其餘臣僚幷契丹使並出」，此處當是「入」，據改。

〔一二〕諸衞上將軍　「衞」原作「位」，據五禮新儀卷一五一、本書卷一六六職官志改。

〔一三〕止一加賜　原作「止一加則」。宋會要蕃夷四之一七作「止一加賜」，並有「加賜錢」若干，加賜金帶、器幣之文，據改。

〔一四〕西南蕃泰平軍　「西」下原脫「南」字，「泰」誤爲「秦」，據長編卷四〇一、宋會要蕃夷五之三二補改。

〔一五〕建炎四年　按本書卷四八八交阯傳，李乾德死在紹興二年；中興聖政卷一一，册立乾德子陽煥事也在紹興二年；通考卷三三〇、宋會要蕃夷四之四二都同。疑此「建炎四年」誤。

宋史卷一百二十

志第七十三

禮二十三 賓禮五附錄

羣臣上表儀　宰臣赴上儀　朝省集議班位　臣僚上馬之制　臣僚呵引之制

羣臣上表儀。通禮，守宮設次于朝堂，文東武西，相對爲首；設中書令位于羣臣之北。禮曹掾舉表案入，引中書令出，就南面立。禮部郎中取表授中書令，令跪受表入奏。

其禮，凡正、至不受朝，及邦國大慶瑞、上尊號請舉行大禮，宰相率文武羣臣暨諸軍將校、蕃夷酋長、道釋、耆老等詣東上閤門拜表，知表官跪授表於宰臣，宰臣跪授於閤門使，乃由通進司奏御。凡有答詔，亦拜受於閤門，獲可，奏者奉表稱賀。其正、至，樞密使率內班拜表長春殿門外，亦閤門使受之。

又西京留守拜表儀制，留司百官每五日一上表起居，質明，並集長壽寺立班，置表于案，再拜以遣。其春秋賜服及大慶瑞並如之。或令分司官齎詣行在，或止驛付南京留司，約用此制。若巡幸，東京則留司百官亦五日一上表起居，並集大相國寺。

其制，羣臣詣閤拜奏者，首云文武百僚具官臣某等言；常奏御者，止云臣某言，並稱尊號，已有功臣爵邑者具之；狀奏者，前後列銜，不稱尊號，亦云功臣爵邑。其外，又有書疏、奏箚、牓子之類。

乾德二年，令有司詳定表首。太常禮院〔一〕言：「僕射南省〔二〕官品第二，太子三師官品第一，品位雖高，而南省上臺爲尊，合以僕射充首。若專以品秩爲定，則諸行侍郎品第四，列於諸司三品卿監之上，不可以品序爲準。按唐貞元六年詔，每有慶賀及諸臣上表，並合上公爲首，如三公闕，以令僕行之。中書、門下列貢章表，則僕射是百僚師長，難同宮僚之例〔三〕。」

詔百官集議。翰林學士陶穀等曰：「按唐制上臺、東宮並是廷臣，當時左右僕射、侍中、中書令爲正宰相。貞觀末，帶同中書門下三品者方爲宰相。今僕射既非宰相，合在太子三師之下，理固不疑。若以宮僚非廷臣，卽宰相豈當兼領？今若先二品而後一品，升後列而退前班，紊其等威，事恐非順。請以太子三師爲表首。」竇儀等曰：「東宮三師爲表首，論討故典，實皆無據。左右僕射〔四〕當爲表首者，其事有六：按六典，尙書爲百官之本，今自一品至六品常參官，皆以尙書省官爲首，則僕射合爲表首，一也；又唐制，上表無上公，卽尙書令僕以下行之，其嗣王合隨宗正，若有班位，合依王品，則嗣王雖一品，不得爲表首，二也；僕射位次三公，合爲表首，三也；況僕射爲百僚師長，東宮三師非師長之任，四也；晉天福中詔，謝賀上表，上公行之，如闕，卽令僕射行之，五也；立制之班，卑者先入後出，尊者後入先出。今東宮一品立定，僕射乃入，僕射旣退，東宮一品乃出，且在兩省之後，六也。」

詔從儀等議，以僕射爲表首焉。

宰臣赴上儀。開元禮有任官初上相見之儀。宋制，凡牧守赴上，多仍州府舊禮。臺省之制，宰相、親王、使相正衙謝訖，出文德殿便門至西廊，堂後官、兩省雜事迎參；至中書便門，兩省官迎班；升都堂，與逐上官對揖；見任侍中、中書令、同平章事者。降階，又與逐上官對拜訖，分東西升坐于牀。兩省雜事讀案，堂後官接案。搢笏頂筆判署，凡三道：一，司天監壽星見；二，開封府嘉禾合穗；三，澶州黃河淸。並判準，始謝逐上官，訖，三司使、學士、兩省官、待制、三司副使〔五〕升堂展賀。百官先班中書門外，上事官降階，百官入，直省官通班贊致賀，歸後堂與參知政事、樞密副使、宣徽使相見，會食訖，退。

建隆三年，中書、門下言：「準唐天成元年詔故事，藩鎮帶平章事，合於都堂視事，刊石以記官族，輸禮錢三千貫。近年頗隳曩制。自今藩鎮帶平章事者，輸禮錢五百千，刻石記歲月。其錢以給兩省公用，望舉行之。」詔：自今宰相及樞密使兼平章事、侍中、中書令者，輸禮錢三百千，藩鎮五百千，刻石以記如舊制。增秩者不再輸，舊相復入者輸如其數。

乾德二年，置參知政事，就宣徽院赴上，而樞密使副止上事于本廳。後以曹彬兼侍中爲樞密使，特令赴中書上事。

大中祥符中，詔：自今宰相官至僕射者，並于中書都堂赴上，不帶平章事亦令赴上。有司上儀注，宰相用常儀。僕射本省上日，郎中、員外班迎于都堂門內，尙書丞、郎于東廊階上稍近班迎揖，金吾將軍升階展拜賀，禮生贊引，主事讀案。見任中書樞密使相、前任中書門下並不赴，餘如宰相之儀。上訖，與本省御史臺四品、兩省五品、諸司三品以上會食。

右僕射王旦充玉淸昭應宮使，有司按故事，宰相凡有吉慶，百官皆班賀。詔以未嘗攸司，其班賀權罷。旦赴上修宮所，特賜會，丞、郎、三司副使以上悉預。自是宮觀使副上日皆賜會作樂。

天禧初，太保、平章事王旦爲太尉。國朝以來，三公不兼宰相，無赴上儀。特詔有司詳定，就尚書省赴上，百官班迎，宰相而下悉集。御史大夫中丞知雜、三院御史皆僚屬送上，判案三道。中丞以上，即京府尹、赤縣令、諸曹、節度、刺史、皇城宮苑使悉集。翰林學士入院日賜設，惟學士、中書舍人赴坐。又資政侍讀侍講、龍圖閣學士直學士兼秘書監並赴上。秘閣及兩省五品以上任三館學士、判館、修撰者，皆賜設焉。

朝省集議，前代不載其儀。宋初，刑政典禮之事當集議者，先下詔都省，省吏以告當議之官，悉集都堂。設左、右丞于堂之東北，南向；御史中丞于堂之西北，南向；尚書、侍郎于堂之東廂〔六〕，西向；兩省侍郎、常侍、給事、諫舍于堂之西廂，東向；知名表郎官于堂之東南，北向；監議御史于堂之西南，北向。又設左右司郎中、員外于左、右丞之後，三院御史于中丞之後，郎中、員外于尚書、侍郎之後，起居、司諫、正言于諫舍之後。如有僕射、御史大夫，即于左右丞、中丞之前。如更有他官，即諸司三品于侍郎之南，東宮一品于尚書之前，武班二品於諫舍之南，皆重行異位。卑者先就席。左、右丞升廳，省吏抗聲揖羣官就坐，知名表郎官以所議事授所司奉詣左、右丞，左、右丞執卷讀訖授中丞，中丞授于尚書、侍郎，以次讀訖，復授知名表郎官。將畢，左、右丞奉筆叩頭揖羣官，以一副紙書所議事節署字于下，授四坐。監議御史命吏告云：「所見不同者請不署字。」以官高者爲表首。如止集本省官，坐如常儀，其知名表郎官、監議御史坐仍北向。惟僕射以上得乘馬至都堂，他官雖同平章事亦止屛外。

明道二年，尚書議莊獻、莊懿太后升祔，省官帶內外制、兼三司副使承例移文不赴。監議御史段少連以爲官帶近職，一時之選，宜有建明，不當反自高異。乃奏議事不集以違制論。從之。

集賢校理趙良規言：「國朝故事〔七〕，令敕儀制，別有學士、知制誥、待制、三司副使著位，視品與前朝異，固無在朝敍職、入省敍官之說。若全不論職，則後行員外郎兼學士，在朝立丞、郎上，入省居比、駕下；知制誥、待制，入朝與侍郎同列〔八〕，入省分廁散郎；員外郎任三司副使、郎中任判官，在三司爲參佐，入本省爲正員。所以舊來議事，集尚書省官，帶職者不赴。別詔三省悉集，則及大小兩省；內朝官悉集，則及學士、待制、三司副使；更集他官，則諸司三品、武官二品，各次本司長官〔九〕。故事，尚書省官帶知制誥，中書省奏班簿，是于尚書省、御史臺了不著籍，故有絕曹之語。又凡定學士、舍人、兩省著位，除先後入外，若有升降，皆特稟朝旨，豈有在朝、入省迭爲高下？」御史臺、禮院詳定久不決。

判禮院馮元等曰：「會議之文，由來非一，或出朝廷別旨，或循官司舊規。故集本省者，即南省官；集學士、兩省、臺官者，容有兩制、給舍、中丞；集學士、臺省及諸司四品以上者，容有卿、監；集文武百官者，容有諸衞。蓋謀事有小大，集官有等差，率繫詔文，乃該餘職。少連以太常易名之細，考功覆議之常，誤謂羣司普當會席，列爲具奏，嬰以嚴科，遂使絕曹清列，還入本行，分局常員，略無異等。請臣僚擬謚，止集南省官屬，或事緣體大，臨時敕判，兼召三省、臺、寺，即依舊例。」御史臺言：「今尙書省官任兩制者，係臺省之籍，無坐曹之實。論職官之言，正爲絕曹者設，豈可受祿則繫官定奉，議事則絕曹爲辭？況王旦、王化基、趙安仁、晁迥、杜鎬、楊億，皆嘗預議於尙書省。故相李昉爲主客郎中，知制誥日，屢經都省議事。又議大事，僕射、御史大夫入省，唯僕射至廳下馬，于今行之，所以重本省也。故都堂會議，列狀以品，就坐以官，忽此更張，恐非通理。」

禮官吳育曰：「兩奏各有未安〔10〕。尙書省制度雖崇，亦天子之有司，在朝廷既殊班列，入有司輒易尊卑，是以朝省爲彼我、官職分二事也。兩制近職，若有事議而云絕班不赴〔11〕，非所以求至當。且知制誥中書省奏班簿，是謂絕班。翰林學士亦知制誥，不絕班簿。此因循之制，非確據也。縱絕班有例，而絕官無聞，一人命書，三省連判，而都無所繫，止爲奉錢，豈命官之禮？今取典故中最明一事，足以質定。祥符五年僕射上事儀〔12〕，絕班之官，別頭贊引，不與本省官同在迎班。請凡會議，省官帶近職者，別作一行而坐，自爲序列〔三〕，非以相壓；若招兩制、臺省、諸司、諸衞官畢集，則各從其類，自作一行，書議如其位次。」

詔尚書省議事，應帶職官三司副使以上並不赴，如遇集議大事，令赴，別設坐次。是歲，紫宸、垂拱殿刊石爲百官表位。三司使，內朝，班學士右，獨立石位；門外，亦班其上。

熙寧二年，御史臺、太常禮院詳定臣僚御路上馬之制：近上臣僚及北使到闕，並于御路上行馬。中書樞密院執政官、宣徽院、御史中丞、知雜御史、左右金吾、攝事官淸道者，導從呵止依舊式，其三司副使以上亦許出節。正任觀察使以上與合出節臣僚，並許自宣德門外至天漢橋北御路上行馬，如從駕出入及宗室內庭諸宮院車騎，並不在此限。

御史臺又言：「舊制，百官臺參、辭謝臣僚于朝堂，先赴三院御史幕次，又赴中丞幕次，得以體按老疾。今止于御史廳一員對拜，不惟有失舊儀，兼恐不能公共參驗。請如舊制朝堂拜揖，遇放常朝，即詣御史臺。」

已而，詔宰臣、親王、使相、兩府、宣徽使，遇入樞密院門，許至從南第二門外上下馬。又詔，宰臣上馬，樞密院次之，諸司又次之，左、右丞上下馬處並同兩省侍郎。

御史臺言：「左丞蒲宗孟、右丞王安禮賀僕射上尚書省，于都堂下馬。按左、右丞上下馬于本廳。請付有司推治。」安禮爭論上前，以爲今日置左、右丞爲執政官，不應有厚薄。左、右丞于都堂上下馬自此始。

尋詔執政官退朝上馬，宰臣于樞密院〔四〕，餘於隔門外；都堂聚議退，左丞于門下侍郎廳，右丞于中書侍郎廳。品官詣尚書省上下馬依雜壓，太中大夫以上就第一貯廊，監察御史以上就過道，諸六曹尚書、侍郎即太中大夫以上就本廳，監察御史以上就客位，餘並過道門外。

政和朝參臣僚上馬次序：俟皇城門開，樞密入，次三省執政官，次一品二品文臣、六曹侍郎、殿中監、開封尹、大司成、侍從官、兩省，次百官，御史臺編欄以次入。

其宰相罷政，韓琦以司徒、節度判相州，曾公亮以司空、節度爲集禧觀使，王安石以觀文殿大學士、吏部尚書知江寧府，曹佾以中書令、節度充景靈宮使，韓絳以觀文殿大學士、吏部侍郎知大名府，致仕太師文彥博來朝，其大朝會班位儀物如之。吳育以觀文殿大學士、吏部尚書爲西太一宮使，大朝會綴中書、門下班而已。自是，舊相按例重輕以特旨行之。

治平四年，御史臺言：「慶曆中，有詔詳定武臣出節呵引之制：節度使在尙書下，三節。節度觀察留後在諸行侍郎下，兩節。觀察使在中書舍人下，諸衞大將軍、防禦團練使在大卿監下，內客省使比諸司大卿，景福殿使比將作監，引進使比庶子，在防禦使上〔五〕，以上各一節〔六〕。諸州刺史、諸衞將軍在少卿監下，宣慶、四方館使比少卿，宣政、昭宣、閤門使比司天監少監，諸衞將軍上，皇城使以下諸司使比郎中，客省、引進、閤門副使比員外郎，樞密都承旨在司天少監下、閤門使上，副都承旨在閤門使下，樞密副承旨、諸房副承旨在諸司使下，以上並兩人呵引。當時已施行矣，而皇祐編敕删去此制，請復舉行。」

校勘記

〔一〕太常禮院　原作「太常禮儀院」，據本書職官四、宋會要儀制七之一四、長編卷五删「儀」字。

〔二〕南省　原作「兩省」，據宋會要儀制七之一四改。按僕射爲尙書省官，唐時稱尙書省爲南省，此處蓋沿用唐時名稱。

〔三〕難同宮僚之例　「宮」，原作「官」，據宋會要儀制七之一四改。下文所載陶穀「若以宮僚非廷臣」語，同改。

〔四〕左右僕射　原脫「右」字，據宋會要儀制七之一五及上下文補。

〔五〕三司副使　「副使」原倒，據上文乙正。

〔六〕堂之東廂　原脫「之」字，據上下文和宋會要儀制八之一補。

〔七〕國朝故事　「故」原作「政」，據宋會要儀制八之四、長編卷一二〇改。

〔八〕入朝與侍郎同列　「侍郎」原作「待制」，據宋會要儀制八之四、長編卷一二〇改。

〔九〕各次本司長官　「次」原作「以」，據宋會要儀制八之五、長編卷一二〇改。

〔一〇〕兩奏各有未安　「奏」原作「省」，據宋會要儀制八之一四、長編卷一二〇改。

〔一一〕若有事議而云絕班不赴　「云」原作「去」，據長編卷一二〇、長編紀事本末卷三〇改。

〔一二〕僕射上事儀　「儀」原作「議」，據長編卷一二〇、長編紀事本末卷三〇改。

〔一三〕自爲序列　「列」原作「別」，據長編卷一二〇、長編紀事本末卷三〇改。

〔一四〕宰臣于樞密院　長編卷三二九、宋會要儀制五之一九「樞密院」下均有「隔門內」三字，按下文「餘于隔門外」語，此三字當有。

〔一五〕在防禦使上　「上」原作「下」，據宋會要儀制五之一六改。

〔一六〕以上各一節 「一」原作「二」，據宋會要儀制五之一六改。

宋史卷一百二十一

志第七十四

禮二十四 軍禮

禡祭 閱武 受降 獻俘 田獵 打毬 救日伐鼓

禡，師祭也，宜居軍禮之首。講武次之，受降、獻俘又次之。田獵以下，亦各以類附焉。

軍前大旗曰牙，師出必祭，謂之禡。後魏出師，又建纛頭旗上。太宗征河東，出京前一日，遣右贊善大夫潘慎修出郊，用少牢一祭蚩尤、禡牙；遣著作佐郎李巨源卽北郊望氣壇，用香、柳枝、燈油、乳粥、酥蜜餅、果，祭北方天王。

咸平中，詔太常禮院定禡儀。所司除地爲壇，兩壝繞以青繩，張幄帟，置軍牙、六纛位版。版方七寸，厚三分。祭用剛日，具饌。牲用太牢，以羊豕代。其幣長一丈八尺，軍牙以白，六纛以皂。都部署初獻，副都部署亞獻，部署三獻，皆戎服，清齋一宿。將校陪位。禮畢，焚幣，釁鼓以一牢。又擇日祭馬祖、馬社。

閱武，仍前代制。太祖、太宗征伐四方，親講武事，故不盡用定儀，亦不常其處。鑿講武池朱明門外以習水戰。復築講武臺城西楊村，秋九月大閱，與從臣登臺觀焉。

眞宗詔有司擇地含輝門外之東武村爲廣場，馮高爲臺，臺上設屋，構行宮。其夜三鼓，殿前、侍衞馬步諸軍分出諸門。詰旦，帝乘馬，從官並戎服，賜以窄袍。至行宮，諸軍陣臺前，左右相向，步騎交屬亘二十里，諸班衞士翼從于後。有司奏成列，帝升臺，東向，御戎帳，召從臣坐觀之。殿前都指揮使王超執五方旗以節進退，又於兩陣中起候臺相望，使人執旗如臺上之數以相應。初舉黃旗，諸軍旅拜。舉赤旗則騎進，舉青旗則步進。每旗動則鼓驟士譟，聲震百里外，皆三挑乃退。次舉白旗，諸軍復再拜呼萬歲。有司奏陣堅而整，士勇而厲，欲再舉，詔止之，遂舉黑旗以振旅。軍於左者略右陣以還，由臺前出西北隅；軍於右者略左陣以還，由臺前出西南隅，並凱旋以退。乃召從臣宴，教坊奏樂。回御東華門閱諸軍還營，鈞容奏樂於樓下，復召從臣坐，賜飲。明日，又賜近臣飲於中書，諸軍將校飲於營中，內職飲於軍器庫，諸班衞士飲於殿門外。

神宗閱左藏庫副使幵斌所教牌手於崇政殿，乃命殿前步軍司擇驍健者依法教習。自是，營屯及更戍諸軍、畿甸三路民兵皆隨伎藝召見親閱焉。凡閱試禁衞、戍軍、民兵，總第其精觕，賜以金帛；而超等高者，至命爲吏選官，其典領者優加職秩。涇原經略蔡挺肄習諸將軍馬，點閱周悉，隊伍有法，入爲樞密副使，因言於上而引試之。舊以七軍營陣校試，而分數不齊，前後牴牾。命校試官采摭定爲八軍法。及軍法成，頒行諸路。既又定九軍法，以一軍營陣，卽城南好草陂閱之，皆有賞賚。其按閱砲場連弩及便坐日閱召募新軍時，令習戰如故事。

建炎三年六月，高宗諭輔臣曰：「朕欲親閱武。」宰臣呂頤浩曰：「方右武之時，理當如此。祖宗時不忘武備，如鑿金明池，盆欲習水戰〔二〕。」張浚曰：「祖宗每上巳游幸，必命衞士馳射，因而激賞，亦所以講武也。」帝曰：「朕非久命諸將各閱所部人馬，當召卿等共觀，足以知諸將能否。」後以巡幸不果行。

紹興五年正月，始御射殿，閱諸班直殿前司諸軍指教使臣、親從宿衞親兵幷提轄部押親兵使臣射射。共一千二百六十人，每六十人作一撥。遂詔戶部支金千兩，付樞密院激賞庫充犒用。三月，御射殿，閱等子趙青等五十人角力，轉資，支賜錢銀有差。八月，御射殿，閱廣東路經略司解發到韶州士庶子弟陳裕試神臂弓，特補進武校尉，賜紫羅窄衫、銀束帶，差充本路經略司指使。十四年十一月，閱殿前馬步軍將士藝精者，賞有差。自是，歲以冬月行之，號曰冬教。三十年十月，御射殿，引三衙統制、同統制、統領、同統領入內射射，詔餘合赴內殿教人，依年例支降例物，令逐司自行按試等第給散。舊例，每歲引三衙官兵教。是日，止引統制、統領，故有是詔。三十二年四月二十五日，御射殿隔門特坐，引呈新舊行門射射。

乾道二年十一月，幸候潮門外大教場，次幸白石教場。應從駕臣僚，自祥曦殿並戎服起居，從駕往回。內管軍、御帶、環衞官從駕，宰執以下免從。就逐幕次賜食，俟進晚膳畢，免奏萬福，并免茶，從駕還內。二十四日，幸候潮門外大教場，進早膳，次幸白石教場閱兵。三衙率將佐等導駕詣白石，皇帝登臺，三衙統制、統領官等起居畢，舉黃旗，諸軍皆三呼萬歲拜訖，三衙管軍奏報取旨，馬軍上馬打圍教場。舉白旗，三司馬軍首尾相接；舉紅旗，向臺合圍，聽一金止。軍馬各就圍地，作圓形排立。射生官兵隨鼓聲出馬射獐兔，一金止。疊金，射生官兵各歸陣隊。舉黃旗，射生官兵就御臺下獻所獲。帝遂慰勞，賜賚諸將鞍馬金帶，以及士卒。諸軍懽騰，鼓舞就列。百姓觀者如山。時久陰曀，曁帝出郊，雲霧解駁，風日開霽。帝遣諭主管殿前司王琪等曰：「前日之教，師律整嚴，人無譁囂，分合應度，朕甚悅之，皆卿等力也。」琪等曰：「此陛下神武之化，六軍恭謹所致。臣願得以此爲陛下勦絕姦宄。」

四年十月，殿前司言：「相視龍王堂北、江岸以東茅灘一帶平地，可作教場。已修築將壇，將來三司馬步軍並各全裝，披帶衣甲，執色器械，至日，先赴教場下方營〔三〕排辦，俟駕登臺，聽金鼓起居畢，依資次變陣教閱。所有聖駕出郊，除禁衞外，欲於本司入陣馬軍內摘差護聖馬軍八百人騎、弓箭、器械，作十六隊，於儀衞前後引從，各分八隊，隊各五十人，往回沿路，各奏隨軍鼓笛大樂。及摘差本司入教陣隊內諸軍步親隨一千人，并統領將官三員，至日，先赴將臺下，各分左右，於後壁周圍留空地三十步，以容禁衞，外作三重環立。」十六日，車駕至灘上。諸軍人馬，前一日於教場東列幕宿營。是日，三衙管軍與各軍統領將佐導駕乘馬至護聖步軍大教場亭，更御甲冑至灘上。皇帝登臺，三衙起居畢，權主管殿前司王逵奏三司人馬齊，舉黃旗，諸軍呼拜者三。逵奏請從頭教。中軍鳴角，倒門角旗出營，馬步軍簇隊成，收鼓訖。連三鼓，馬軍上馬，步人撮起旗槍。四鼓舉白旗，中軍鼓聲旗應，變方陣爲備敵之形。別高一鼓，步軍四向作禦敵之勢，且戰且前，馬軍出陣作戰鬬之勢。別高一鼓，各分歸地分。五鼓舉黃旗，變圓陣爲自環內固之形。如前節次訖。三鼓舉赤旗，變銳陣，諸軍相屬，魚貫斜列，前利後張，爲衝敵之形。亦依前節次訖。王逵奏人馬教絕，取旨。舉青旗，變放教直陣，收鼓訖，一金止。重鼓三，馬軍下馬，步人齪落旗槍，皆應規炬。帝大悅，犒賞倍之。士卒歡呼謝恩如儀。鳴角聲簇隊訖，放教拽隊。步人分東西引拽，馬軍交頭於御臺下，隨隊呈試驍銳大刀武藝，繼而進呈車砲、火砲、煙槍。及赭山打圍射生，馬步軍統制官蕭鷓巴以所獲獐鹿等就御臺下進獻，人馬拽絕。皇帝復御常服，乘馬至車子院，宣喚殿前司撥發官馬定遠、侯彥昌各賜馬一匹，彥昌仍自準備將特升副將。進御酒，上謂王逵曰：「今日教閱，進止分合，軍律整肅，皆卿之力也。」逵奏：「陛下神武，四海共知。六師軍容，孰敢不肅！」時賜酒俱以十分，逵奏以軍馬事不敢飲，帝曰：「少飲之。」親滅太半。飲畢，謝恩退。又宣問主管侍衞馬軍司李舜舉：「今日按閱之兵，比向時所用之師何如？」舜舉奏曰：「今日所治之兵，皆陛下平時躬親訓練，撫以深恩，賜之重賞，忠勇百倍，非昔日可比。」

其儀：皇帝至祥曦殿，行門、禁衞等並戎服迎駕常起居。皇帝至〔三〕，知閤門官以下並戎服常起居，訖。皇帝乘馬出，從駕官從駕至候潮門外大教場御幄殿下馬，入幄更衣訖，皇帝被金甲出幄，行門、禁衞等迎駕，奏萬福。皇帝乘馬至教場臺下馬，升臺入幄。從駕官宰執、親王、使相、正任、知閤、御帶、環衞官升臺，於幄殿分東西相向立。管軍並令全裝衣甲，帶御器械執骨朵升臺，於幄殿指南面西立，俟入內官喝排立。皇帝出幄，行門、禁衞等迎駕奏萬福。皇帝出〔四〕，閤門分引殿前馬步三司統制、統領官常起居訖。次三司將佐以下，聽鼓聲常起居。次殿帥執骨朵赴御坐前，奏教直陣。俟教閱畢，再赴御坐前奏教圓陣。俟教閱畢，再赴御坐前奏教銳陣。俟教閱畢，再赴御坐前奏教閱畢，歸侍立。內侍傳旨與殿前太尉某，諸軍謝恩承旨訖，轉與撥發官引三司統制、統領、將佐再拜謝恩訖，各歸本軍。皇帝起，入幄更衣訖，皇帝出幄。皇帝坐，舍人引宰執整後立，俟進御茶床。舍人贊就坐，宰執躬身應喏訖，直身立，就坐。進第一盞酒，起立整後，俟皇帝飲酒訖，舍人贊就坐，躬身應喏訖，直身立。俟宰執酒至，接盞飲酒訖，盞付殿侍。次舍人贊食，並如儀。至第四盞，傳旨宣勸訖，御藥傳旨不拜，舍人承旨贊不拜，贊就坐。第五盞宣勸如第四盞儀。酒食畢，舉御茶床。舍人分引宰執於幄殿重行立，御藥傳旨不拜，舍人承旨訖，揖宰執躬身贊不拜，各祗候直身立，降踏道歸幕次。皇帝起，乘馬至車子院下馬。皇帝出幄，至車子院門樓上，出賜親王酒，再拜謝訖；次賜使相、正任并管軍，知閤、御帶、環衞官酒訖；逐班再拜謝，訖，依舊相向立〔三〕。次親王執盞進皇帝酒，皇帝飲酒訖，一班再拜謝，訖；俟皇帝觀畢，起，降車子院門樓歸幄。親王以下退。皇帝乘馬出車子院門，行門、禁衞等迎駕奏萬福。皇帝乘馬至候潮門外大教場，應從駕官並戎服乘馬從駕回。皇帝乘馬入和寧門，至祥曦殿上下馬還宮。餘倣此。

淳熙四年十二月，大閱于茅灘。十年十一月，大閱于龍山。十六年十月，大閱于城南大教場。並如上儀。慶元元年十月，以在諒闇，令宰執於大教場教閱。二年十月，大閱于茅灘。嘉泰二年十二月，幸候潮門外教場大閱。端平二年四月大閱，以時暑不及行。

受降獻俘。太祖平蜀，孟昶降，詔有司約前代儀制爲受降禮。昶至前一日，設御坐仗衞于崇元殿，如元會儀。至日，大陳馬步諸軍于天街左右，設昶及其官屬素案席褥于明德門外，表案于横街北。通事舍人引昶及其官屬素服紗帽北向序立。昶跪奉表授閤門使，復位待命。表至御前，侍臣讀訖，閤門使承旨出。昶等俯伏。通事舍人掖昶起，官屬亦起，宣制釋罪，昶等再拜呼萬歲。衣庫使導所賜襲衣冠帶陳於前，昶等又再拜跪受，改服乘馬，至昇龍門下馬，官屬至啓運門下馬，就次。帝常服升坐，百官先入起居，班立。閤門使引昶等人，舞蹈拜謝。召昶升殿，閤門使引自東階升，宣撫使承旨安撫之。昶至御坐前，躬承問訖，還位，與官屬舞蹈出。中書率百官稱賀，遂宴近臣及昶于大明殿。

嶺南平，劉鋹就擒，詔有司撰獻俘禮。鋹至，上御明德門，列仗衞，諸軍、百官常服班樓前。別設獻俘位于東西街之南，北向；其將校位於獻俘位前，北上西向。有司率武士係鋹等白練，露布前引。至太廟西南門，鋹等並下馬，入南神門，北向西上立，監將校官〔六〕次南立。俟告禮畢，於西南門出，乘馬押至太社，如上儀。乃押至樓南御路之西，下馬立俟。獻俘將校，戎服帶刀。攝侍中版奏中嚴，百官班定；版奏外辦，帝常服御坐。百官舞蹈起居畢，通事舍人引鋹就獻俘位，將校等詣樓前舞蹈訖，次引露布案詣樓前北向，宣付中書、門下，如宣制儀。通事舍人跪受露布，轉授中書，門下轉授攝兵部尚書。次攝刑部尚書詣樓前跪奏以所獻俘付有司。上召鋹詰責，鋹伏地待罪。詔誅其臣龔澄樞等，特釋鋹縛與其弟保興等罪，仍賜襲衣、冠帶、韡笏、器幣、鞍馬，各服其服列謝樓下。百官稱賀畢，放仗如儀。

南唐平，帝御明德門，露布引李煜及其子弟官屬素服待罪。初，有司請如獻劉鋹。帝以煜奉正朔，非若鋹拒命，寢露布弗宣，遣閤門使承制釋之。

太宗征太原，劉繼元降，帝幸城北，陳兵衞，張樂，宴從臣于城臺。繼元帥官屬素服臺下。遣閤門使宣制釋罪，召繼元親勞之。從臣詣行宮稱賀。時以在軍中，故不備禮。繼元至京師，詔告獻太廟。前一日，所司陳設如常告廟儀。告日黎明，博士引太尉就位，通事舍人引繼元西階下東向立，其官屬重行立。贊者贊太尉再拜訖，博士引就盥爵如常儀，詣東階解劍脫舄，升第一室進奠，再拜，太祝跪讀祝文訖，又再拜。通事舍人引繼元及官屬詣室前西階下北向立，舍人贊云：「皇帝親征，收復河東，僞主劉繼元及僞命官見。」贊者曰再拜，拜訖退位。次至第二、第三、第四、第五室，皆如第一室。博士引太尉降階，佩劍納履復位，贊者曰再拜，太尉與繼元等皆再拜，退。焚祝版於齋坊。繼元旣命以官，故不稱俘焉。

元符二年，西蕃王攏拶、邈川首領瞎征等降，詔具儀注。以受降日御宣德門，設諸班直、上四軍仗衞，諸軍素服陳列。降者各服蕃服以見，審問訖，有旨放罪，各等第賜首服袍帶。百官稱賀，而再御紫宸殿賜宴會。哲宗崩，樞密院留攏拶等西京聽旨。詔罷御樓立仗，但引見于後殿。攏拶一班；契丹公主一班，夏國、回鶻公主次之；瞎征一班，邊厮波結幷族屬次之。應族屬首領各從其長，以次起居。僧尼公主皆蕃服蕃拜。並賜冠服，謝訖，賜酒饌橫門外。

政和初，議禮局上受降儀。皇帝乘輿升宣德門樓，降輿坐御幄，百官與降王、蕃官各班樓下，如大禮肆赦儀。東上閤門以紅絛袋班齊牌引升樓，樓上東上閤門官附內侍承旨索扇，扇合，帝卽御坐，簾卷。內侍又贊扇開，侍衞如常儀。諸班親從幷裏圍降王人等迎駕，自贊常起居。次舍人贊執儀將士常起居。次管幹降王使臣幷隨行舊蕃官常起居。次禮直官、舍人引百官橫行北向，贊者曰拜，在位官皆再拜舞蹈，三稱萬歲，又再拜。班首奏聖躬萬福，又再拜退，百官各就東西位。舍人引降王服本國衣冠詣樓前北向，女婦少西立；僧又少西，尼立於後。入內省官詣御坐前承旨，傳樓上東上閤門官承旨錄訖，以紅絛袋降制樓下，東上閤門官承旨退。降王以下俯伏，東上閤門官至，令通事舍人掖之起，首領以下皆起，鞠躬。閤門宣有敕，降王以下再拜，僧尼止躬呼萬歲。閤門錄敕旨付管幹官，降王等躬聽詰問。如有復奏，閤門錄訖，仍以紅絛袋引升樓。如無復奏，入內省官詣御坐承旨，傳樓上閤門官稱有敕放罪訖，舍人贊謝恩，降王以下再拜稱萬歲，復序立。入內省官詣御坐承旨，傳樓上閤門官稱有敕各賜首服袍帶。樓下閤門官承旨引所賜檐床陳于西，舍人宣曰有敕，降王以下再拜鞠躬，舍人稱各賜某物，賜物畢，又再拜稱萬歲。若賜官，即贊謝再拜，並歸次易所賜服。舍人先引降王以下至授遙郡以上當樓前北向東上立，贊再拜，稱萬歲，又再拜；次贊服冠帔婦女再拜。僧尼別謝，引還。次贊樓上侍立官稱賀再拜，禮直官、舍人分引百官橫行北向立，贊拜訖，班首少前，俛伏跪，稱賀，其詞中書隨事撰述，賀訖，復位。在位者又再拜舞蹈，三稱萬歲，又再拜。東上閤門官進詣樓前承旨就班首宣曰有制，贊者曰拜，在位官皆再拜，宣答，其詞學士院隨事撰述，又贊再拜，三稱萬歲，又再拜。樓上樞密院前跪奏，稱某官臣某言，禮畢，內侍索扇，扇合簾垂，帝降坐。內侍贊扇開，所司承旨放仗，樓下鞭鳴，百官再拜退。

開禧三年三月，四川宣撫副使安丙函逆臣吳曦首并違制擬造法物、所受金國加封蜀王詔及金印來獻。四月三日，禮部太常寺條具獻馘典故，俟逆曦首函至日，臨安府差人防守，殿前司差甲士二百人同大理寺官監引赴都堂審驗。奏獻太廟、別廟差近上宗室南班，奏獻太社、太稷差侍從官。各前一日赴祠所致齋，至日行奏獻之禮，大理寺、殿前司計會行禮時刻，監引首函設置以俟。奏獻禮畢，梟於市三日，付大理寺藏於庫。

端平元年，金亡。四月，京湖制置司以完顏守緒函骨來上，差官奏告宗廟社稷如儀。

田獵。太祖建隆二年，始校獵于近郊。先出禁軍爲圍場，五坊以鷙禽細犬從。帝親射走兔三，從官貢馬稱賀。其後多以秋冬或正月田於四郊，從官或賜窄袍㡊韈，親王以下射中者賜以馬。

太宗將北征，因閱武獵近郊，以多盜獵狐兔者，命禁之。有衞士奪人獐，當死，帝曰：「若殺之，後世必謂我重獸而輕人。」特貰其罪。帝常以臘日校獵，諭從臣曰：「臘日出狩，以順時令，緩轡從禽，是非荒也。」回幸講武臺，張樂，賜羣臣飲。其後，獵西郊，親射走兔五。詔以古者蒐狩，以所獲之禽薦享宗廟，而其禮久廢，今可復之。遂爲定式。帝雅不好弋獵，詔除有司行禮外，罷近甸游畋，五坊所畜鷹犬並放之，諸州不得以鷹犬來獻。已而定難軍節度使趙保忠獻鶻一，號「海東青」，詔還賜之。臘日，但命諸王略畋近郊，而五坊之職廢矣。

真宗復詔教駿所養鷹鶻量留十餘，以備諸王從時展禮。禁園草地，許民耕牧。

至仁宗時，言者言校獵之制所以順時令、訓戎事，請修此禮。於是詔樞密院奏定制度。獵日五鼓，帝御內東門，賜從官酒三行，奏鈞容樂，幸瓊林苑門，賜從官食。遂獵于楊村，宴于幄殿，奏教坊樂。遣使以所獲馳薦太廟。既而召父老臨問，賜以飲食茶絹，及五坊軍士銀絹有差。宰相賈昌朝等曰：「陛下暫幸近郊，順時田獵，取鮮殺而登廟俎，所以昭孝德也；即高原而閱軍實，所以講武事也；問耆老而秩飫，所以養老也；勞田夫而賜惠，所以勸農也。乘輿一出，而四美皆具。伏望宣付史館。」從之。明年，復獵於城南東韓村。自玉津園去輦乘馬，分騎士數千爲左右翼，節以鼓旗。合圍場徑十餘里，部隊相應。帝按轡中道，親挾弓矢，屢獲禽焉。是時，道傍居人或畜狐兔鳧雉驅場中。帝謂田獵以訓武事，非專所獲也，悉縱之。免圍內民田一歲租，仍召父老勞問。其後以諫者多，罷獵近甸。自是，終靖康不復講。

打毬，本軍中戲。太宗令有司詳定其儀。三月，會鞠大明殿。有司除地，豎木東西爲毬門，高丈餘，首刻金龍，下施石蓮華坐，加以采繢。左右分朋主之，以承旨二人守門，衞士二人持小紅旗唱籌，御龍官錦繡衣持哥舒棒，周衞毬場。殿階下，東西建日月旗。教坊設龜茲部鼓樂於兩廊，鼓各五。又於東西毬門旗下各設鼓五。閤門豫定分朋狀取裁。親王、近臣、節度觀察防禦團練使、刺史、駙馬都尉、諸司使副使、供奉官、殿直悉預。其兩朋官，宗室、節度以下服異色繡衣，左朋黃襴，右朋紫襴；打毬供奉官左朋服紫繡，右朋服緋繡，烏皮靴，冠以華插脚折上巾。天廐院供馴習馬并鞍勒。帝乘馬出，教坊大合涼州曲，諸司使以下前導，從臣奉迎。既御殿，羣臣謝，宣召以次上馬，馬皆結尾，分朋自兩廂入，序立於西廂。帝乘馬當庭西南駐。內侍發金合，出朱漆毬擲殿前。通事舍人奏云御朋打東門。帝擊毬，教坊作樂奏鼓。毬既度，颭旗、鳴鉦、止鼓。帝回馬，從臣奉觴上壽，貢物以賀。賜酒，卽列拜，飲畢上馬。帝再擊之，始命諸王大臣馳馬爭擊。旗下擂鼓。將及門，逐廂急鼓。毬度，殺鼓三通。毬門兩旁置繡旗二十四，而設虛架於殿東西階下。每朋得籌，卽插一旗架上以識之。帝得籌，樂少止，從官呼萬歲。羣臣得籌則唱好，得籌者下馬稱謝。凡三籌畢，乃御殿召從臣飲。又有步擊者，乘驢騾擊者，時令供奉者朋戲以爲樂云。

救日伐鼓。建隆元年，司天監言日食五月朔，請掩藏戈兵鎧冑。事下有司，有司請皇帝避正殿素服，百官各守本司，遣官用牲太社如故事。景德四年五月朔，日食。上避正殿不視事。

至和元年四月朔日食，既內降德音，改元，易服，避正殿，減膳。百官詣東上閤門拜表請御正殿，復常膳。三表乃從。至日，遣官祀太社，而陰雨以雷，至申，乃見食九分之餘。百官稱賀。先是皇祐初，以日食三朝不受賀，百官拜表。嘉祐四年，詔正旦日食毋拜表，自十二月二十一日不御前殿，減常膳，宴遼使罷作樂。至日，仍遣官祀太社。百官三表，乃御正殿，復膳。六年六月朔日食，詔禮官驗詳典故。皇帝素服，不御正殿，毋視事，百官廢務守司。合朔前二日，郊社令及門僕守四門，巡門監察鼓吹令率工人如方色執麾旂，分置四門屋下。龍蛇鼓隨設於左東門者立北塾南面，南門者立東塾西面，西門者立南塾北面，北門者立西塾東面。隊正一人執刀，率衞士五人執五兵之器，立鼓外。矛處東，戟處南，斧鉞在西，矟在北。郊社令立攢於壇，四隅縈朱絲繩三匝。又於北設黃麾，龍蛇鼓一次之，弓一、矢四次之。諸兵鼓俱靜立，俟司天監告日有變，工舉麾，乃伐鼓；祭告官行事，太祝讀文，其詞以責陰助陽之意。司天官稱止，乃罷鼓。如霧晦不見，卽不伐鼓。自是，日有食之，皆如其制。

治平四年，詔：「古者日食，百司守職，蓋所以祗天戒而備非常，今獨闕之，甚非王者小心寅畏之道。可令中書議舉行。」熙寧六年四月朔日食，詔易服、避殿、減膳如故事。降天下死刑，釋流以下罪。

政和上合朔伐鼓儀：有司陳設太社玉幣籩豆如儀。社之四門，及壇下近北，各置鼓一，並植麾旂，各依其方色。壇下立黃麾，麾杠十尺，旂八尺。祭告日，於時前，太官令帥其屬實饌具畢，光祿卿點視；次引監察御史、奉禮郎、太祝、太官令先入就位，次引告官就位，皆再拜；次引御史、奉禮郎、太祝升，就位。太官令就酌尊所，告官盥洗，詣太社三上香，奠幣玉，再拜復位。少頃，引告官再盥洗，執爵三祭酒，奠爵，俛伏興，少立，引太祝詣神位前跪讀祝文。告官再拜退，伐鼓。其日時前，太史官一員立壇下視日。鼓吹令率工十人，如色服分立鼓左右以俟。太史稱日有變，工齊伐鼓。明復，太史稱止，乃罷鼓。其日，廢務而百司各守其職如舊儀。

校勘記

〔一〕益欲習水戰　宋會要禮九之一〇、繫年要錄卷二四作「蓋欲習水戰」，疑作「蓋」是。

〔二〕先赴教場下方營　原脫「方」字，據宋會要禮九之一三、九之二二及通考卷一五七兵考、朝野雜記乙集卷四御教條補。

〔三〕皇帝至　宋會要禮九之一六作「皇帝坐」，疑是。

〔四〕皇帝出　同上書禮九之一六、九之一九、九之二四都作「皇帝坐」。疑是。

〔五〕依舊相向立　「相」字原脫。宋會要禮九之一七、通攷卷一五七兵考都作「相向立」，據補。

〔六〕監將校官　宋會要禮九之三五作「監押將校官」，疑是。

宋史卷一百二十二

志第七十五

禮二十五 凶禮一

山陵

山陵、謚祔、服紀、葬儀與士庶之喪制爲凶禮。其上陵忌日，漢儀如吉祭。宋制，是日禁屠殺，設素饌，輟樂舉哭，素服行事，因以類附焉。

太祖建國，號僖祖曰欽陵，順祖曰康陵，翼祖曰定陵，宣祖曰安陵。

安陵在京城東南隅，乾德初，改卜河南府鞏縣西南四十里訾鄉鄧封村〔一〕。以司徒范質爲改卜安陵使，學士竇儀〔二〕禮儀使，中丞劉温叟儀仗使，樞密直學士薛居正鹵簿使，太宗時尹開封，爲橋道頓遞使。質壽兗相，以太宗兼轄五使事，修奉新陵。皇堂下深五十七尺，高三十九尺，陵臺三層正方，下層每面長九十尺。南神門至乳臺，乳臺至鵲臺，皆九十五步。乳臺高二十五尺，鵲臺增四尺。神牆高九尺五寸，環四百六十步，各置神門、角闕。

有司言：「改卜陵寢，宣祖合用哀册及文班官各撰歌辭二首。吉仗用大駕鹵簿。凶仗用大升輿、龍輴、鵝茸纛、魂車、香輿、銘旌、哀謚册寶車、方相、買道車、白幰弩、素信幡、錢山輿、黃白紙帳、暖帳、夏帳、千味臺盤、衣輿、拂纛、明器輿、漆梓宮、夷衾、儀椁、素翣、包牲、倉瓶、五穀輿、瓷甒、瓦甒、辟惡車。進玄宮有鐵帳覆梓宮，藉以欑櫚褥，鐵盆、鐵山用然漆燈。宣祖袞冕，昭憲皇后花釵、翬衣，贈玉。十二神、當壙、當野、祖明、祖思、地軸及留陵刻漏等，並制如儀。」

有司又言：「按儀禮『改葬緦』注云：『臣爲君，子爲父，妻爲夫也，必服緦者，親見尸柩，不可以無服，緦三月而除之。』又五禮精義云：『改葬無祖奠，蓋祖奠設於柩車之前以爲行始，至於改葬，告遷而已。』今請皇帝服緦，皇親及文武官護送靈駕者亦服緦，既葬而除。不設祖奠，止於陵所行一虞之祭。宣祖謚册、謚寶舊藏廟室，合遷置陵內。改葬之禮，與始葬同。几筵宜新，明器壞者改作。凡斂衣、斂物並易之。其皇堂贈玉、鎭圭、劍佩、旒冕、玉寶，並以珉玉、藥玉，緌以靑錦。安陵中玉圭、劍佩〔三〕、玉寶等皆用于闐玉。孝明、孝惠陵內用珉玉、蘂玉。啓故安陵，奉安宣祖、昭憲孝惠二后梓宮于幄殿。靈駕發引，所過州府縣鎭，長吏令佐素服出城奉迎幷辭，皆哭。自發引至掩皇堂，皆廢朝，禁京城音樂。」順祖、翼祖皆葬幽州，至眞宗始命營奉二陵，遂以一品禮葬河南縣。制度比安陵減五分之一，石作減三分之一，尋改上定陵名曰靖陵。

開寶九年十月二十日，太祖崩，遺詔：「以日易月，皇帝三日而聽政，十三日小祥，二十七日大祥。諸道節度防禦團練使、刺史、知州等，不得輒離任赴闕。諸州軍府臨三日釋服。」羣臣敍班殿庭，宰臣宣制發哀畢，太宗卽位，號哭見羣臣。羣臣稱賀，復奉慰盡哀而退。

禮官言：「羣臣當服布斜巾、四脚，直領布襴，腰絰。命婦布帕首、裙、帔。皇弟、皇子、文武二品以上，加布冠、斜巾、帽，首絰，大袖、裙、袴，竹杖。士民縞素，婦人素縵。諸軍就屯營三日哭。」羣臣屢請聽政，始御長春殿。羣臣喪服就列，帝去杖、絰，服斜巾、垂帽，卷簾視事。小祥，改服布四脚〔四〕、直領布襴，腰絰，布袴，二品以上官亦如之。大祥，帝服素紗軟脚折上巾、淺黃衫、緅皮鞓黑銀帶。羣臣及軍校以上，皆本色慘服、鐵帶，鞾、笏。諸王入內服衰，出則服慘。又成服後，羣臣朝晡臨三日。大小祥、禫除、朔望，皆入臨奉慰。內出遺留物頒賜諸臣親王，遣使賚賜方鎭。二十七日，命宰臣撰陵名、哀册文。

明年三月十七日，羣臣奉謚號册寶告于南郊，明日讀于靈坐前。四月十日，啓欑宮，帝與羣臣皆服如初喪。羣臣〔五〕朝晡臨殿中，退易常服出宮城。十三日，發引，帝衰服，啓奠哭，羣臣入臨，升梓宮于龍輴。祖奠徹，設次明德門外，行遣奠禮，讀哀册，帝哭盡哀，再拜辭，釋衰還宮，百官辭於都城外。二十五日，掩皇堂。二十九日，虞主至，奉安于大明殿。五月十九日，祔廟之第五室，以孝明皇后王氏升配。禮畢，羣臣奉慰。其吉凶仗如安陵，惟增轀輬車、神帛肩輿，鹵簿三千五百三十九人。陵在鞏縣，祔宣祖，曰永昌。

至道三年三月二十九日，太宗崩于萬歲殿。眞宗散髮號擗，奉遺詔卽位於殿之東楹。制永熙陵，皇堂深百尺，方廣八十尺，陵臺方二百五十尺。大駕鹵簿，用玉輅一、革車五外，凡用九千四百六十八人。有司定散髮之禮，皇帝、皇后、諸王、公主、縣主、諸王夫人、六宮內人並左被髮，皇太后全被髮。帝服布斜巾、四脚、大袖、裙、袴、帽，竹杖，腰絰、首絰，直領布襴衫、白綾襯服。諸王皇親以下如之，加布頭冠、絹襯服。皇太后、皇后、內外命婦，布裙、衫、帔、帕頭，首絰，絹襯服。宮人無帔。文武二品以上布斜巾、四脚、頭冠、大袖、襴衫、裙、袴，腰絰，竹杖，絹襯服。自餘百官，並布幞頭、襴衫，腰絰。兩省五品〔六〕、御史臺尚書省四品、諸司三品以上，見任前任防禦、團練、刺史，內客省、閤門、入內都知、押班等，布頭冠、幞頭、大袖、襴衫、裙、袴，腰絰。諸軍、庶民白衫紙帽，婦人素縵不花釵，三日哭而止。山陵前，朔望不視事。

六月，詔翰林寫先帝常服及絳紗袍、通天冠御容二，奉帳坐，列于大升輿之前，仍以太宗玩好、弓劍、筆硯、琴棊之屬，蒙組繡置輿中，陳於仗內。十月三日，靈駕發引，其凶仗法物擎舁挈駕兵士力士，凡用萬一千一百九十三人。挽郎服白練寬衫、練裙，勒帛，絹幘。餘並如昌陵制。十一月二日，有司奉神主至太廟，近臣題謚號，祔於第六室，以懿德皇后符氏升配。置衞士五百人于陵所，作殿以安御容，朝暮上食，四時致祭焉。

乾興元年二月十九日，眞宗崩，仁宗卽位。二十日，禮儀院言：「準禮例，差官奏告天地、社稷、太廟、諸陵，應祠祭惟天地、社稷、五方帝諸大祠，宗廟及諸中小祠並權停，俟祔廟禮畢，仍舊。」是日，命閤門使薛貽廓告哀于契丹，宣慶使韓守英爲大內都巡檢，內侍分領宮殿門，衞士屯護。閤門使王遵度爲皇城四面巡檢，新舊城巡檢各權添差，益以禁兵器仗，城門亦設器甲，以辨姦詐。

二十一日，羣臣入臨，見帝于東序。閤門使宣口敕曰：「先皇帝奄棄萬國，凡在臣僚，畢同號慕，及中外將校，並加存撫。」羣臣拜舞稱萬歲，復哭盡哀，退。是日上表請聽政，凡三上始允。二十三日，陳先帝服玩及珠襦、玉匣、含、襚應入梓宮之物於延慶殿，召輔臣通觀。明日，大斂成服。二十五日，有司設御坐，垂簾崇政殿之西廡，簾幕皆縞素，羣臣敍班殿門外。帝衰服，去杖、絰〔七〕，侍臣扶升坐。通事舍人引羣臣入殿庭，西向合班。俟簾捲，羣臣再拜，班首奏聖躬萬福，隨班三呼萬歲退。宰臣升殿奏事如儀。三月一日，小祥，帝行奠，釋衰服，羣臣入臨，退赴內東門，進名奉慰。自是每七日皆臨，至四十九日止。十三日，大祥，帝釋服，服慘。

十四日，司天監言：「山陵斬草，用四月一日丙時吉。」十六日，山陵按行使藍繼宗言：「據司天監定永安縣東北六里曰臥龍岡，堪充山陵。」詔雷允恭覆按以聞。皇堂之制，深八十一尺，方百四十尺。制陵名曰永定。九月十一日，召輔臣赴會慶殿，觀入皇堂物，皆生平服御玩好之具。帝與輔臣議及天書，皆先帝尊道膺受靈貺，殊尤之瑞屬于元聖，不可留于人間，宜於永定陵奉安。二十三日，奉導天書至長春殿，帝上香再拜奉辭。二十四日，天書先發，帝啓奠梓宮，讀哀册，禮畢，具吉凶儀仗。百官素服赴順天門外，至板橋立班奉辭。還詣西上閤門，進名奉慰。十月十三日，掩皇堂。十八日，虞主至京。十九日，羣臣詣會慶殿行九虞祭。二十三日，祔太廟第七室。

嘉祐八年三月晦日，仁宗崩，英宗立。喪服制度及修奉永昭陵，並用定陵故事，發諸路卒四萬六千七百人治之。宣慶使石全彬提舉制梓宮，畫樣以進，命務堅完，毋過華飾。三司請內藏錢百五十萬貫、紬絹二百五十萬匹、銀五十萬兩，助山陵及賞賚。遣使告哀遼、夏及賜遺留物，又遣使告諭諸路。又以聽政奠告大行，近臣告升遐於天地、社稷、宗廟、宮觀，又告嗣位。賜兩府、宗室、近臣遺留物。

五月，翰林學士王珪言：「天子之謚，當集中書門下御史臺五品以上、尚書省四品以上、諸司三品以上，於南郊告天，議定，然後連奏。近制唯詞臣撰議，卽降詔命，庶僚不得參聞，頗違稱天之義。臣擬上先帝尊謚，望詔有司稽詳舊典，先之郊，而後下臣之議。」七月，宰臣以下宿尙書省，宗室團練使以上宿都亭驛，請謚于南郊。八月，告于福寧殿、天地、宗社、宮觀。

九月二十八日，啓菆宮，以初喪服日一臨，易常服出。十月六日，靈駕發引，天子啓奠，梓宮升龍輴。祖奠徹，與皇太后步出宣德門，羣臣辭于板橋。十五日，奉安梓宮陵側。十七日，開皇堂。十一月二日，虞主至，皇太后奠于瓊林苑，天子步出集英殿〔八〕門奉迎，奠于幄。七日，祭虞主。二十九日，祔太廟。主如漢制，不題謚號，及終虞而行卒哭之祭。

禮院言〔九〕：「故事，大祥變除服制，以三月二十九日大祥〔一〇〕，至五月二十九日禫，六月二十九日禫除，至七月一日從吉，已蒙降敕。謹按禮學，王肅以二十五月爲畢喪，而鄭康成以二十七月，通典用其說，又加至二十七月終，則是二十八月畢喪，而二十九月始吉，蓋失之也。天聖中，更定五服年月敕斷以二十七月，今士庶所同遵用。夫三年之喪，自天子達，不宜有異。請以三月二十九日爲大祥，五月擇日而爲禫，六月一日而從吉。」於是大祥日不御前後殿，開封府停決大辟及禁屠至四月五日，待制、觀察使以上及宗室管軍官日一奠，二十八日而羣臣俱入奠。二十九日禫除，羣臣皆奉慰焉。

治平四年正月八日，英宗崩，神宗卽位。十一日，大斂。二月三日，殯。四月三日，請謚。十八日，奏告及讀謚册于福寧殿。七月二十五日，啓菆。八月八日，靈駕發引。二十七日，葬永厚陵。

禮院準禮：羣臣成服後，乘布裹鞍韉。小祥臨訖，除頭冠、方裙、大袖。大祥臨訖，裹素紗軟脚幞頭，慘公服，乘皁鞍韉。禫除訖，素紗幞頭、常服、黑帶。二日，改吉服，去佩魚。虞主至自掩壙，五虞皆在途，四虞於集英殿。曲赦兩京、畿內、鄭、孟等州如故事。

元豐八年三月五日，神宗崩。十三日，大斂，帝成服。十七日，小祥。四月一日，禫除。七月五日，請謚于南郊。九月八日，讀謚寶册于福寧殿。二十三日，啓菆。十月一日，靈駕發引。二十一日，葬永裕陵。二十九日，虞主至。十一月一日，虞祭于集英殿。自復土，六虞在途，太常卿攝事，三虞行禮于殿。四日，卒哭。五日，祔廟。

祕書正字范祖禹言：「先王制禮，以君服同于父，皆斬衰三年，蓋恐爲人臣者，不以父事其君，此所以管乎人情也。自漢以來，不惟人臣無服，而人君遂亦不爲三年之喪。唯國朝自祖宗以來，外廷雖用易月之制，而宮中實行三年之喪。且易月之制，前世所以難改者，以人君自不爲服也。今羣臣易月，而人主實行三年之喪，故十二日而小祥，期而又小祥〔三〕，二十四日大祥，再期而又大祥。夫練、祥不可以有二也，既以日爲之，又以月爲之，此禮之無據者。再期而大祥，中月而禫，禫者祭之名，非服之色也，今乃爲之慘服三日然後禫，此禮之不經者也。既除服，至葬而又服之，蓋不可以無服也。祔廟而後卽吉，財八月矣，而遽純吉，無所不佩，此又禮之無漸也。易月之制，因襲已久，既不可追，宜令羣臣朝服，止如今日而未除衰，至期而服之，漸除其重者，再期而又服之，乃釋衰，其餘則君服斯服可也。至於禫，不必爲之服，惟未純吉以至於祥，然後無所不佩，則三年之制略如古矣。」詔禮官詳議。

禮部尚書韓忠彥等議：「朝廷典禮，時世異宜，不必循古。若先王之制，不可盡用，則當以祖宗故事爲法。今言者欲令羣臣服喪三年，民間禁樂如之，雖過山陵，不去衰服，庶協古制。緣先王恤典節文甚多，必欲循古，又非特如所言而已。今既不能盡用，則當循祖宗故事及先帝遺制。」詔從其議。

神主祔廟，是月冬至，百官表賀。崇政殿說書程頤言：「神宗喪未除，節序變遷，時思方切，恐失居喪之禮，無以風化天下。乞改賀爲慰。」不從。

紹聖四年，太史請遷去永裕陵禁山民塚一千三百餘，以便國音。帝曰：「遷墓得無擾乎？若無所害，則令勿遷，果不便國音，當給官錢，以資葬費。」

元符三年正月十二日，哲宗崩，徽宗卽位。詔山陵制度，並如元豐。七月十一日，啓菆。二十日，靈駕發引。八月八日，葬永泰陵。九月一日，以升祔畢，羣臣吉服如故事。

太常寺言：「太宗皇帝上繼太祖，兄弟相及，雖行易月之制，實斬衰三年，以重君臣之義。公除已後，庶事相稱，具載國史。今皇帝嗣位哲宗，實承神考之世，已用開寶故事，爲哲宗服衰重。今神主已祔，百官之服並用純吉，皇帝服御宜如太平興國二年故事。」

禮部言：「太平興國中，宰臣薛居正表稱：『公除以來，庶事相稱，獨命徹樂，誠未得宜。』卽是公除後，除不舉樂外，釋衰從吉，事理甚明。今皇帝當御常服、素紗展脚幞頭、淡黃衫、黑犀帶，請下有司裁制。」宰臣請從禮官議，乃詔候周期服吉。

時詔不由門下，徑付有司。給事中龔原言：「喪制乃朝廷大事，今行不由門下，是廢法也。臣爲君服斬衰三年，古未嘗改。且陛下前此議服，禮官持兩可之論，陛下旣察見其姦，其服遂正。今乃不得已從之，臣竊爲陛下惜。開寶時，幷、汾未下，兵革未弭，祖宗櫛風沐雨之不暇，其服制權宜一時，非故事也。」原坐黜知南康軍。於是詔依元降服喪三年之制，其元符三年九月「自小祥從吉」指揮，改正。

紹興五年四月甲子，徽宗崩于五國城。七年正月，問安使何蘚等還以聞，宰執入見，帝號慟擗踊，終日不食。宰臣張浚等力請，始進麋粥。成服于几筵殿，文武百僚朝晡臨於行宮。自聞喪至小祥，百官朝晡臨；自小祥至禫祭，朝一臨。太常等言：「舊制，沿邊州軍，不許舉哀。緣諸大帥皆國家腹心爪牙之臣，休戚一體，至於將佐，皆懷忠憤，宜就所屯，自副將而上成服，日朝晡臨，故校哭於本營〔三〕。」命徽猷閣待制王倫等爲奉迎梓宮使。

時知邵州胡寅上疏，略曰：「三年之喪，自天子至於庶人，一也。及漢孝文自執謙德，用日易月，至今行之。子以便身忘其親，臣以便身忘其君，心知其非而不肯改，自常禮言之，猶且不可，況變故特異如今日者，又當如何？恭惟大行太上皇帝、大行寧德皇后，蒙塵北狩，永訣不復，實緜粘罕，是有不共戴天之讎。考之於禮，讎不復則服不除，寢苫枕戈，無時而終。所以然者，天下雖大，萬事雖衆，皆無以加於父子之恩，君臣之義也。伏覩某月某日聖旨，緣國朝故典，以日易月，臣切以爲非矣。自常禮言之，猶須大行有遺詔，然後遵承。今也大行詔旨不聞，而陛下降旨行之，是以日易月，出陛下意也。大行幽厄之中，服御飲食，人所不堪，疾病粥藥，必無供億，崩殂之後，衣衾斂藏，豈得周備？正棺卜兆，知在何所？茫茫沙漠，瞻守爲誰？伏惟陛下一念及此，荼毒摧割，備難堪忍，縱未能遵春秋復讎之義，俟讎殄而後除服，猶當革漢景之薄，喪紀以三年爲斷。不然，以終身不可除之服，二十七日而除之，是薄之中又加薄焉，必非聖人之所安也。」

又曰：「雖宅憂三祀，而軍旅之事，皆當決於聖裁，則諒闇之典，有不可舉。蓋非枕塊無聞之日，是乃枕戈有事之辰，故魯侯有周公之喪，而徐夷並興，東郊不開，則是墨衰即戎，孔子取其誓命。今六師戒嚴，方將北討，萬幾之衆，孰非軍務。陛下聽斷平決，得禮之變，卒哭之後，以墨衰臨朝，合於孔子所取，其可行無疑也。如合聖意，便乞直降詔旨云：『恭惟太上皇帝、寧德皇后，誕育眇躬，大恩難報，欲酬罔極，百未一伸。鑾輿遠征，遂至大故，訃音所至，痛貫五情。想慕慈顏，杳不復見，怨讎有在，朕敢忘之。雖軍國多虞，難以諒闇，然衰麻枕戈，非異人任。以日易月，情所不安，興自朕躬，致喪三年。卽戎衣墨，況有權制，布告中外，昭示至懷。其合行典禮，令有司集議來上。如敢沮格，是使朕爲人子而忘孝之道，當以大不恭論其罪。』陛下親御翰墨，自中降出，一新四方耳目，以化天下，天地神明，亦必有以佑助。臣不勝大願。」

六月，張浚請謚于南郊。戶部尙書章誼等言：「梓宮未還，久廢謚册之禮。請依景德元年明德皇后故事，行埋重、虞祭、祔廟之禮，及依嘉祐八年、治平四年虞祭畢而後卒哭，卒哭而後祔廟，仍於小祥前卜日行之。異時梓宮之至，宜遵用安陵故事，行改葬之禮，更不立虞主。」從之。九月甲子，上廟號曰徽宗。九年正月，太常寺言：「徽宗及顯肅皇后將及大祥，雖皇堂未置，若不先建陵名，則春秋二仲，有妨薦獻。請先上陵名。」宰臣秦檜等請上陵名曰永固〔一三〕。

徽宗與顯肅初葬五國城，十二年，金人以梓宮來還。將至，帝服黃袍乘輦，詣臨平奉迎，登舟易緦服，百官皆如之。既至行在，安奉于龍德別宮，帝后異殿。禮官請用安陵故事，梓宮入境，卽承之以槨；有司預備袞冕、翬衣以往，至則納之槨中，不復改斂。秦檜白令侍從、臺諫、禮官集議，靈駕既還，當崇奉陵寢，或稱欑宮。禮部員外郞程敦厚希檜意，獨上奏言：「仍欑宮之舊稱，則莫能示通和之大信，而用因山之正典，則若亡存本之後圖。臣以爲宜勿徇虛名，當示大信。」於是議者工部尙書莫將等乃言：「太史稱歲中不利大葬，請用明德皇后故事，權欑。」從之。以八月奉迎，九月發引，十月掩欑，在昭慈欑宮西北五十步，用地二百五十畝。十三年，改陵名曰永祐。

紹興三十一年五月，金國使至，以欽宗訃聞。詔：「朕當持斬衰三年之服，以申哀慕。」是日，文武百僚並常服、黑帶，去魚，詣天章閣南空地立班，聽詔旨，舉哭畢，次赴後殿門外進名奉慰，次詣几筵殿焚香舉哭。六月，權禮部侍郎金安節等請依典故，以日易月，自五月二十二日立重，安奉几筵，至六月十七日大祥，所有衰服，權留以待梓宮之還。從之。七月，宰臣陳康伯等率百官詣南郊請謚，廟號欽宗，遂上陵名曰永獻。其餘並如徽宗典禮。

淳熙十四年十月八日，高宗崩，孝宗號慟擗踊，踰二日不進膳。尋諭宰執王淮，欲不用易月之制，如晉武、魏孝文實行三年之喪，自不妨聽政。淮等奏：「通鑑載晉武帝雖有此意，後來只是宮中深衣、練冠。」帝曰：「當時羣臣不能將順其美，司馬光所以譏之。後來武帝竟欲行之。」淮曰：「記得亦不能行。」帝曰：「自我作古何害？」淮曰：「御殿之時，人主衰絰，羣臣吉服，可乎？」帝曰：「自有等降。」乃出內批：「朕當衰絰三年，羣臣自行易月之令。其合行儀制，令有司討論。」詔百官於以日易月之內，衰服治事。

二十日丁亥，小祥，帝未改服，王淮等乞俯從禮制。上流涕曰：「大恩難報，情所未忍。」二十一日，車駕還內，帝衰絰御輦，設素仗，軍民見者，往往感泣。詔：「自今五日一詣梓宮前焚香。」帝欲衰服素幄，引輔臣及班次，而禮官奏謂：「苴麻三年，難行於外庭。」奏入，不出。十一月戊戌朔，禮官顏師魯、尤袤等奏：「乞禮畢改服小祥之服，去杖、絰。禫祭禮畢，改服素紗軟脚折上巾、淡黃袍、黑銀帶。神主祔廟畢，改服皂幞頭〔四〕、黑鞓犀帶。遇過宮燒香，則於宮中衰絰行禮。二十五月而除。」帝批：「淡黃袍改服白袍。」二日己亥，大祥。四日辛丑，禫祭禮畢。五日壬寅，百官請聽政，不允。八日，百官三上表，引康誥「被冕服出應門」等語以證。九日，詔可。

十五年正月十八日甲寅，百日，帝過宮行焚香禮。二十一日丁巳，諭輔臣曰：「昨內引洪邁，見朕已過百日，猶服衰麤，因奏事應以漸，今宜服如古人墨衰之義，而巾則用繒或羅。朕以羅絹非是，若用細布則可。」王淮等言：「尋常士大夫丁憂過百日，巾衫皆用細布，出而見客，則以黲布。今陛下舉曠古不能行之禮，足爲萬世法。」帝又曰：「晚間引宿直官〔五〕之類如何？」淮曰：「布巾、布背子便是常服。」上不以爲然〔六〕。自是每御延和殿，止服白布折上巾、布衫〔七〕，過宮則衰絰而杖。

三月壬子，啓欑，帝服初喪之服。甲寅，發引。丙寅，掩欑。甲戌，親行第七虞祭。大臣言：「虞祭乃吉禮，合用韡袍。」上曰：「只用布折上巾、黑帶、布袍可也。」

二十日丙戌，神主祔廟。是日詔曰：「朕昨降指揮，欲衰絰三年，緣羣臣屢請御殿易服，故以布素視事內殿。雖有俟過祔廟勉從所請之詔，稽諸典禮，心實未安，行之終制，乃爲近古。宜體至意，勿復有請。」於是大臣乃不敢言。蓋三年之制，斷自帝心，執政近臣皆主易月之說。諫官謝鍔、禮官尤袤心知其不可，而不敢盡言。惟敕令所删定官沈清臣再上書：「願堅『主聽大事於內殿』之旨，將來祔廟畢日，預降御筆，截然示以終喪之志，杜絕輔臣方來之章，勿令再有奏請，力全聖孝，以示百官，以刑四海。」帝納用焉。仍詔：「欑宮遵遺誥務從儉約，凡修營百費，並從內庫，毋侵有司經常之費。諸路監司、州軍府監止進慰表，其餘禮並免，不得以進奉欑宮爲名，有所貢獻。」上陵名曰永思。

紹熙五年六月九日，孝宗崩。太皇太后有旨，皇帝以疾聽在內成服，太皇太后代皇帝行禮。

慶元二年六月九日，大祥。八月十六日，禫祭。時光宗不能執喪，寧宗嗣服，欲大祥畢更服兩月，曰：「但欲禮制全盡，不較此兩月。」於是監察御史胡紘言：「孫爲祖服，已過期矣。議者欲更持禫兩月，不知用何典禮？若曰嫡孫承重，則太上聖躬亦已康復，於宮中自行二十七月之重服，而陛下又行之，是喪有二孤也。自古孫爲祖服，何嘗有此禮？」詔侍從、臺諫、給舍集議。吏部尚書葉翥等言：「孝宗升遐之初，太上聖體違豫，就宮中行三年之喪。皇帝受禪，正宜倣古方喪之服以爲服，昨來有司失於討論。今胡紘所奏，引古據經，別嫌明微，委爲允當。欲從所請，參以典故：六月六日，大祥禮畢，皇帝及百官並純吉服；七月一日，皇帝御正殿，饗祖廟；將來禫祭，令禮官檢照累朝禮例施行。」四月庚戌，詔：「羣臣所議雖合禮經，然於朕追慕之意，有所未安，早來奏知太皇太后，面奉聖旨，以太上皇帝雖未康愈，宮中亦行三年之制，宜從所議。朕躬奉慈訓，敢不遵依。」

初，高宗之喪，孝宗爲三年服。及孝宗之喪，有司請於易月之外，用漆紗淺黃之制，蓋循紹興以前之舊。朱熹初至，不以爲然，奏言：「今已往之失，不及追改，惟有將來啓攢發引，禮當復用初喪之服，則其變除之節，尚有可議。望明詔禮官稽考禮律，豫行指定。其官吏軍民方喪之服，亦宜稍爲之制，勿使肆爲華靡。」其後詔中外百官，皆以涼衫視事，蓋用此也。方朱熹上議時，門人有疑者，未有以折之。後讀禮記正義喪服小記「爲祖後者」條，因自識於本議之末，其略云：「準五服年月格，斬衰三年，嫡孫爲祖，謂承重者。法意甚明，而禮經無文，但傳云：『父沒而爲祖後者服斬。』然而不見本經，未詳何據。但小記云：『祖父沒而爲祖母後者三年。』可以傍照。至『爲祖後者』條下疏中所引鄭志，乃有『諸侯父有廢疾不任國政〔二八〕，不任喪事』之問，而鄭答以『天子、諸侯之服皆斬』之文，方見父在而承國於祖服〔二九〕。向來上此奏時，無文字可檢，又無朋友可問，故大約且以禮律言之。亦有疑父在不當承重者，時無明白證驗，但以禮律人情大意答之，心常不安，歸來稽考，始見此說，方得無疑。乃知學之不講，其害如此。而禮經之文，誠有闕略，不無待於後人。向使無鄭康成，則此事終未有所斷決，不可直謂古經定制，一字不可增損也。」已而詔于永思陵下宮之西，修奉欑宮，上陵名曰永阜。

慶元六年，光宗崩，上陵名曰永崇。

嘉定十七年，寧宗崩，上陵名曰永茂。

景定五年，理宗崩，上陵名曰永穆。

咸淳十年，度宗崩，上陵名曰永紹。

自孝宗以降，外庭雖用易月之制，而宮中實行三年之喪云。

校勘記

〔一〕訾鄉鄧封村　宋會要禮三七之一作「訾鄉鄧村」，長編卷四作「鄧封鄉南訾村」，通考卷一二六王禮考作「南訾鄉鄭封村」。

〔二〕寳儀　原作「寳儼」，據宋會要禮三七之一、通考卷一二六王禮考改。

〔三〕劍佩　原作「佩劍」，據本卷上文及通考卷一二六王禮考乙正。

〔四〕改服布四脚　「服布」二字原倒，據宋會要禮二九之一並參照本卷上文乙正。

〔五〕羣臣　二字原脫，據宋會要禮二九之五補。

〔六〕兩省五品　原脫「兩」字，據宋會要禮二九之七補。

〔七〕帝衰服去杖絰　原脫「去」字，據本卷上文開寶九年禮例、宋會要禮二九之二一補。

〔八〕集英殿　原脫「殿」字，據宋會要禮二九之四五、長編卷一九九補。

〔九〕禮院言　按長編卷二〇四、宋會要禮二九之四五至四六，此事繫於治平二年三月。下文「二十八日」指三月二十八日；「二十九日」指五月二十九日。志文欠省。

〔一〇〕以三月二十九日大祥　原脫「大」字，據通考卷一二二王禮考並參照本卷下文補。

〔一一〕期而又小祥　「期而」二字原倒，據長編卷三五九、通考卷一二二王禮考並參照本卷下文乙正。

〔一二〕自副將而上成服日朝晡臨故校哭於本營　按繫年要錄卷一〇八作：「宣撫使至副將以下即軍中成服，將校哭於本營，三日止。」又本卷上文亦有「諸軍就屯營三日哭」及「諸軍三日哭而止」之文。據此，志文「日」字上疑脫「三」字。又「故校」疑是「將校」之訛。

〔一三〕請上陵名曰永固　原脫「名」字，據繫年要錄卷一二六並參照本卷上下文各例補。

〔一四〕改服皂幞頭　原脫「皂」字，據中興聖政卷六三、朝野雜記乙集卷三孝宗力行三年服條補。

〔二五〕直官　原作「直宿」，據同上朝野雜記同條、通考卷一二二王禮考改。

〔二六〕上不以爲然　按朝野雜記乙集卷三孝宗力行三年服條作「上以爲然」，幷參照本書卷一二五禮志服紀及本卷下文「自是每御延和殿」云云，「不」字疑衍。

〔二七〕御延和殿止服白布折上巾布衫　按通考卷一二二王禮考作「御延和殿止服白布折上巾、白布袍，墨銀帶，禁中則布巾、布衫」，參照本書卷一二五禮志服紀，此處志文疑有脫誤。

〔二八〕不任國政　「政」原作「致」，據朱文公文集卷一四乞討論喪服劄子附書奏稿後、通考卷一二二王禮考改。

〔二九〕方見父在而承國於祖服　按朱文公文集同上卷同上篇「祖」下有「之」字。

宋史卷一百二十三

志第七十六

禮二十六 凶禮二

園陵 濮安懿王園廟 秀安僖王園廟 莊文景獻二太子欑所

上陵 忌日 羣臣私忌附

皇后園陵。太祖建隆二年六月二日，皇太后杜氏崩于滋德殿。三日，百官入臨。明日大斂，欑于滋福宮，百官成服〔一〕，中書、門下、文武百僚、諸軍副兵馬使以上並服布斜巾四脚、直領襴衫，外命婦帕頭、帔、裙、衫。九日，帝見百官于紫宸門。太常禮院言：「皇后、燕國長公主高氏、皇弟泰寧軍節度使光義、嘉州防禦使光美並服齊衰三年。準故事，合隨皇帝以日易月之制，二十五日釋服，二十七日禫除畢，服吉，心喪終制。」從之。

七月，太常禮院言：「準詔議定皇太后謚，按唐憲宗母王太后崩，有司集議，以謚狀讀于太廟，然後上之。周宣懿皇后謚，卽有司撰定奏聞，未常集議，制下之日，亦不告郊廟，修謚册畢始告廟，還讀于靈坐前。」詔從周制。於是，太常少卿馮吉請上尊謚曰明憲皇太后〔三〕。九月六日，羣臣奉册寶告于太廟，翌日上于滋福宮。十月十六日，葬安陵。十一月四日，神主祔太廟宣祖室。

乾德二年，改卜安陵于河南府鞏縣。三月二十五日，奉寶册，改上尊謚曰昭憲皇太后，讀于陵次。二十六日，啓故安陵。二十七日，靈駕發引，命攝太尉、開封尹光義遣奠，讀哀册。四月九日，掩皇堂。

太祖孝明、孝惠二后。乾德元年十二月七日，皇后王氏崩。二十五日，命樞密承旨王仁贍爲園陵使。時議改卜安陵于鞏，幷以二后陪葬焉。皇堂之制，下深四十五尺，上高三十尺。陵臺再成，四面各長七十五尺。神牆高七尺五寸，四面各長六十五步。南神門至乳臺四十五步，高二丈三尺。吉仗用中宮鹵簿，凶仗名物悉如安陵而差減其數，孝惠又減孝明焉。

二年三月二十七日，孝明皇后啓欑宮，羣臣服初喪之服；明日，孝惠皇后自幄殿發引。

皆設遣奠，讀哀册。四月九日，葬孝惠于安陵之西北，孝明于安陵之北。二十六日，皆祔于別廟。其後，孝明升祔太祖室。

太祖皇后宋氏，太宗至道元年四月二十八日崩。帝出次，素服舉哀，輟朝五日。六月六日，上謚曰孝章皇后。以歲在未，有忌，權欑于趙村沙臺。三年正月二十日，祔葬永昌陵之北。皇堂、陵臺、神牆、乳臺、鵲臺並如孝明園陵制度，仍以故許王及夫人李氏、魏王夫人王氏、楚王夫人馮氏、皇太子亡妻莒國夫人潘氏、將軍惟正亡妻裴氏陪葬。二月二日，祔神主于別廟。莒國潘氏，至道三年六月追册爲莊懷皇后，陵曰保泰，神主祔后廟。

太宗賢妃李氏，眞宗至道三年十二月追尊爲皇太后，謚曰元德，祔葬永熙陵。大中祥符六年，升祔太宗室。

太宗明德皇后李氏，眞宗景德元年三月十五日崩。十七日，羣臣上表請聽政，凡五上始允。帝去杖、絰，服衰，卽御坐，哀動左右。太常禮院言：「皇后宜準昭憲皇太后禮例，合隨皇帝以日易月之制。宗室雍王以下，禫除畢，吉服，心喪終制。」五月〔三〕，詳定園陵，宜在元德皇太后陵西安葬。八月十二日，上謚。九月二十二日，遷坐于沙臺欑宮。十月七日，祔神主太宗室。三年〔四〕十月十五日，帝詣欑宮致奠。十六日，發引。二十九日，掩皇堂。

眞宗章穆皇后郭氏，景德四年四月十五日崩。皇帝七日釋服，後改用十三日。羣臣三日釋服。諸道、州、府官吏訃到日舉哀成服，三日而除。二十一日，司天監詳定園陵。帝令祔元德皇太后陵側，但可安厝，不必寬廣，其棺槨等事，無得鐫刻花樣，務令堅固。二十五日，殯于萬安宮之西階。詔兩制、三館、祕閣各撰挽詞。閏五月十三日，上謚曰莊穆。六月二十一日，葬永熙陵之西北。七月，有司奉神主謁太廟，祔享于昭憲皇后，享畢，祔別廟。大中祥符二年四月十五日，大祥。詔特廢朝，羣臣奉慰。

眞宗宸妃李氏，仁宗明道元年二月二十六日薨。初葬洪福禪院之西北，命晏殊撰墓銘。二年四月六日，追册爲莊懿皇太后。十月五日，改葬永定陵之西北隅。十七日，祔神主于奉慈廟。

眞宗章獻明肅皇后劉氏，明道二年三月二十七日崩于寶慈殿，遷坐于皇儀殿。三十日，宣遺誥，羣臣哭臨，見帝于殿之東廂奉慰。宗室削杖不散髮。中書、樞密、使相比宗室，去斜巾、垂帽、首絰及杖。翰林學士至龍圖閣直學士已上、并節度使、文武二品已上，又去中單及袴。兩省、御史臺中丞文武百官以下，四脚幅巾、連裳、腰絰。館閣讀書、翰林待詔、伎術官并給孝服。宰相、百官朝晡臨三日，內外命婦朝臨三日。

四月，遣使告哀遼、夏及賜遺留物。十日，司天監詳定山陵制度。皇堂深五十七尺。神牆高七尺五寸，四面各長六十五步。乳臺高一丈九尺，至南神門四十五步。鵲臺高二丈三尺，至乳臺四十五步。詔下宮更不修蓋，餘依。二十七日，以宰臣張士遜爲山園使。是日，翰林學士馮元請上尊謚；九月四日，讀于靈坐。十月五日，葬永定陵之西北隅。十七日，祔神主于奉慈廟。

眞宗章惠皇后楊氏。景祐三年〔三〕十一月五日，保慶皇太后崩。太常禮院言：「皇帝本服緦麻三月，皇帝、皇后服皆用細布，宗室皆素服、吉帶，大長公主以下亦素服，並常服入內，就次易服，三日而除。」詔以「保祐沖人，加服爲小功，五日而除。」四年正月十六日，上謚。二月六日，葬永定陵之西北隅。十六日，升祔奉慈廟。

仁宗慈聖光獻皇后曹氏。神宗元豐二年十月二十日，太皇太后崩于慶壽宮。是日，文武百官入宮，宰臣王珪升西階，宣遺誥已，內外舉哭盡哀而出。二十六日大斂，命韓縝爲山陵按行使。二十九日，皇帝成服。十一月，韓縝言：「永昭陵北稍西地二百十步內，取方六十五步，可爲山陵。」上以迫隘，縝言：「若增十步，合徵火相主及中五之數〔六〕。」詔增十步。十二月，中書言：「先是，司天監選年月，遷祔濮安懿王三夫人。今大行太皇太后山陵，濮三夫人亦當舉葬。」於是詔：宗室正任防禦使以上許從靈駕，已從濮安王夫人者，免從。三年正月十四日，上謚。太常禮院言：「大行太皇太后雖已有謚，然山陵未畢，俟掩皇堂，去『大行』，稱慈聖光獻太皇太后；祔廟題神主，仍去二『太』字。」

祕閣校理何洵直言：「按禮，既葬，日中還，虞于正寢。蓋古者之葬，近在國城之北，故可以平旦而往，至日中卽虞於寢，所謂葬日虞，弗忍一日離也。後世之葬，其地既遠，則禮有不能盡如古者。今大行太皇太后葬日至第六虞，自當行之於外，如舊儀；其七虞及九虞、卒哭，謂宜行之於慶壽殿。又按春秋公羊傳曰：『虞主用桑。』士虞禮曰：『桑主不文。』伏請罷題虞主。」太常言：「洵直所引，乃士及諸侯之禮。況嘉祐、治平並虞于集英殿，宜如故事。又嘉祐、治平，虞主已不書謚，當依所請。」

太常禮院又言：「慈聖光獻皇后祔廟，前二日，告天地、社稷、太廟、皇后廟如故事。至日，奉神主先詣僖祖室，次翼祖、宣祖、太祖、太祖后〔七〕。太宗皇帝、懿德皇后、明德皇后同一祝，次饗元德皇后。慈聖光獻皇后，異饌、異祝，行祔廟之禮。次眞宗、仁宗、英宗室。禮畢，奉神主歸仁宗室。如此，則古者祔謁之禮及近代徧饗故事，並行不廢。」從之。三月十日，葬永昭陵。二十二日，祔于太廟。

英宗宣仁聖烈皇后高氏，哲宗元祐八年九月三日崩于崇慶宮。遺誥：「皇帝成服，三日內聽政，羣臣十三日，諸州長吏以下三日而除。釋服之後，勿禁作樂。園陵制度，務遵儉省。餘並如章獻明肅皇太后故事。」十四日，詔園陵依慈聖光獻太皇太后之制。紹聖元年正月二十八日，禮部言：「將題神主，謹按章獻明肅皇后神主書姓劉氏。」詔依故事。四月一日，葬永厚陵。

神宗欽聖憲肅皇后向氏，建中靖國元年正月十三日崩。二月，太常寺言：「大行皇太后山陵一行法物，宜依元豐二年慈聖光獻皇后故事。皇堂之制，下深六十九尺，面方二丈五尺，石地穴深一丈，明高二丈一尺。鵲臺二，各高四十一尺。乳臺二，各高二丈七尺。神牆高一丈三尺。」五月六日，葬永裕陵。二十六日，祔于神宗廟室。

先是，元祐四年，美人陳氏薨，贈充儀，又贈貴儀。徽宗入繼大統，詔有司議追崇之典，上尊謚曰欽慈皇后，祔葬永裕陵，與欽聖同祔神宗室；崇寧元年二月，聖瑞皇太妃朱氏薨，制追尊爲皇太后，遂上尊謚曰欽成皇后，五月祔葬永裕陵，祔神主於神宗室，皆備禮如故事。

哲宗皇后劉氏，政和三年二月九日崩。詔：「崇恩太后合行禮儀，可依欽成皇后及開寶皇后故事，參酌裁定。」閏四月，上謚曰昭懷皇后。五月，葬永泰陵，祔神主於哲宗廟室。

徽宗皇后王氏，大觀二年九月二十六日崩。尙書省言：「章穆皇后故事，眞宗服七日。」從之。十月，太史局言：「大行皇后園陵斬草用十月二十四日，斥土用十一月十三日，葬用十二月二十七日。諸宗室合祔葬者，並依大行皇后月日時刻。」十一月，宰臣蔡京等請上謚曰靖和皇后。十二月，奉安梓宮于永裕陵之下宮，神主祔別廟。四年十二月，改謚曰惠恭。其後，高宗復改曰顯恭。

哲宗昭慈聖獻皇后孟氏，紹興元年四月崩。詔以繼體之重，當承重服。以遺誥擇近地權殯，俟息兵歸葬園陵。梓取周身，勿拘舊制，以爲他日遷奉之便。六月，殯于會稽上亭鄉。欑宮方百步，下宮深一丈五尺，明器止用鉛錫。置都監、巡檢各一員〔八〕，衞卒百人。生日忌辰、旦望節序，排辦如天章閣儀。虞主還州，行祔廟禮〔九〕。

徽宗顯仁皇后韋氏，紹興二十九年崩，祔于永祐陵欑宮。

高宗憲聖慈烈皇后吳氏，慶元三年崩。時光宗以太上皇承重，寧宗降服齊衰期。四年三月甲子，權欑于永思陵。

孝宗成肅皇后夏氏，開禧三年崩，殯于永阜陵正北。吏部尚書陸峻言：「伏覩列聖在御，間有諸后上仙，緣無山陵可祔，是致別葬。若上仙在山陵已卜之後，無有不從葬者。其他諸后，葬在山陵之前，神靈既安，並不遷祔。惟元德、章懿二后，方其葬時，名位未正，續行追册。其成穆皇后，孝宗登極即行追册，改殯所爲欑宮，典禮已備，與元德、章懿事體不同，所以更不遷祔。竊稽前件典禮，祇緣喪有前後，勢所當然，其於禮意，却無隆殺。今來從葬阜陵，爲合典故。」從之。

寧宗恭聖仁烈皇后楊氏，紹定五年十二月崩，祔葬茂陵。

濮安懿王園廟。治平三年，詔置園令一人，以大使臣爲之。募兵二百人，以奉園爲額。置柏子戶五十人。廟三間二廈，神門屋二所，及齋院、神廚、靈星門。其告祭濮安懿王及諸神祝文，並本宮教授撰。河南府給香幣、酒脯、禮物。太祝、奉禮則命永安縣尉、主簿攝，如闕官，以本府曹官。凡祭告及四仲饗，並依此制。奉安神主三獻，命西京差判官一員亞獻，朝臣一員終獻，攝〔一〇〕。知園令出納神主。廟制用一品，夫人任氏墳域，亦稱爲園。

元豐詔曰：「濮安懿王，先帝斟酌典禮，卽園立廟，詔王子孫歲時奉祀，義協恩稱，後世無得議焉。今三夫人名位或未正，塋域或異處，有司置而不講，曷足以彰明先帝甚盛之德，仰承在天之志乎？三夫人可並稱曰『王夫人』，命主司擇歲月遷祔濮園，俾其子孫以時奉主與王合食，而致孝思焉。」禮官奏請，王夫人遷葬給鹵簿全仗，用鼓吹，至國門外減半。喪行與四時告享，並令嗣濮王主之。

南渡後，主奉祠事，以嗣濮王爲之；園令一員，以宗室爲之；祠堂主管兼園廟香火官一員，以武臣爲之。紹興二年九月，詔每歲給降福建度牒一十道，充祠堂仲饗、忌祭。五年二月，嗣濮王仲湜言：「被旨迎奉濮安懿王神主至行在，今已至紹興府，欲權就本處奉安。」從之。先是，神主、神貌在廬州，嗣濮王士從乞奉遷於穩便州郡安奉故也。

十三年五月，知大宗正事、權主奉濮安懿王祠堂士㒟言：「濮安懿王神貌〔二〕、神主權於紹興府光孝寺，仲享薦祭，其獻官、牲牢、禮料〔三〕並多簡略。乞令有司討論舊制。」行下禮部、太常寺令參酌，欲令士㒟攝初獻，仍差士㒟子或從子二人攝亞、終獻。其合用牲牢，羊、豕各一；籩、豆各十，設禮料。初獻合服八旒冕，亞獻、終獻合服四旒冕，奉禮郎、太祝、太官令服無旒冕，並以舊制從事。從之。二十六年二月，嗣濮王士俴言：「濮安懿王祠堂，外無門牖，內闕龕帳，別無供具，望下紹興府置造修奉。」淳熙五年四月詔：「濮安懿王祠堂園廟，自今實及三年，令本堂牒紹興府檢計修葺。」從嗣濮王士輵請也。

秀安僖王園廟。紹熙元年三月，詔秀王襲封等典禮〔四〕。禮部、太常寺乞依濮安懿王典禮，避秀安僖王名一字。詔恭依，仍置園廟。四月，詔：「皇伯榮陽郡王伯圭除太保，依前安德軍節度使，充萬壽觀使，嗣秀王，以奉王祀。」

六月，禮部、太常寺言：「濮安懿王園廟制度，廟堂、神門宜並用獸。所安木主石埳，于室中西壁三分之一近南去地四尺開埳室，以石爲之，其中可容神主趺匱。今來秀安僖王及夫人神主，欲乞並依上件典禮。四仲饗廟，三獻官并奉禮郎等，係嗣秀王充初獻，本位姪男攝亞、終獻，其奉禮郎等，乞湖州差官充攝。行禮合用牲牢羊、豕，湖州排辦；祭器、祭服，工部下文思院製造。每遇仲饗，本府前期牒報湖州排辦。所有行禮儀注，乞從太常寺參照濮安懿王儀注修定。」並從之。其園廟差御帶霍漢臣同湖州通判一員相度聞奏。八月，霍漢臣暨通判湖州朱僎言奉詔相度園廟，以圖來上。十月，詔委通判一員，提督修造祠堂，如法修蓋。

十一月，禮工部、太常寺言：「濮安懿王園廟三間二廈、神門屋二坐、齋院、神廚、靈星門，欲令湖州照應建造。」從之。三年正月一日，嗣秀王伯圭奏：「建造秀安僖王園廟，近已畢工，所有修製神主儀式，令所司檢照典故修製，委官題寫。」詔差權禮部尙書李巘題寫。二月，伯圭又奏：「秀安僖王祠堂園廟，乞從濮安懿王例，每三年一次，從本所移牒所屬州府檢計修造。」從之。

莊文太子喪禮。乾道三年七月九日，皇太子薨。設素幄于太子宮正廳之東。皇帝自內常服至幄，俟時至，易服皁幞頭、白羅衫、黑銀帶、絲鞋，就幄發哀。是日，皇后服素詣宮，隨時發哀，如宮中之禮。合赴陪位官並常服、吉帶入麗正門，詣宮幕次，俟時至，常服、黑帶立班。俟發哀畢，易吉服，退。

自發哀至釋服日，皇帝不視事，權禁行在音樂，仍命諸寺院聲鍾。其小斂、大斂合祭告，以本宮主管春坊官一員行禮；其餘祭告，以諸司官行禮。差護喪葬事一員，左藏庫出錢二萬貫、銀五千兩、絹五千匹。

成服日，皇帝服期，次麤布幞頭、襴衫、腰絰、絹襯衫、白羅鞵，以日易月，十三日而除。皇后服次麤布蓋首、長衫、裙、帔、絹襯服、白羅鞵。六宮人不從服。皇太子妃及本宮人並斬衰三年。文武百官成服一日而除。其文武合赴官及御史臺、閤門、太常寺引班祗應人並服布幞頭、襴衫，腰繫布帶。本宮官僚並服齊衰三日服，臨七日而除，釋衰服後藏其服，至葬日服，葬畢而除。

十二日，詔故皇太子欑所，就安穆皇后欑宮側近擇地。繼而都大主管所言：「太史局官等選到寶林院法堂堪充皇太子欑所。」從之。十三日，以皇太子薨告天地、宗廟、社稷、宮觀。十八日，賜謚莊文。閏七月一日，遣攝中書令、尚書右僕射魏杞奉謚册、寶于皇太子靈柩前，百官常服入次，易黑帶，行禮畢，常服赴後殿門外，進名奉慰。是夕，皇帝詣東宮行燒香之禮，如宮中之儀。

二日，出葬，宰臣葉顒等詣靈柩前行燒香之禮。輿靈訖，行事官陪位，親王、南班宗室、東宮官僚入班廳下，再拜，宰臣升詣香案前，上香、酹茶、奠酒訖，舉册官舉哀册，讀册官跪讀，讀訖，宰臣再拜，各降階立。在位官皆再拜。靈柩進行，文武百僚奉辭于城外，親王、宗室並騎從至葬所。掩壙畢，辭訖，退。是日，百僚進名奉慰。

四年五月，禮部、太常寺言：「國朝典故，卽無皇太子小祥典禮。今參酌討論，將來莊文太子小祥日，乞皇帝前後殿特不視事。其日，先命侍從官一員常服詣太子神坐前行奠酹禮，令本宮官僚常服陪位，奠酹畢，退。次慶王、恭王常服赴神坐前奠酹畢，退。次太子妃幷榮國公以下行家人禮。至大祥日，太子妃、榮國公以下及本宮人行禮畢，焚燒神帛，衰服，間月，妃及榮國公行禫祭家人禮。」從之。明年七月九日大祥，是日，皇帝不視事，差簽書樞密院事梁克家詣太子宮行奠酹禮，如前儀。

景獻太子，嘉定十三年八月六日薨。其發哀制服，並如莊文太子之禮。九日，詔護喪視殯所于莊文太子櫕宮之東，並依其制建造。九月十日，賜謚景獻，遣攝中書令、知樞密院事鄭昭先奉謚册、寶于皇太子靈柩前，讀册、讀寶如儀訖，班退。至興靈日，宰臣詣皇太子柩前行禮畢，柩行。其宗室使相、南班官常服、黑帶，並赴陪位，騎從至葬所，俟掩欑畢，奉辭訖，退。其日，皇帝不視事，百司赴後殿門外立班，進名奉慰。十四年七月二日小祥，差知樞密院事鄭昭先充奠酹官。十五年八月六日大祥。九月十五日，詔景獻太子几筵已徹，高平郡夫人傅氏可特封信國夫人，仍令主奉祭祀。

上陵之禮。古者無墓祭，秦、漢以降，始有其儀。至唐，復有清明設祭，朔望、時節之祀，進食、薦衣之式。五代，諸陵遠者，令本州長吏朝拜，近者遣太常、宗正卿，或因行過親謁。宋初，春秋命宗正卿朝拜安陵，以太牢奉祠〔四〕。乾德三年，始令宮人詣陵上冬服，歲以爲常。開寶九年，太祖幸西京，過鞏縣，謁安陵奠獻。

雍熙二年，宗正少卿趙安易言：「昨朝拜安陵、永昌陵，有司止設酒、脯、香，以未明行事，不設燭燎。又先赴永昌陵，後赴安陵，及帝后二位不徧拜，頗愆於禮。」事下有司，議曰：「按開元禮，春秋二仲月，司徒、司空巡陵，不設牲牢之祀。今請如宗廟薦享，少加裁減，除不設登鉶、牙槃食及太常登歌外，餘悉如大祠。朝拜日，有司豫于陵南百步道東設次，具鶵除器以備洒掃。設宗正卿位于兆外之左，西向；陵官位於卿之東南，執事官又於其南，俱西向，北上。設祭器、禮料、酒饌于兆門內。宗正卿以下各就位，再拜，盥手，奠酒，讀祝册，再拜。先赴安陵，次永昌陵，次孝明、孝惠、懿德、淑德皇后陵。」從之。

景德三年，眞宗將朝諸陵，以宰臣王旦爲朝拜諸陵大禮使。太常禮院言：「朝陵故事，合排小駕鹵簿。唐太宗朝獻陵，宿設黃麾仗，周衞陵寢。今請周設黃麾仗。又唐制：前一日，陵令以玉册進御親書，近臣奉出，陵令受之。今請造竹册四副，祝畢焚之。其百官位舊設陵所，從祝官及皇親、客使分於神道左右，貞觀中並陪列司馬門內。今望準舊儀施行。又舊儀，詣寢宮至大次之時，設百官位，奏請行禮。望令先入赴寢殿立班。貞觀中，皇帝至小次，素服乘馬。檢會今年正月，車駕朝拜明德欑宮，止服素白衣。當時皇帝在大祥之內，今既服除，望止服淡黃袍。又按貞觀、永徽故事，朝陵皆先親後尊，拜辭訖，出還大次，便進發，今望先朝永熙陵；行事及辭，皇帝皆兩次再拜，陪位官每陵亦各兩次再拜，今請皇帝詣安陵參辭，四度再拜，永昌、永熙陵各兩度設拜。舊儀，逐寢殿上食，備太牢之饌，珍羞庶品。近以羊豕代太牢。今請備少牢之祭，設奠、讀册畢，復詣寢宮上珍羞庶品，別行致奠之禮。又舊儀，前發二日，太尉告太廟。今請依禮徧告六室。」詔特服素白衣，行事次序如告太廟，餘依所請。

四年正月，車駕次鞏縣，罷鳴鞭及太常奏嚴、金吾傳呼。既至，齋于永安鎮行宮，太官進蔬膳。是夜，漏未盡三鼓，帝乘馬，却輿輦繖扇，至安陵，素服步入司馬門行奠獻禮，諸陵亦然。又詣下宮。凡上宮用牲牢、祝册，有司奉事；下宮備膳羞，內臣執事，百官陪位。又詣元德太后陵奠獻，別于陵西南設幄殿，祭如下宮。禮畢，徧詣孝明、孝惠、孝章、懿德、明德、莊懷七后陵，遂單騎從內臣巡視陵闕，而親奠夔、魏、岐、鄆、安、周六王及恭孝太子諸墳。其三陵陪葬皇子、皇孫、公主之未出閤者，及諸王夫人之蚤亡者，各設位次諸陵下宮之東序。安陵百二十一墳，量設三十位，男子、女子共祝版二；昌陵十五墳，量設十位，熙陵八墳，量設五位，並祝版一以致祭焉。辰後，暫詣幄次更衣，復詣諸陵奉辭。有司以朝拜無辭禮，帝不忍，故復往。仍遣官祭一品皇親諸親墓。

大中祥符四年正月，祀汾陰，經鞏縣，有司請于訾村王臺設幄殿，置三陵神坐，皇帝韡袍就幄，設香酒、時果、牙槃食奠獻，而命大臣以香幣、酒脯詣諸陵致告。駕還，復行親謁之禮，帝素服乘馬至永安縣，齋于行宮，夜漏未盡二鼓，詣三陵及元德太后、明德皇后陵奠獻，哀慟。未明，禮畢，復詣四陵奉辭，省視几筵，奠獻如初禮。又徧詣諸后陵、諸王墳致奠。命中使徧祭皇親諸親墳及汝州秦王墳。

是歲，命禮官定春秋二仲遣官朝陵儀注，以祭服行事，專差宗正卿一員朝拜三陵，別遣官二員分拜諸陵。又製長竿檐床二副，置陵表祝版，遣寬衣軍士三十二人輿送陵下。其後添差陵廟行禮官四員，選朝官、京官宗姓者充。

翰林學士錢惟演言：「春秋朝陵，載于舊式，公卿親往，蓋表至恭。唐顯慶中，始詔三公行事，天寶以後，亦遣公卿巡謁，蓋取朝廷大臣，不必須同國姓。後參用太常、宗正卿。晉開運中，亦命吏部侍郎。近年以來，止遣宗正寺官，人輕位卑，實虧舊制。望自今于丞、郎、諸司三品內遣官，闕則差兩省諫、舍以上。所冀仰副追孝之心，以成稽古之美。」景祐初，滄州觀察使守節言：「寒食節例遣宗室拜陵，而十月令內司賓往，非所以致恭。」乃詔宗室正刺史以上一員朝拜。四年，減柏子戶，安陵、永昌、永熙各留四十戶，永定五十戶，會聖宮十戶。慶曆二年寒食、十月朔，宗室刺史以上，聽更往朝陵。

皇祐三年，太常博士李壽朋奏：「帝后諸陵，薦饗皆有時，獨昭憲皇后以合葬安陵，不及時祭。」禮院言：「朝拜儀注，牲牢並如太廟常饗例，諸陵止奠一爵，而安陵奠兩爵，兩贊再拜，惟祭饌不兼設，蓋有司相承失之。」於是詔安陵昭憲皇后祝版、牲幣、御封香依太廟同室禮。更造諸陵祭器貯別庫。三陵皆置卒五百人，唯定陵以章獻太后故，別置一指揮。昭陵使甘昭吉引定陵例，請置守陵奉先兩指揮，京西轉運司請減定陵卒半以奉昭陵，詔選募一指揮，額五百人。

初，永安縣官月朔朝定陵，望朝三陵。韓琦言：「昭陵未有朝日。」乃令縣官朔望分朝諸陵。熙寧中，詔文臣大兩省、武臣閤門使以上，經過陵下，並許朝拜。又詔：「自今臣僚朝拜諸陵，除見任、嘗任執政官許進湯，餘止奠獻、薦新，不特拜。」

初，故事，車駕詣陵，謂之親謁。南渡之後，此禮不舉，故上陵或曰省視，或曰保護，或曰薦獻，或曰祭告，或曰致祭，或曰望祭，或曰修奉，悉遣官，不專於行禮也。建炎元年五月一日詔：「應永安軍祖宗陵寢，可差西京留守及臺臣一員躬親省視，如有合修奉去處，措置奏聞。」仍詔鄜延路副總管劉光世充省視陵寢使。又詔河南府鎭撫使翟興，團結本處義兵，保護祖宗陵寢。四年六月，詔令禮部給降度牒一百道充祭告諸陵禮料，仍令翟興所差來人賫祭告表以行。

紹興元年九月，起居郎陳與義言：「陛下躬履艱難之運，駐蹕東南，列聖陵邑，遠在洛師，顧瞻山川，未得時省。雖欲遣使，道路不通，聖懷日憤。近聞道路少通，差易前日，願詔執事每半年擇遣使臣兩員，往省諸陵。」詔令樞密院每半年差使臣兩員前去。三年正月，禮部、太常寺言：「春秋二仲，薦獻諸陵，乞于行在法惠寺設位，望祭行禮。」從之。自是每歲薦獻，率循此制。五月，詔令戶部支金一百兩付河南府鎭撫使司幹辦公事任直淸，充祭告永安軍諸陵。

九年正月，上謂輔臣曰：「祖宗陵寢，久淪異域，今金國既割還故地，便當遣宗室使相與臣僚前去修奉洒掃。」尋命同判大宗正事士㒟、兵部侍郎張燾前去河南府祗謁修奉。六月，太常丞梁仲敏等言：「春秋二仲，遣宗室遙郡防禦使薦獻諸陵，太常少卿薦獻永祐陵，權宜于行在設位行禮。今道路既通，望依舊遣官前詣。」詔令西京留守司候仲秋就便選官前詣諸陵薦獻。士㒟、張燾回言：「諸陵下石澗水，自兵興以來，涸竭幾十五年。二使到日，水即大至，父老驚嘆，以爲中興之祥。」

十年三月，禮部言：「池州銅陵縣丞呂和問進宮陵儀制，望付太常寺以備檢照。永安軍等處今已收復，遂委知軍詣諸陵逐位檢視，除永定、永昭、永厚、永裕、永泰陵園廟並無損動，內永安、永昌、永熙陵神臺壘裂，未敢一面擅行補飾。太常寺看詳若行補修，合就差所委修飾官奏告行禮。」詔令河南府委官如法補飾，不得滅裂。其後兵部侍郎兼史館修撰張燾言：「伏見宣諭官方庭實有請，乞將來先帝山陵，一依永安陵等制度。臣區區愚忠，願明詔有司，異時永固陵凡金玉珍寶盡斥不用，播告天下，咸使聞知。如是，自然可保無虞。」上嘉納之。三十二年六月，詔祖宗陵寢，令本處招討使同本處官吏躬親朝謁，如法修奉，務在嚴潔，以稱孝思之意。

乾道六年八月，詔承信郎劉湛特轉兩官，右迪功郎劉師顏特與右承務郎升擢差遣，秦世輔特轉一官，升充正將，以湛等歸正結義保護陵寢故也。

端平元年正月，京西湖北安撫制置使史嵩之露布以滅金聞。二月，御筆：「國家南渡以後，八陵迥隔，常切痛心。今京湖帥臣以圖來上，恭覽再三，悲喜交集，凡在臣子，諒同此情。可令卿、監、郎官以上，詣尚書省恭眂集議。」遂遣太常寺主簿朱揚祖、閤門祗候林拓〔三〕朝謁八陵。

紹興元年六月，太常寺言：「昭慈獻烈皇太后攢宮在越州會稽縣，合依四孟朝獻禮例，差宰執一員，前一日赴攢宮泰寧寺宿齋，至日，行朝拜之禮。」詔同知樞密院事李回行禮。二年三月，知紹興府張守言：「昭慈獻烈皇后攢宮，近在府界，望許臣以時朝謁。」從之。自是守臣皆許朝謁。

十七年十一月，殿中侍御史余堯弼言：「望舉行舊制，於春秋二仲遣官詣永祐陵攢宮薦獻。」臣僚又言：「陵廟之祭，月有薦新，著在令典。方今宗廟久已遵奉，惟是永祐陵闕而未講，望令有司討論，舉而行之。」太常寺討論：「欲依政和五禮依典故〔六〕，令兩攢宮遵依每月檢舉，差官行禮，其新物令逐宮預行關報紹興府排辦。」從之。

二十七年六月，詔：「永祐陵及昭慈聖獻皇后攢宮檢察承受，以檢察宮陵所爲名。」三十年九月，吏部言：「紹興府會稽知縣依倣陵臺令典故，於階銜內帶兼主管欑宮事務，量加優異。」淳熙元年正月，禮部、太常寺言：「春秋二仲，差太常少卿薦獻永祐陵欑宮，幷周視陵域。如遇少卿有缺，乞從本寺前期取指揮，差本寺以次官充攝。所有今年仲春薦獻，即日見闕少卿。」詔差太常丞錢良臣。自後春秋遇少卿闕，率以爲例。慶元元年六月，詔：「永阜陵孝宗皇帝欑宮，每歲秋季一就，令所差監察御史恭詣朝拜檢察。」從御史臺申請。諸陵亦如之。

忌日，唐初始著罷樂、廢務及行香、修齋之文。其後，又朔望停朝，令天下上州皆準式行香。天祐初，始令百官詣閤奉慰。宋循其制，惟宣祖、昭憲皇后爲大忌。前一日不坐，羣臣詣西上閤門奉慰，移班奉慰皇太后，退赴佛寺行香。凡大忌，中書悉集；小忌，差官一員赴寺。如車駕巡幸道遇忌日，皆不進名奉慰。留守自於寺院行香，仍不得在拜表之所。天下州府軍監亦如之。

建隆二年，宣祖忌日，時明憲太后在殯，羣臣止詣閤奉慰而罷行香。乾德二年，禘于太廟，其日，惠明皇后忌，有司言：「唐開成四年正月二十二日祀先農，與穆宗忌同日；大和七年十二月八日蜡百神，與敬宗忌同日。詔以近廟忌辰，作樂非便，宜令縣而不作。竊以農、蜡之祭，猶避廟忌而不作樂，況僖祖同廟連室而在諱辰，詎可輒陳金石之奏？伏望依禮縣而不作。」其後，宣祖、昭憲忌日，詔準太祖、太宗奉翼祖禮，前一日更不廢務。

咸平中，有司將設春宴，金明池習水戲，開瓊林苑，縱都人游賞。帝以是月太宗忌月，命詳定故事以聞。史館檢討杜鎬等言：「按晉穆帝納后月，是康帝忌月，禮官荀訥議：『有忌日，無忌月；若有忌月，卽有忌時、忌歲，益無所據。』當時從訥所議。唐武后神功元年，建安王攸宜破契丹，詣闕獻捷，軍人入城，例有軍樂，內史王及善以國家忌月，請備而不奏。鳳閣侍郎王方慶奏：『按禮經，有忌日而無忌月。』遂舉樂。憲宗時，太常博士韋公肅言：『禮無忌月禁樂，今太常教坊以正月爲忌月，停郊廟饗宴之音〔七〕，中外士庶咸罷宴樂，竊恐乖宜。』時依公肅所奏。伏以忌日不樂，嘗載禮經；忌月徹縣，實無典故。況前代鴻儒，議論足據。其春宴及池苑，並合舉樂。」

景德元年，北征凱旋京師，是日，以懿德皇后忌，詔徹鹵簿、鼓吹。禮官議曰：「班師振旅，國之大事，后之忌日，家之私事。今大駕凱旋，軍容宜肅。昔武王伐紂在諒闇中，猶前歌後舞。夫諒闇是重，遠忌是輕，以此而論，舉樂無爽。況春秋之義，不以家事辭王事，其還京日，法駕、鼓吹、音樂，並請振作。」

尋詔：「自今宗廟忌日，西京及諸節鎮給錢十千，防禦、團練州七千，軍事州五千，以備齋設。」元德皇后忌日，舊制，樞密使依內諸司例，惟進名，不赴行香，知樞密院王欽若以爲言。自是，三司使副、翰林樞密龍圖直學士並赴焉。眞宗崩，元德、明德皇后忌日在禫制內，乃停進名行香。凡奉慰，宰相、樞密使各帥百官、內職共進名，節度使、留後、觀察使各進名。

忌日前後，各禁刑三日如天慶節，釋杖以下情輕者，復斷屠宰，不視事前後各三日，禁樂各五日。其後，以歲月漸遠，禁刑、不視事各二日，禁樂各三日。章憲明肅太后忌辰，禮官請依章懿太后禮例，前後各二日不視事，一日禁屠宰，各三日禁樂。詔：應大忌日，行香，臣僚並素食。復立孝惠、孝章、淑德、章懷、章惠、溫成諸后爲小忌，未幾，罷。神宗卽位，太常禮院言：「僖祖及文懿皇后神主既祧，準禮不諱，忌日亦請依唐睿宗祧遷故事廢之。」

初，神御殿酌獻，設皇帝位于庭下，而忌日兩府列于殿上；寺院行香，左右巡使、兩赤縣令于中門相向分立，俟宰臣至，立位前，直省官贊通揖，于禮無據。乃命行香羣臣班殿下，宰相一員升殿跪爐，而罷通揖。又詔：大忌日不爲假，執政官蚤出。禮部言：「順祖及惠明皇后既葬遷主，罷行香。忌日，請于永昌院佛殿之東張幄齋薦。」乃詔：「僖祖、翼祖幷后六位忌日咸如之〔六〕。」先是，翼祖、簡穆皇后神主奉藏夾室，依禮不忌。後復詔還本室，而忌日亦如舊焉。

政和新儀：羣臣進名奉慰，其日質明，文武朝參官入詣朝堂就次。御史臺先引殿中侍御史一員入就位，次西上閤門，御史臺分引朝參官及諸軍將校，次禮直官引三公以下在西上閤門南階下，每等重行異位，並北向東上。知西上閤門官于班前西向立，搢笏，執名紙，躬。三公以下文武百僚俱再拜，俟閤門官執笏、置名紙笏上、入西上閤門訖，退。羣臣奉慰詣景靈宮，每等重行異位，並北向東上。禮直官揖班首以下再拜訖，引班首自東階升殿，舍人接引同升，詣香案前，搢笏，上香，跪奠茶訖，執笏興，降階復位，又再拜；次引班首以下分左右搢笏，行香，宰相、執政官分左右行香訖，執笏俱復位；次引班首升殿詣香案前俛伏，跪，搢笏，執爐，俟讀疏畢，執笏俛伏，興，降階復位，又再拜，退。

中興之制：忌日，百僚行香，在外州軍亦詣寺院行香，如在以日易月服制之內，並依禮例權停。大祥後次年，於曆日內箋注立忌辰，禁音樂一日。紹興元年二月，太常少卿蘇遲等以徽宗、欽宗留北，有朔望遙拜之禮，乃言：「凡遇祖宗帝后忌，前一日并忌日皇帝自內先服紅袍遙拜訖，易服行禮。」從之。二年八月，詔：「應諸路州、軍見屯軍馬統兵官，每遇國忌免行香。」

十三年正月，御史臺言：「正月十三日，欽聖憲肅皇后忌，其日立春。準令，諸臣僚及將校立春日賜幡勝，遇稱賀等拜表、忌辰奉慰退卽戴。欲乞候十三日忌辰行香退，卽行戴插。」從之。三十一年六月，禮部侍郎金安節等言：「六月二十八日，欽慈皇后忌辰，係在淵聖皇帝以日易月釋服之外，百官行香，宜如常制。」詔依。三十二年正月，禮部、太常寺言：「已降旨：欽宗祔廟，翼祖當遷。於正月九日告遷翼祖皇帝、簡穆皇后神主奉藏于夾室，所有以後翼祖皇帝忌及諱、簡穆皇后忌，欲乞依禮不諱、不忌。」詔恭依。

淳熙元年十一月詔：「文武百僚詣景靈宮國忌立班行香，自今如遇宰執俱致齋不及趁赴，于東班從上引官一員升殿跪爐行香，以次官一員詣西班行香。」先是，閤門得旨：國忌行香，宰執致齋不赴，其西壁武臣闕官押班，已降指揮，差使相或太尉、節度使等押班，可令文武班內班上一員東壁押班，止令西壁散香，今後準此。至是，禮部、太常寺重別指定來上，故有是命。

四年十月，太常少卿齊慶胄言：「每遇國忌，文臣班列莫敢不肅，唯是武臣一班員數絕少，或以疾病在告，多不趁赴。」詔閤門、御史臺申嚴行下，如有違戾，彈劾聞奏。九年十月，侍御史張大經奏：「比來國忌行香日分，合赴官類多託疾在告，以免夙興拜跪之勞。乞自今如遇行香日，有稱疾託故不赴者，從本臺彈奏，乞置典憲。」從之。

羣臣私忌。開寶敕文：「應常參官及內殿起居職官等，自今刺史、郎中、將軍以下遇私忌，請準式假一日。忌前之夕，聽還私第。」其後有司言：「臣僚忌日恩賜，其間甚有無名者：如劉繼元、李煜、劉鋹之類，皆身爲降俘，亡沒已久，而尙霑恩賜；及周朝忌日，尙有追薦；本朝亦有追尊皇后生日道場，幷諸神祠亦有爲生日者。請付禮官詳議，不經之物，一切省去。」詔周朝忌日仍舊，餘罷之。

校勘記

〔一〕百官成服　「官」原作「姓」，據宋會要禮三一之一改。

〔二〕明憲皇太后　原脫「太」字，據宋會要禮三一之二、太常因革禮卷九二補。

〔三〕五月　原作「五日」，據宋會要禮三一之三四、三七之五四改。

〔四〕三年　原作「二年」，據本書卷七眞宗紀、宋會要禮三一之四二改。

〔五〕景祐三年　「景祐」原作「明道」，據本書卷一〇仁宗紀、卷二四二本傳和長編卷一一九、編年綱目卷九改。

〔六〕合徵火相主及中五之數　按宋會要禮三二之三四、三七之六三及又禮三二之二四均作「合徵火相生及中五之數」；通考卷一二六王禮考作「以應生火中五十之數」。疑「相主」爲「相生」之誤。

〔七〕玄翼祖宣祖太祖太祖后　按長編卷三〇二作「玄翼祖室，玄宣祖室，玄太祖室，玄太宗室」；宋會要禮三二之四三、又禮三二之三〇均作「玄翼祖、宣祖、太祖室」。疑此處「太祖后」當作「太宗室」，宋會要亦脫「太宗」二字。

〔八〕置都監巡檢各一員　原脫「各」字，據繫年要錄卷四五、朝野雜記甲集卷二昭慈永佑顯仁永思永阜永崇六攢宮條補。

〔九〕虞主還州行祔廟禮　按繫年要錄卷四六、通考卷一二六王禮考都說是在溫州行祔廟之禮。又按建炎二年，宋遷太廟於溫州，到紹興十三年始還臨安。此處只說「還州」，「州」上疑脫「溫」字。

〔一〇〕命西京差判官一員亞獻朝臣一員終獻攝　按宋會要禮四〇之二、四〇之九都作「內亞獻命西京差通判一員，終獻差朝臣一員攝」。

〔一一〕神貌　原作「祠貌」，據前文及宋會要禮四〇之一〇改。

〔一二〕禮料　原作「料禮」，據下文及宋會要禮四〇之一一乙正。

〔一三〕詔秀王襲封等典禮　按宋會要禮四〇之一三作「詔秀王襲封等典禮，令禮部、太常寺討論聞奏」。此處無「令禮部」以下文字，當有脫誤。

〔一四〕以太牢奉祠　「奉」原作「春」，據宋會要禮三九之三、通考卷一二六王禮考改。

〔一五〕閤門祇候林拓　「閤」原作「國」，據本書卷四一理宗紀、卷一六六職官志改。

〔一六〕欲依政和五禮依典故　按宋會要禮三七之四一作「欲依政和五禮新儀典考」，疑下「依」字衍。

〔一七〕停郊廟饗宴之音　「音」原作「昔」，據宋會要禮四二之三改。

〔一八〕僖祖翼祖并后六位忌日咸如之　原脫「后」字，據宋會要禮四二之一二、長編卷三五一補。

宋史卷一百二十四

志第七十七

禮二十七 凶禮三

外國喪禮及入弔儀　諸臣喪葬等儀

凡外國喪，告哀使至，有司擇日設次於內東門之北隅，命官攝太常卿及博士贊禮。俟太常卿奏請，即向其國而哭之，五舉音而止。皇帝未釋素服，人使朝見，不宣班，不舞蹈，不謝面天顏，引當殿，喝「拜」，兩拜，奏聖躬萬福。又喝「拜」，兩拜，隨拜萬歲。或增賜茶藥及傳宣撫問，即出班致詞訖，歸位。又喝「拜」，兩拜，隨拜萬歲。喝「祗候」，退。

大中祥符二年十二月，北朝皇太后凶訃，遣使來告哀。詔遣官迓之，廢朝七日，擇日備禮舉哀成服，禮官詳定儀注以聞。其日，皇帝常服乘輿詣幕殿，俟時釋常服，服素服，白羅衫、黑銀帶、素紗軟脚幞頭。太常卿跪，奏請皇帝爲北朝皇太后凶訃至掛服，又奏請五舉音。文武百僚進名奉慰，退幕殿。仍遣使祭奠弔慰。

三年正月，契丹賀正使爲本國皇太后成服，所司設幕次、香、酒及衰服、絰、杖等，禮直官引使、副已下詣位，北向再拜。班首詣前，執盞跪奠，俛伏，興，歸位，皆再拜。侯使已下俱衰服、絰、杖成服訖，禮直官再引各依位北向，舉哭盡哀。班首少前，去杖，跪，奠酒訖，執杖，俛伏，興，歸位。焚紙馬，皆舉哭，再拜畢，各還次，服吉服，歸驛。

天聖九年〔二〕六月，契丹使來告哀。禮官詳定：北朝凶訃，宜於西上閤門引來使奉書，令閤門使一員跪受承進，宰臣、樞密使已下待制已上，並就都亭驛弔慰。七月一日，使者耶律乞石至，帝與皇太后發哀苑中，使者自驛赴左掖門入，至左昇龍門下馬，入北偏門階下，行至右昇龍北偏門，入朝堂西偏門，至文德殿門上奉書。太常博士二員與禮直官贊引入文德殿西偏門階下，行至西上閤門外階下，面北跪，進書。閤門使跪受承進。太常博士、禮直官退。使者入西上閤門殿後偏門，入宣祐西偏門，行赴內東門柱廊中間，過幕次祗候，朝見訖，赴崇政殿門幕次祗候，朝見皇太后訖，出。三日，近臣慰乞石于驛。

嘉祐三年正月，契丹告國母哀。使人到闕入見，皇帝問云：「卿離北朝日，姪皇帝悲苦之中，聖躬萬福。」朝辭日，即云：「皇帝傳語北朝姪皇帝，嬸太皇太后上僊，遠勞人使訃告。春寒，善保聖躬。」中書、樞密以下待制已上，赴驛弔慰云：「竊審北朝太皇太后上僊，伏惟悲苦。」五月，獻遺留物。

明道元年十一月二十四日敕：夏王趙德明薨，特輟朝三日，令司天監定舉哀掛服日辰。其日，乘輿至幕殿，服素服。太常博士引太常卿當御坐前跪，奏請皇帝爲夏王趙德明薨舉哀，又奏請十五舉音，又奏請可止。文武百僚進名奉慰。告哀使、副已下朝見，首領并從人作兩班見。先首領見，兩拜後，班首奏聖躬萬福。又兩拜，隨拜萬歲。喝賜例物酒食，跪受。起，又兩拜，隨拜萬歲。喝「各祗候」，退。從人儀同。是日，皇太后至幕殿，釋常服，白羅大袖、白羅大帶，舉哀如皇帝儀。其遣使致祭弔慰，如契丹。

其入弔奠之儀。乾興元年，眞宗之喪，契丹遣殿前都點檢崇義軍節度使耶律三隱、翰林學士工部侍郎知制誥馬貽謀充大行皇帝祭奠使、副，左林牙左金吾衞上將軍蕭日新、利州觀察使馮延休充皇太后弔慰使、副，右金吾衞上將軍耶律寧、引進使姚居信充皇帝弔慰使、副。所司預於滋福殿設大行皇帝神御坐，又於稍東設御坐。祭奠弔慰使、副並素服，由西上閤門入，陳禮物於庭。中書、門下、樞密院並立於殿下，再拜訖，升殿，分東西立。禮直官、閤門舍人贊引耶律三隱等詣神御坐前階下，俟殿上簾捲，使、副等並舉哭，殿上皆哭。再拜訖，引升殿西階，詣神御坐前上香、奠茶酒。貽謀跪讀祭文畢，降階，復位，又舉哭，再拜訖，稍東立。俟皇太后升坐，中書、樞密院起居畢，簾外侍立。舍人引弔慰祭奠使、副朝見。殿上舉哭，左右皆哭。弔慰使、副蕭日新等升殿進書訖，降坐。俟皇帝升坐，中書、樞密院起居畢，升殿侍立。舍人引弔慰祭奠使、副朝見。皇帝舉哭，左右皆哭。弔慰使、副耶律寧等升殿進書訖，賜三隱等襲衣、冠帶、器幣、鞍馬，隨行舍利、牙校等衣服、銀帶、器幣有差。弔慰使、副蕭日新等復詣承明殿，俟皇太后升坐，中書、樞密院侍立如儀。舍人引蕭日新等升殿進問聖候書畢，賜銀器、衣著有差。仍就客省賜三隱等茶酒，又令樞密副使張士遜別會三隱等伴宴於都亭驛。

英宗即位，契丹使來賀乾元節，命先進書奠梓宮，見于東階。故夏國使人見，客省以書幣入，後弔慰使見殿門外。契丹祭奠使見于皇儀殿東廂，羣臣慰于門外。使人辭于紫宸殿，命坐賜茶。故事賜酒五行，自是，終諒闇，皆賜茶。

神宗之喪，夏國陳慰使丁努嵬名謨鐸、副使呂則、陳聿精等進慰表于皇儀門外，退赴紫宸殿門，賜帛有差。

元祐初，高麗入貢，有太皇太后表及進奉物。樞密院請遵故事，惟答以皇帝回諭敕書。

已而宣仁聖烈太后崩，禮部、太常、閤門同詳定：高麗奉慰使人於小祥前後到闕，令於紫宸殿門見，客省受表以進，賜器物、酒饌，退，並常服、黑帶，不佩魚。俟見罷，純吉服。

淳熙十四年，金國弔祭使到闕，惟皇帝先詣梓宮行燒香禮，及使入門祭訖，皆就幄舉哭外，陳設行事並如先朝舊儀。其奉辭日，有司亦先設神御坐及設香案、茶酒、果食盤臺於几筵殿上。宰執升殿分東西立，侍從官於殿下西面立。使、副入門，殿上下皆哭，使、副升殿，哭止。使、副詣神坐前一拜，上香、奠茶、三奠酒畢，拜，興，讀祭文官跪讀祭文，一拜，興，殿上下皆哭。使、副俱降，歸位立，又再拜訖，退。

諸臣之喪。國制：諸王、公主、宗室將軍以上有疾，皆乘輿臨問；如小疾在家，或幸其第，有至三四者；其宮邸在禁中，多不時而往；惟宰相、使相、駙馬都尉疾亟，幸其第，或賜勞加禮焉。

建隆元年七月，宰相范質有疾，太祖親幸其第，賜黃金、銀、絹有差。開寶二年，趙普有疾，帝再往視，賜銀器、絹甚厚。太平興國中，鎭寧軍節度楊信久病瘖，忽能言，帝異之，遽幸其第，加賜賚。大中祥符三年三月，鎭安軍節度使、駙馬都尉石保吉疾亟，帝將臨視之，其日大忌，宰相言於禮非便，遂遣內侍以諭保吉，明日始臨省焉。六月，幸翰林侍講學士邢昺第視疾，賜白金千兩、衣著千匹、名藥一奩。

熙寧七年十二月，詔頒新式，凡臨幸問疾者賜銀、絹，宰臣及樞密使帶使相者二千五百兩匹，樞密使、使相二千兩匹，知樞密院事、參知政事、樞密副使、同知樞密院事一千五百兩匹，簽書樞密院事、同簽書樞密院事、宣徽使七百五十兩匹，殿前都指揮使一千五百兩匹，駙馬都尉任使相以下者二千五百兩匹，任節度觀察留後以下者一千五百兩匹，並入內內侍省取賜。

車駕臨奠。太常新禮：宰相、樞密、宣徽使、參知政事、樞密副使、駙馬都尉薨，皆臨幸奠酹，及發引，乘輿或再往。咸平二年，工部侍郎、樞密副使楊礪卒，即日冒雨臨其喪。大中祥符元年，殿前都虞候、端州防禦使李繼和卒，眞宗將臨其喪，以問宰臣，對曰：「繼和以品秩實無此禮。陛下敦序外族，先朝亦嘗臨杜審瓊之喪，於禮無嫌。」帝然之，即日幸其第。

康定二年，右正言、知制誥吳育奏：「臣竊見車駕每有臨奠臣僚、宗戚之家，皆即時出幸，道路不戒，羽衞不全，從官奔馳，衆目驚異。萬乘法駕，豈愼重之意乎？雖震悼方切於皇慈，而舉動貴合乎經禮。臣竊詳通禮舊儀，蓋俟喪家成服，然後臨奠，於事不迫，在禮亦宜。臣愚欲乞今後車駕如有臨奠去處，乞俟本家既斂成服，然後出幸，則恩意容典，詳而得中，警蹕羽儀，備之有素。」事下禮官議：「遭喪之家，有出殯日乃成服者，恐至時難行臨奠。請自今聖駕臨奠臣僚、宗戚之家，若奏訃在交未前，卽傳宣閤門，只於當日令所屬候儀衞備，奏請車駕出幸；若奏訃在交未後，卽次日臨奠。庶使羽衞整肅，於事爲宜。」詔可。

其儀：乘輿自內出，千牛將軍四人執戈，一人執桃，一人執茢，前導。車駕將至所幸之第，贊禮者引喪主哭於大門內，望見乘輿，止哭，再拜，立於庭。皇帝至幕殿，改素服就臨，喪主內外再拜。皇帝哭，十五舉音，喪主內外皆哭。皇帝詣祭所三奠酒，喪主已下再拜。皇帝退，止哭。從官進名奉慰。皇帝改常服還內。

通禮著：皇帝臨諸王、妃、主、外祖父母、皇后父母、宗戚、貴臣等喪，出宮服常服，至所臨處變服素服。天聖喪葬令：皇帝臨臣之喪，一品服錫衰，三品已上緦衰，四品已下疑衰。皇太子臨弔三師、三少則錫衰，宮臣四品已上緦衰，五品已下疑衰。

輟朝之制。禮院例册：文武官一品、二品喪，輟視朝二日，於便殿舉哀掛服。文武官三品喪，輟視朝一日，不舉哀掛服。然其車駕臨問幷特輟朝日數，各繫聖恩。一品、二品喪皆以翰林學士已下爲監護葬事，以內侍都知已下爲同監護葬事。葬日輟視朝一日，皆取旨後行。慶曆五年四月，禮院奏：「準度支員外郎、集賢校理知院曾公亮奏：『朝廷行輟朝禮，並乞以聞哀之明日輟朝，其假日便以充數，仍爲永例。如値其日前殿須坐，則禮有重輕，自可略輕而爲重，更不行輟朝之禮。』臣今看詳公亮所奏，誠於輟朝之間適宜順變。然慮君臣恩禮之情有所未盡，欲乞除人使見辭、春秋二宴合當舉樂，即於次日輟朝，餘乞依公亮所奏。」詔可。

太平興國六年，守司空兼門下侍郎平章事薛居正薨，準禮，一品喪合輟二日，詔特輟三日。其後鄧王錢俶、太師趙普、右僕射李沆薨，皆一品，合輟二日，詔並特輟五日。二品、三品者，亦有特輟焉。太平興國九年，右諫議大夫、參知政事李穆卒，準禮，諫議大夫不合輟朝，特輟一日。

開寶二年〔三〕，羅彥瓌、魏仁浦薨，以郊祀及軍事不輟朝。景德四年，同平章事王顯薨，以皇帝朝拜諸陵，吉凶難於相干，更不輟朝。康定元年，光祿卿鄭立卒，禮官舉故事輟朝，臺官言：「卿、監職任疎遠，恩禮不稱。」自後遂不輟朝。

孝宗乾道三年四月一日，太常寺言：「皇伯母秀王夫人薨，輟朝五日，內二日不視事。乞自今月二日爲始，輟朝至六日止，其二日、三日並不視事。」從之。

舉哀掛服。倘舍設次於廣德殿或講武殿、大明殿，其後皆於後苑壬地。前一日，所司預設舉哀所幕殿，周以簾帷，色用青素。其日，皇帝常服乘輿詣幕殿，侍臣奏請降輿，俟時釋常服，服素服，白羅衫、黑銀腰帶、素紗軟脚幞頭。太常博士引太常卿當御坐前跪，奏請皇帝爲某官薨舉哀，又請舉哭，十五舉音，又奏請可止。中書、門下、文武百官進名於崇政殿門外奉慰。皇帝釋素服，服常服，乘輿還內。

建隆四年，山南東道節度使慕容延釗卒，太祖素服發哀。其後趙普薨，太宗亦如之。景德元年〔三〕，李沆薨，禮官言：「舉哀品秩，雖載禮典，伏緣國朝惟趙普、曹彬曾行茲禮，今望裁自聖恩。」詔特擇日舉哀。自後宰臣薨，皆用此禮。

眞宗乳母秦國延壽保聖夫人卒，以太宗喪始期，疑舉哀，禮官言：「通禮：皇帝爲乳母緦麻。按喪葬令：皇帝爲緦，一舉哀止。秦國夫人保傅聖躬，宜備哀榮。況太宗之喪已終易月之制，今爲乳母發哀，合於禮典。」從之。

鄭國長公主薨，禮官言：「降服大功，擇日成服。緣居大行皇太后大祥之內，衰服未除，典禮舊章，以輕包重，酌情順變，禮當厭降，望不成服。皇親諸親，亦不制服。」帝曰：「宗室諸王皆不制服，情所未忍。至期當遣諸王就其第成服，及令皇后臨奠，餘如所請。」皇從弟右監門衞大將軍德鈞卒，以皇帝恭謁陵寢，罷舉哀成服。天禧元年，太尉王旦薨，時季秋大享明堂，其日發哀，眞宗疑之。禮官言：「祠事在質明之前，成服於旣祠之後，於禮無嫌。」詔可。

康定二年，皇子壽國公昕薨，年二歲，禮官言：「已有爵命，宜同成人。」遂發哀成服。熙寧十年，永國公薨，係無服之殤，詔特舉哀成服。

元祐元年，王安石薨，在神宗大祥之內；司馬光薨，亦在諒闇中，皆不舉哀成服。高宗於劉光世、張俊、秦檜之喪，皆爲臨奠，然設幄舉哀成服之禮，未之行也。孝宗乾道三年，始爲皇伯母秀王夫人薨，設幕殿後苑壬地，舉哀成服，復舉行焉。

皇太后、皇后爲本族之喪。孝明皇后姊太原郡君王氏卒，中書門下據太常禮院狀：「準禮例，皇后合出就故彰德軍節度使王饒第發哀成服，文武百僚詣其第進名奉慰。」從之。章穆太后母楚國太夫人吳氏薨，太常禮院言：「皇帝爲外祖母本服小功，詳開寶通禮，卽有舉哀成服之文；又緣近儀，大功以上方成服，今請皇太后擇日就本宮掛服，雍王以下爲外祖母給假。」其後，太后嫡母韓國太夫人薨，亦用此制焉。章獻明肅皇后改葬父母，前一日，皇后詣欑所，俟時詣成服所改服緦。尙儀奏：「請詣靈柩發哭奠酒，退，六宮內人立班奉慰。掩壙畢，皇后詣墳奠獻，再拜，釋服還宮。外命婦進牋奉慰如儀。」

輟樂。太平興國七年十月，中書言：「今月七日乾明節，選定二十二日大宴。」二十日，參知政事竇偁卒，明日，皇帝親幸其第，臨喪慟哭，設奠還宮，卽令罷宴。有司奏：「伏以百司告備，六樂在庭，睿聖至仁，聞哀而罷，是以顯君父愛慈之道，勵臣子忠孝之心。伏請宣付史館，傳錄美實。」詔可。

天禧二年九月十一日，宴近臣于長春殿，餞河陽三城節度使張旻赴任，以王旦在殯，不舉樂。嘉祐六年三月五日，宰臣富弼母秦國太夫人薨，十七日春宴，禮院上言：「君臣父子，家國均同。元首股肱，相濟成體。貴賤雖異，哀樂則同。一人向隅，滿堂嗟戚。今宰臣新在苫塊，欲乞罷春宴聲樂，以表聖人憂恤大臣之意。」詔下，并春宴寢罷。

賻贈。凡近臣及帶職事官薨，非詔葬者，如有喪訃及遷葬，皆賜賻贈，鴻臚寺與入內內侍省以舊例取旨。其嘗踐兩府或任近侍者，多增其數，絹自五百匹至五十匹，錢自五十萬至五萬，又賜羊酒有差，其優者仍給米麥香燭。自中書、樞密而下至兩省五品、三司三館職事、內職、軍校幷執事禁近者亡歿，及父母、近親喪，皆有贈賜。宗室期、功、祖免，乳母、殤子及女出適者，各有常數。其特恩加賜者，各以輕重爲隆殺焉。

建隆元年十月，詔：「有死于矢石者，人給絹三匹，仍復其家三年，長吏存撫之。」慶曆二年，詔：「陣亡軍校無子孫者，賜其家錢，指揮使七萬，副指揮使六萬，軍使、都頭、副兵馬使、副都頭五萬。」

熙寧七年，參酌舊制著爲新式：諸臣喪，兩人以上各該支賜孝贈，只就數多者給；官與職各該賻贈者，從多給，差遣、權并同，權發遣並與正同。諸兩府、使相、宣徽使并前任宰臣問疾或澆奠已賜不願敕葬者，并宗室不經澆奠支賜，雖不係敕葬，並支賻贈。餘但經問疾或澆奠支賜或敕葬者，更不支賻贈。前兩府如澆奠只支賻贈，仍加絹一百、布一百、羊酒米麪各一十。諸支賜孝贈：在京，羊每口支錢一貫，以折第二等絹充，每匹折錢一貫三百文，餘支本色；在外，米支白秔米，麪每石支小麥五斗，酒支細色，餘依價錢。諸文臣卿監以上，武臣元係諸司使以上，分司、致仕身亡者，其賻贈並依見任官三分中給二，限百日內經所在官司投狀，召命官保關申，限外不給。待制、觀察使以上更不召保。

元豐五年，詔：「鄜延路沒於王事、有家屬見今在本路欲歸鄉者給賻外，其大使臣以上更支行李錢百千，小使臣五十千，差使、殿侍三十千，其餘比類支給。」

紹興二十六年，詔：「今後命官實因幹辦公事邂逅非理致死者，並遵依舊法。所有李光申請於紹興條內添注日限指揮，更不施行。」舊法非理致死者，謂焚溺墜壓之類，通判以上賜銀五百兩，餘三百兩，職司已上取旨。初，紹興二年五月，吏部侍郎李光申明立定折跌骨五十餘日，三十日內身亡之人，並支前項銀數。至是，戶部侍郎宋䁲言：「自立定日限，後來多是因他病身故之人，子孫規圖賞給，計會所屬，旋作差出名目，陳乞保奏，誠爲欺罔。」故有是命。

詔葬。禮院例册：諸一品、二品喪，敕備本品鹵簿送葬者，以少牢贈祭於都城外，加璧，束帛深青三、纁二。諸重：一品柱鬲六，五品已上四，六品已下二。諸銘旌：三品已上長九尺，五品已上八尺，六品已上〔四〕七尺，皆書某官封姓之柩。諸輀車：三品已上油幰、朱絲絡網施襈，兩廂畫龍，幰竿諸末垂六旒蘇；七品已上油幰、施襈，兩廂畫雲氣，垂四旒蘇；九品已上無旒蘇；庶人鼈甲車，無幰、襈、畫飾。諸引、披、鐸、翣、挽歌：三品已上四引、四披、六鐸、六翣，挽歌六行三十六人；四品二引、二披、四鐸、四翣，挽歌者四行十六人；五品、六品挽歌八人；七品、八品挽歌六人；六品、九品謂非升朝者。挽歌四人。其持引、披者，皆布幘、布深衣；挽歌，白練幘、白練褠衣，皆執鐸、綍，並鞵襪。諸四品已上用方相，七品已上用魌頭。諸纛：五品已上，其竿長九尺；已下，五尺已上。諸葬不得以石爲棺槨及石室，其棺槨皆不得雕鏤彩畫、施方牖檻，棺內不得藏金寶珠玉。

又按會要：勳戚大臣薨卒，多命詔葬，遣中使監護，官給其費，以表一時之恩。凡凶儀皆有買道、方相、引魂車，香、蓋、紙錢、鵝毛、影輿，錦繡虛車，大輿，銘旌；儀槨，行幕，各一；挽歌十六。其明器、牀帳、衣輿、結綵牀皆不定數。墳所有石羊虎、望柱各二，三品以上加石人二人。入墳有當壙、當野、祖思、祖明、地軸、十二時神、誌石、券石、鐵券各一。殯前一日對靈柩，及至墳所下事時，皆設敕祭，監葬官行禮。熙寧初，又著新式，頒于有司。

乾德三年六月〔五〕，中書令、秦國公孟昶薨，其母李氏繼亡，命鴻臚卿范禹偁監護喪事，仍詔禮官議定吉凶儀仗禮例以聞。太常禮院言：「檢詳故事，晉天福十二年葬故魏王，周廣順元年葬故樞密使楊邠、侍衞使史弘肇、三司使王章例，並用一品禮。墓方圓九十步，墳高一丈八尺，明器九十事，石作六事，音身隊二十人，當壙、當野、祖明、祖思、地軸、十二時神、蚊廚帳、暖帳各一，轜車一，挽歌三十六人；拂一、纛一、翣六、輴車、魂車、儀槨車、買道車、誌石車各一；方相氏、鵝毛纛、銘旌、香輿、影輿、蓋輿、錢輿、五穀輿、酒醢輿、衣物輿、庖牲輿各一；黃白紙帳、園宅、象生什物、行幕，幷誌文、挽歌詞、啓攢啓奠祝文，並請下有司修製。其儀：太僕寺革輅，兵部本品鹵簿儀仗，太常寺本品鼓吹儀仗，殿中省繖一、曲蓋二、朱漆團扇四，自第導引出城，量遠近各還。贈玉一、纁二，贈祭少牢禮料，亦請下光祿、太府寺、少府監諸司依禮供應。又楚王母依子官一品例，準令文，外命婦一品侍近二人、青衣六人，偏扇、方扇各十六，行鄣三、坐鄣二，白銅飾犢車駕牛馭人四，從人十六，夾車、從車六，織一、大扇一、團扇二、戟六十。伏緣久不施用，如特賜施行，卽合於孟昶吉凶仗內相參排列。」詔並令排列祗應，仍俟導引至城外，分半導至西京墳下及葬，命供奉官周貽慶押奉議軍士二指揮防護至洛陽。又賜子玄喆墳莊一區。

開寶四年，建武軍節度使何繼筠卒，詔遣中使護葬，仍賜寶劍、甲冑同葬。咸平元年，護國軍節度使、駙馬都尉王承衍葬，鹵簿、鼓吹備而不作，以在太宗大祥忌禁內也。元豐五年，崇信軍節度使、華陰郡王宗旦薨，聽以旌節、牌印葬。尋又詔：不卽隨葬者徒二年，因而行用者罪之。紹興二十四年，太師清河郡王張俊葬，上曰：「張俊極宣力，與他將不同，恩數務從優厚。」仍賜七梁〔六〕額花冠貂蟬籠巾朝服一襲、水銀二百兩、龍腦一百五十兩。其後，楊存中薨，孝宗令諸寺院聲鐘，仍賜水銀、龍腦以斂。

熙寧新式：先是，知制誥曾布言：「竊以朝廷親睦九族，故於死喪之際，臨弔賻恤，至於窀穸之具，皆給於縣官，又擇近臣專董其事，所以深致其哀榮而盡其送終之禮。近世使臣沿襲故常，過取饋遺，故私家之費，往往倍於公上。祥符中，患其無節，嘗詔有司定其數。皇祐中，又著之編敕，令使臣所受無過五百，朝臣無過三百，有違之者，御史奏劾。伏見比歲以來，不復循守，其取之者不啻十倍於著令。乞取舊例裁定酌中之數，以爲永式。」詔令太常禮院詳定，令布裁定以聞。

嘉祐七年，詔大宗正：「自今皇親之喪，五年以上未葬者，不以有無尊親新喪，並擇日葬之。」初，龍圖閣直學士向傳式言：「故事，皇親係節度使以上方許承凶營葬，其卑幼喪皆隨葬之。自慶曆八年後，積十二年未葬者幾四百餘喪，官司難於卒辦，致濮王薨百日不及葬。請自今兩宅遇有尊屬之喪，不以官品爲限而葬之。」下判大宗正司、太常禮儀院、司天監議，而有是詔。元祐中，又詔御史臺：「臣僚父母無故十年不葬，卽依條彈奏，及令吏部候限滿檢察。尚有不葬父母，卽未得與關升磨勘。如失檢察，亦許彈奏。」

追封册命。通禮：策贈貴臣，守宮於主人大門外設使、副位，使人公服從朝堂受策，載於犢車，各備鹵簿，至主人之門降車。使者稱：「有制。」主人降階稽顙，內外皆哭。讀册訖，主人拜送之。

國朝之制：有於私第册之者，有於本道册之者。私第册之者，乾德三年，正衙命使册贈孟昶尙書令，追封楚王是也。本道册者，建隆元年，故特進、檢校太師、南平王高保融奉敕贈太尉，端拱元年，故守太師、尙書令、鄧王錢俶特追封秦王是也。其儀與通禮大略相類，不復錄。

定諡。王公及職事官三品以上薨，贈官同。本家錄行狀上尚書省，考功移太常禮院議定，博士撰議，考功審覆，判都省集合省官參議，具上中書門下宰臣判準，始錄奏聞。敕付所司卽考功錄牒，以未葬前賜其家。省官有異議者，聽具議聞。蘊德丘園，聲實明著，雖無官爵，亦奏賜諡曰「先生」。

太平興國八年，詔增周公諡法五十五字，美諡七十一字爲一百字，平諡七字爲二十字，惡諡十七字爲三十字。其沈約、賀琛續廣諡盡廢。後以直史館胡旦言：「舊制，文武官臣僚皆以功行上下，各賜諡法。近朝以來，遂成闕典。建隆以後，臣僚三品以上合賜諡者百餘人，望令史館編錄行狀，送禮官定諡付館，修入國史。」詔：「今後並令禮官取行狀定諡，送考功詳覆，關送史館，永爲定式。」

直集賢院王皞言：「諡者，行之表也。善行有善諡，惡行有惡諡，蓋聞諡知行，以爲勸戒。六典：太常博士掌王公以下擬諡，皆跡其功德爲之褒貶。近者臣僚薨卒，雖官該擬諡，其家自知父祖別無善政，慮定諡之際，斥其繆戾，皆不請諡。竊惟諡法自周公以來，垂爲不刊之典，蓋以彰善癉惡，激濁揚清，使其身沒之後，是非較然，用爲勸懲。今若任其遷避，則爲惡者肆志而不悛。乞自今後不必候其請諡，並令有司舉行，如此，則隱慝無行之人，有所沮勸。若須行狀申乞方行擬諡，考諸方册，別無明證。惟衞公叔文子卒，其子戍請諡。臣謂春秋之時，禮壞樂闕，公叔之卒，有司不能明舉舊典，故至將葬，始請謚於君。且周制，太史掌小喪賜謚，小史掌卿大夫之家賜謚請誄。以此知有司之職，自當舉行，明矣。」詔下有司詳定，如皞請焉。

禮院更議贈安遠軍節度使馬懷德已葬請謚，乃言：「自古作謚，皆在葬前。唐開元，三品以上將葬，既啓殯，告贈謚於柩前；無贈者，設啓奠卽告謚。既葬加謚，出於唐時。如顏杲卿、盧弈盡忠王室，當時置而不議。至郭知運死五十餘年乃始請謚，右司員外郎崔原以爲非旌善之禮，而太常博士獨孤及謂新制死不必有謚，又謂有故闕禮，追遠請謚，順也。及長於開元之世，親聞啓奠告謚，而謂新制不必有謚〔七〕，豈非誣哉？又有故闕禮，追遠請謚，皆違禮經，何順之有？國家給謚，一用唐令，然請謚之家，例供尚書省官酒食，撰議官又當有所贈遺，故或闕而不請。景祐四年，宋綬建議，令官給酒食。其後，又罷贈遺。自此，既葬請謚者甚衆。歲月浸久，官閥行跡，士大夫所不能知，子孫與其門生故吏，志在虛美隱惡，而有司据以加謚，是廢聖人之法，而徇唐庸有司之議也。」詔：「自今得謚者，令葬前奏請；或其家不請，則尙書、太常合議定謚，前葬牒史館及付其家。卽徇私謚不以實，論如選舉不以實法。既葬請謚者，不定謚。」

校勘記

〔一〕天聖九年　「九年」原作「八年」，據本書卷九仁宗紀、長編卷一一〇改。

〔二〕開寶二年　「二年」原作「三年」。按本書卷二太祖紀、卷二四九魏仁浦傳，魏仁浦死在開寶二年；本書卷二五〇羅彥瓌傳、宋會要禮四一之五五，羅彥瓌也死在開寶二年，據改。

〔三〕景德元年　「元年」原作「四年」，據本書卷二八二李沆傳和宋會要禮四一之四二改。

〔四〕六品已上　據上文「五品已上八尺」，「上」字疑當作「下」字。

〔五〕乾德三年六月　原作「乾德六年三月」，據本書卷二太祖紀、長編卷六改。

〔六〕七梁　原作「十梁」，據本書卷一五二輿服志、宋會要輿服四之一三改。

〔七〕而謂新制不必有謚　「謂」原作「爲」，據長編卷二〇二改。

宋史卷一百二十五

志第七十八

禮二十八 凶禮四

士庶人喪禮 服紀

士庶人喪禮。開寶三年十月，詔開封府，禁喪葬之家不得用道、釋威儀及裝束異色人物前引。太平興國七年正月，命翰林學士李昉等重定士庶喪葬制度。昉等奏議曰：「唐大曆七年，詔喪葬之家送葬祭盤，只得於喪家及塋所置祭，不得於街衢張設。又長慶三年，令百姓喪葬祭奠不得以金銀、錦繡爲飾及陳設音樂，葬物稍涉僭越，並勒毀除。臣等參詳子孫之葬父祖，卑幼之葬尊親，全尚樸素，即有傷孝道。其所用錦繡，伏請不加禁斷。其用音樂及欄街設祭，身無官而葬用方相者，望嚴禁之。其詔葬設祭者，不在此限。又準後唐長興二年詔：五品、六品常參官，喪輿舁者二十人，挽歌八人，明器三十事，共置八牀；七品常參官，舁者十六人，挽歌六人，明器二十事，置六牀；六品以下京官及檢校、試官等，舁者十二人，挽歌四人，明器十五事，置五牀，並許設紗籠二。庶人，舁者八人，明器十二事，置兩牀。悉用香輿、魂車。其品官葬祖父母、父母，品卑者聽以子品，葬妻子者遞降一等，其四品以上依令式施行。望令御史臺、街司頒行，限百日率從新制；限滿違者，以違禁之物給巡司爲賞。喪家輒舉樂者，譴伶人。他不如制者，但罪下里工作。」從之。

九年，詔曰：「訪聞喪葬之家，有舉樂及令章者。蓋聞鄰里之內，喪不相春，苴麻之旁，食未嘗飽，此聖王敎化之道，治世不刊之言。何乃匪人，親罹釁酷，或則舉奠之際歌吹爲娛，靈柩之前令章爲戲，甚傷風敎，實紊人倫。今後有犯此者，並以不孝論，預坐人等第科斷。所在官吏，常加覺察，如不用心，並當連坐。」

景德二年，開封府言：「文武官亡歿，諸寺擊鐘未有定制。欲望自今大卿監、大將軍、觀察使、命婦郡夫人已上，卽據狀聞奏，許於天淸、開寶二寺擊鐘，其聲數旋俟進止，自餘悉禁。」從之。

紹興二十七年，監登聞鼓院范同言：「今民俗有所謂火化者，生則奉養之具唯恐不至，死則燔爇而棄捐之，何獨厚於生而薄於死乎？甚者焚而置之水中，識者見之動心。國朝著令，貧無葬地者，許以係官之地安葬。河東地狹人衆，雖至親之喪，悉皆焚棄。韓琦鎭并州，以官錢市田數頃，給民安葬，至今爲美談。然則承流宣化，使民不畔於禮法，正守臣之職也。方今火葬之慘，日益熾甚，事關風化，理宜禁止。仍飭守臣措置荒閑之地，使貧民得以收葬，少裨風化之美。」從之。二十八年，戶部侍郎榮薿言：「比因臣僚陳請禁火葬，令州郡置荒閑之地，使貧民得以收葬，誠爲善政。臣聞吳越之俗，葬送費廣，必積累而後辦。至於貧下之家，送終之具，唯務從簡，是以從來率以火化爲便，相習成風，勢難遽革。況州縣休息之久，生聚日繁，所用之地，必須寬廣。仍附郭近便處，官司以艱得之故，有未行摽撥者。既葬埋未有處所，而行火化之禁，恐非人情所安。欲乞除豪富士族申嚴禁止外，貧下之民并客旅遠方之人，若有死亡，姑從其便，候將來州縣摽撥到荒閑之地，別行取旨。」詔依，仍令諸州依已降指揮，措置摽撥。

服紀。宋天子及諸臣服制，前史皆散記諸禮中，未嘗特錄之也，後史則表而出之。高宗於外廷以日易月，於內廷則行三年之禮，御朝則淺素、淺黃。孝宗又力持三年之制。皇帝未成服，則素紗軟脚幞頭、白羅袍、黑銀帶、絲鞋。成服日，布梁冠、朱熹云：當用十二梁。首絰、直領布大袖衫、朱熹云：不當用襴，蓋下已有裙。布裙、袴、腰絰、竹杖、白綾襯衫，或斜巾、帽子。視事日，去杖、首絰。小祥日，改服布幞頭、襴衫、腰絰、布袴。大祥畢，服素紗軟脚幞頭、白羅袍、素履、黑銀帶。禫祭畢，素紗軟脚幞頭、淺色黃羅袍、黑銀帶。祔廟日，服履、黃袍、紅帶。御正殿視事，則皁幞頭、淡黃袍、黑鞓犀帶、素絲鞋。此中興後制也。

孝宗居憂，再定三年之制。其服：布冠、直領大袖衫、布裙、首絰、腰絰、竹杖。小祥不易服。大祥禮畢，始去杖、去絰。禫祭畢，始服素紗軟脚幞頭、白袍、黑銀帶。祔廟畢，服皁幞頭、黑鞓犀帶。每遇過宮廟謁，則衰絰行禮，二十五月而除。三年之內，禁中常服布巾、布衫、布背子。視事則御內殿，服白布幞頭、白布袍、黑銀帶，殿設素幄。每五日一次過宮，則衰絰而杖。虞祭則布折上巾、黑帶、布袍。受金使弔則衰絰，御德壽殿東廊之素幄。受賀節使，則御垂拱殿東楹之素幄。是時，宰執、近臣皆不肯行，惟斷自上心，堅不可奪，大臣乃不敢言。贊其決者，惟敕局下僚沈清臣一人而已。

臣爲君服，宋制有三等：中書門下、樞密使副、尚書、翰林學士、節度使、金吾上將軍、文武二品以上，布梁冠、直領大袖衫、布裙、袴、腰絰、竹杖，或布幞頭、襴衫、布斜巾、絹襯服。文武五品以上并職事官監察御史以上、內客省、宣政、昭宣、知閤門事、前殿都知、押班，布梁冠、直領大袖衫、裙、袴、腰絰，或幞頭、襴衫。自餘文武百官，布幞頭、襴衫、腰絰而已。入局治事，並不易服。宰執奏事去杖，小祥去冠，餘官奏事如之。大祥，素紗軟脚折上巾、黲公服、白鞓錫帶。禫除畢，去黲服，常服仍黑帶、皁鞍韉。祔廟畢，始純吉服。宗室出則常服，居則衰麻以終制。

光宗居孝宗之憂，趙汝愚當國，始令羣臣服白涼衫、皁帶治事，逮終制乃止。寧宗居光宗之憂，復令百官以日易月，禫除畢，服紫衫、皁帶以治事，從禮部侍郎陳宗召請也。諸路監司、州軍縣鎮長吏以下，服布四脚、直領布襴衫、麻腰絰，朝晡臨，三日除之。內外命婦當入臨者，布裙、衫、帔、首絰、絹襯衫、帕首。士庶於本家素服，三日而除。婚嫁，服除外不禁。文武臣僚之家，至山陵祔畢，乃許嫁娶，仍不用花綵及樂。

淳熙十四年十月，以將作監韋璞充金國告哀使，閤門舍人姜特立副之。禮部、太常寺言：「告哀使、副幷三節人，從禮例，如在大祥內，合服布幞頭、襴衫、布袴、腰絰，布涼轍，鞍韉；在禫服內，合服素紗軟脚幞頭、黲色公服、黑鞓犀帶，青轍，皁鞍韉；俟禫除，卽從吉服，仍繫黑帶，去魚，涼轍、韉並從禫制，幷去狨座。三節人衣紫衫、黑帶，並不聽樂，不射弓弩，候過界，聽使、副審度，隨宜改易服用。」從之。或遣留遺信物使，同上服。

喪服雜議。慶曆七年，侍御史吳鼎臣言：「武班及諸職司人吏，曾因親喪出入禁門，有裹素紗幞頭者，殊失肅下尊上之禮。欲乞文武兩班，除以官品起復許裹素紗外，其餘臣僚并諸職司人吏，雖有親喪服未除，並須光紗加首，不得更裹素紗。」詔送太常禮院。禮官言：「準令文，凶服不入公門。其遭喪被起，在朝參處，常服各依品服，惟色以淺，無金玉飾；在家，依其服制。其被起者，及期喪以下居式假者，衣冠朝集，皆聽不預。今鼎臣所奏，有礙令文。」詔依所定，如遇筵宴，其服淺色素紗人，更不令祗應。

丁父母憂。淳化五年八月，詔曰：「孝爲百行之本，喪有三年之制，著于典禮，以厚人倫。中外文武官子弟，或父兄之淪亡，蒙朝廷之齒敍，未及卒哭，已聞蒞官，遽忘哀戚，頗玷風教。自今文武官子弟，有因父亡兄歿特被敍用，未經百日，不得趣赴公參。御史臺專加糾察；并有冒哀求仕、釋服從吉者，並以名聞。」

咸平元年，詔任三司、館閣職事者丁憂，並令持服。又詔：「川峽、廣南、福建路官，丁憂不得離任，既受代而喪制未畢者，許其終制。」尋令川峽官，除州軍長吏奏裁，餘並許解官。

大中祥符九年，殿中侍御史張廓言：「京朝官丁父母憂者，多因陳乞，與免持服。且忠孝恩義，士所執守，一悖于禮，其何能立？今執事盈庭，各務簡易，況無金革之事，中外之官不闕，不可習以爲例。望自後並依典禮，三年服滿，得赴朝請。」

天禧四年，御史臺言：「文武官併丁憂者，相承服五十四月，別無條例。」下太常，禮官議曰：「按禮喪服小記云：『父母之喪偕，先葬者不虞、祔，待後事，其葬服斬衰。』注：『謂同月若同日死也。先葬者母也，其葬服斬衰者，喪之隆哀宜從重也。假令父死在前月而同月葬，猶服斬衰，不葬不變服也。言其葬服斬衰，則虞、祔各以其服矣。及練、祥皆然。卒事，反服重。』雜記云：『有父之喪，如未沒喪而母死，其除父之喪也，服其除服，卒事，反喪服。』注云：『沒，猶終也。除服謂祥祭之服，卒事既祭，反喪服，服後死者之服。』又杜預云：『若父母同日卒，其葬先母後父，皆服斬衰，其虞、祔先父後母，各服其服，卒事，反服父服。若父已葬而母卒，則服母之服，虞訖，反服父之服。既除練，則服母之服。喪可除，則服父之服以除之，訖則服母之服。』賀循云：『父之喪未終，又遭母喪，當父服應終之月，皆服祥祭之服，如除喪之禮。卒事，反母之服。』臣等參考典故，則是隨其先後而除之，無通服五十四月之文。請依舊禮改正。」

慶曆三年，太常禮院議：「禮記：『父母之喪，無貴賤，一也。』又曰：『三年之喪，人道之至大也。』請不以文武品秩高下，並聽終喪。」時以武臣入流者雜，難盡解官。詔：「自今三司副使已上，非領邊寄，並聽終制，仍續月奉。武臣非在邊而願解官者，聽。」

凡奪情之制，文臣諫舍以上，牧伯刺史以上，皆卒哭後恩制起復；其在切要者，不候卒哭。內職遭喪，但給假而已，願終喪者亦聽。惟京朝、幕職、州縣官皆解官行服，亦有特追出者。

凡公除與祭。景祐二年，禮儀使言：天聖五年，太常禮院言：自來宗廟祠祭，皆宰臣、參知政事行事，每有服制，旋復改差，多致妨闕。檢會唐會要，貞元六年詔，百官有私喪公除者，聽赴宗廟之祭。監祭御史以禮有「緦麻已上喪不得饗廟」，移牒吏部詰之。吏部奏：準禮，「諸侯絕周、大夫絕緦」者，所以殺旁親，不敢廢大宗之祭事，則緦不祭者，謂同宮未葬，欲人吉凶不相黷也。魏、晉已降，變而從權，緦已上喪服，假滿卽吉，謂之公除。凡既葬公除，則無事不可，故於祭無妨。乞今凡有慘服既葬公除，及聞哀假滿，許吉服赴祭。同宮未葬，雖公除依前禁之。詔從。又王涇郊祀錄：「緦麻已上喪，不行宗廟之祭者，以明吉凶不相干也。貞元，吏部奏請，得許權改吉服，以從宗廟之祭，此一時之事，非舊典也。」今本院看詳，律稱：「如有緦麻已上喪遣充掌事者，笞五十〔一〕。」此唐初所定。吏部起請，皆援引典故。奉詔，百官有私喪公除者，聽赴宗廟之祭。後雖王涇著郊祀錄稱是一時之事〔二〕，非舊典也。又別無詔敕改更，是以歷代止依貞元詔命施行。至大中祥符中，詳定官請依郊祀錄，緦麻以上喪，不預宗廟之祭。今詳貞元起請，證據分明，王涇所說，別無典故。望自今後有私喪公除者，聽赴宗廟之祭，免致廢闕。

慶曆七年，禮官邵必言：「古之臣子，未有居父母喪而輒與國家大祭者。今但不許入宗廟，至於南郊壇、景靈宮，皆許行事。按唐吏部所請慘服既葬公除者，謂周以下也，前後相承，誤以爲三年之喪，得吉服從祭，失之甚也。又據律文：『諸廟享，有緦麻以上喪，不許執事，祭天地、社稷不禁。』此唐之定律者，不詳經典意也。王制曰：『喪三年不祭，惟天地、社稷爲越紼而行事。』注云：『不敢以卑廢尊』也。是指王者不敢以私親之喪，廢天地、社稷之祭，非謂臣下有父母喪，而得從天子祭天地、社稷也。兼律文所以不禁者，亦止謂緦麻以上、周以下故也。南郊、太廟，俱爲吉祀，奉承之意，無容異禮。今居父母喪不得入太廟，至南郊則爲愈重。朝廷每因大禮，侍祠之官普有霑賚，使居喪之人得預祠事，是不欲慶澤之行，有所不被，奈何以小惠而傷大禮？近歲兩制以上，並許終喪，惟於武臣尙仍舊制，是亦取古之墨縗從事，金革無避之義也。然於郊祀吉禮則爲不可。」下禮院，議曰：「郊祀大禮，國之重事，百司聯職，僅取齊集。若居喪被起之官悉不與事，則或有妨闕。但不以慘麤之容接於祭次，則亦可行。請依太常新禮，宗室及文武官有遭喪被起及卒哭赴朝參者，遇大朝會，聽不入；若緣郊廟大禮，惟不入宗廟，其郊壇、景靈宮得權從吉服陪位，或差攝行事。」詔可。

天聖五年，侍講學士孫奭言：「伏見禮院及刑法司外州執守服制，詞旨俚淺，如外祖卑於舅姨，大功加於嫂叔，顚倒謬妄，難可遽言。臣於開寶正禮錄出五服年月，并見行喪服制度，編附假寧令，請下兩制、禮院詳定。」翰林學士承旨劉筠等言：「奭所上五服制度，皆應禮經。然其義簡奧，世俗不能盡通，今解之以就平易。若『兩相爲服，無所降殺』，舊皆言『服』者，具載所爲服之人；其言『周』者，本避唐諱，合復爲『期』。又節取假寧令附五服敕後，以便有司；仍板印頒行，而喪服親疏隆殺之紀，始有定制矣。」

子爲嫁母。景祐二年，禮官宋祁言：「前祠部員外郎、集賢校理郭稹〔三〕幼孤，母邊更嫁，有子。稹無伯叔兄弟，獨承郭氏之祭。今邊不幸，而稹解官行服。按五服制度敕齊衰杖期降服之條曰：『父卒母嫁及出妻之子爲母。』其左方注：『謂不爲父後者。若爲父後者，則爲嫁母無服。』〔四〕」詔議之。侍御史劉夔曰：

按天聖六年敕，開元五服制度、開寶正禮並載齊衰降服條例，雖與祁言不異，然假寧令：「諸喪，斬、齊三年，並解官；齊衰杖期及爲人後者爲其父母，若庶子爲後爲其母，亦解官，申心喪；母出及嫁，爲父後者雖不服，亦申心喪。」注云：「皆爲生己者。」律疏云：「心喪者，爲妾子及出妻之子合降其服，二十五月內爲心喪。」再詳格令〔四〕：「子爲嫁母，雖爲父後者不服，亦當申心喪。」又稱：「居心喪者，釋服從吉及忘哀作樂、冒哀求仕者，並同父母正服。」今龍圖閣學士王博文、御史中丞杜衍嘗爲出嫁母解官行喪。若使生爲母子，沒同路人，則必虧損名教，上玷孝治。

且杖期降服之制，本出開元禮文，逮乎天寶降敕，俾終三年，然則當時已悟失禮。晉袁準謂：「爲人後，猶服嫁母。據外祖異族，猶廢祭行服，知父後應服嫁母。」劉智釋云：「雖爲父後，猶爲嫁母齊衰。」譙周云：「非父所絕，爲之服周可也。」昔孔鯉之妻爲子思之母，鯉卒而嫁於衞，故檀弓曰：「子思之母死，柳若謂子思曰：『子聖人之後也，四方於子乎觀禮，子盍愼諸！』子思曰：『吾何愼哉！』」喪之禮，如子。云「子聖人之後」，即父後也。石苞問淳于睿：「爲父後者，不爲出母服。嫁母猶出母也，或者以爲嫁與出不異，不達禮意。雖執從重之義，而以廢祭見譏。君爲詳正。」睿引子思之義爲答，且言：「聖人之後服嫁母，明矣。」稹之行服，是不爲過。

詔兩制、御史臺、禮院再議，曰：「按儀禮：『父卒繼母嫁，爲之服期。』謂非生己者，故父卒改嫁，降不爲己母。唐上元元年敕，父在爲母尚許服三年。今母嫁既是父終，得申本服。唐紹議曰：『爲父後者爲嫁母杖周，不爲父後者請不降服。』至天寶六載敕，五服之紀，所宜企及，三年之數，以報免懷。其嫁母亡，宜終三年。又唐八坐議吉凶加減禮云：『凡父卒，親母嫁，齊衰杖期，爲父後者亦不服，不以私親廢祭祀，惟素服居堊室，心喪三年，免役解官。母亦心服之，母子無絕道也。』按通禮五服制度：父卒母嫁，及出妻之子爲母，及爲祖後，祖在爲祖母，雖周除，仍心喪三年。」

侍講學士馮元言：「儀禮、禮記正義，古之正禮；開寶通禮、五服年月敕，國朝見行典制，爲父後者，爲出母無服。惟通禮義纂引唐天寶六年制：『出母、嫁母並終服三年。』又引劉智釋議：『雖爲父後，猶爲出母、嫁母齊衰，卒哭乃除。』蓋天寶之制，言諸子爲出母、嫁母，故云『並終服三年』；劉智言爲父後者爲出母、嫁母，故云『猶爲齊衰，卒哭乃除』，各有所謂，固無疑也。況天聖五服年月敕：『父卒母嫁及出妻之子爲母降杖期。』則天寶之制已不可行。又但言母出及嫁，爲父後者雖不服，亦申心喪，卽不言解官。若專用禮經，則是全無服式；若俯同諸子杖期，又於條制相戾。請凡子爲父後，無人可奉祭祀者，依通禮義纂、劉智釋議，服齊衰，卒哭乃除，踰月乃祭，仍申心喪，則與儀禮、禮記正義、通典、通禮、五服年月敕『爲父後，爲出母、嫁母無服』之言不遠。如諸子非爲父後者，爲出母、嫁母，依五服年月敕，降服齊衰杖期，亦解官申心喪，則與通禮五服制度言『雖周除，仍心喪三年』，及刑統言『出妻之子合降其服，皆二十五月內爲心喪』，其義一也。郭稹應得子爲父後之條，緣其解官行服已過期年，難於追改，後當依此施行。」

詔：「自今並聽解官，以申心喪。」

子爲生母。大中祥符八年，樞密使王欽若言：「編修冊府元龜官太常博士、祕閣校理聶震丁所生母憂，嫡母尙在，望特免持服。」禮官言：「按周制，庶子在父之室，則爲其母不禫。晉解遂問蔡謨曰：『庶子喪所生，嫡母尙存，不知制服輕重。』答云：『士之妾子服其母，與凡人喪母同。』鍾陵胡濬所生母喪，自有嫡兄承統，而嫡母存，疑不得三年，問范宣，答曰：『爲慈母且猶三年，况親所生乎？嫡母雖尊，然厭降之制，父所不及。婦人無專制之事，豈得引父爲比而屈降支子也？』南齊褚淵遭庶母郭氏喪，葬畢，起爲中軍將軍。後嫡母吳郡公主薨，葬畢，令攝職。則震當解官行服，心喪三年；若特有奪情之命，望不以追出爲名。自今顯官有類此者，亦請不稱起復，第遣釐職。」

熙寧三年，詔御史臺審決秀州軍事判官李定追服所生母喪。御史臺言：「在法，庶子爲父後，如嫡母存，爲所生母服緦三月，仍解官申心喪；若不爲父後，爲所生母持齊衰三年，正服而禫。今定所生仇氏亡日，定未嘗請解官持心喪，止以父老乞還侍養。宜依禮制追服緦麻，而解官心喪三年。」時王安石托定，擢爲太子中允，而言者俱罷免。

婦爲舅姑。乾德三年，判大理寺尹拙言：「按律及儀禮喪服傳、開元禮儀纂、五禮精義、三禮圖等書，所載婦爲舅姑服周；近代時俗多爲重服，劉岳書儀有奏請之文。禮圖、刑統乃邦家之典，豈可守書儀小說而爲國章邪？」判少卿事薛允中等言：「戶婚律：『居父母及夫喪而嫁娶者，徒三年，各離之。若居周喪而嫁娶者，杖一百。』又書儀：『舅姑之服斬衰三年。』亦準敕行。用律敕有差，望加裁定。」

右僕射魏仁浦等二十一人奏議曰：「謹按禮內則云：『婦事舅姑，如事父母。』則舅姑與父母一也。而古禮有期年之說，至於後唐始定三年之喪，在理爲當。況五服制度，前代增益甚多。按唐會要，嫂叔無服，太宗令服小功。曾祖父母舊服三月，增爲五月。嫡子婦大功，增爲期。衆子婦小功，增爲大功。父在爲母服期，高宗增爲三年。婦爲夫之姨舅無服，玄宗令從夫服，又增姨舅同服緦麻及堂姨舅袒免。至今遵行。況三年之內，几筵尙存，豈可夫處苫塊之中，婦被綺紈之飾？夫婦齊體，哀樂不同，求之人情，實傷理本。況婦爲夫有三年之服，於舅姑止服期年，乃是尊夫而卑舅姑也。況孝明皇后爲昭憲太后服喪三年，足以爲萬世法。欲望自今婦爲舅姑服，並如後唐之制，其三年齊、斬，一從其夫。」

嫡孫承重。天聖四年，大理評事杜杞言：「祖母潁川郡君鍾歿，並無服重子婦，餘孤孫七人，臣最居長，今已服斬衰，卽未審解官以否？」禮院言：「按禮喪服小記曰：『祖父卒，而後，爲祖母後者三年。』正義曰：『此論適孫承重之服。祖父卒者，謂適孫無父而爲祖後。祖父已卒，今遭祖母喪，故云爲祖母後也。若父卒爲母，故三年〔五〕。若祖父卒時，父已先亡，亦爲祖父三年。若祖卒時父在，己雖爲祖期，今父歿，祖母亡時，己亦爲祖母三年也。』又按令文：『爲祖後者，祖卒爲祖母〔六〕，祖父歿，嫡孫爲祖母承重者，齊衰三年，並解官。』合依禮、令。」

寶元二年，度支判官、集賢校理薛紳言：「祖母萬壽縣太君王氏卒，是先臣所生母，服紀之制，罔知所適，乞降條制，庶知遵守。」詔送太常禮院詳定。禮官言：「五服年月敕：『齊衰三年，爲祖後者，祖卒則爲祖母。』又曰：『齊衰不杖期，爲祖父母。』注云：『父之所生庶母亦同，惟爲祖後者不服。』又按通禮義纂：『爲祖後者，父所生庶母亡，合三年否？』記云：『爲祖母也，爲後三年。不言嫡庶。然奉宗廟，當以貴賤爲差，庶祖母不祔於皇姑，已受重於祖，當爲祭主，不得申於私恩；若受重於父代而養，爲後可也。』又曰：『庶祖母合從何服？禮無服庶祖母之文，有爲祖庶母後者之服。晉王廙議曰：受命爲後，則服之無嫌。婦人無子，託後族人，猶爲之服，況其子孫乎？人莫敢卑其祖也。且妾子，父歿爲母得申三年。孫無由獨屈，當服之也。』看詳五服年月敕，不載持重之文，於義纂即有所據。今薛紳不爲祖後，受重於父，合申三年之制。」

史館檢討、同知太常禮院王泌言：「五服年月敕與新定令文，及通禮正文內五服制度，皆聖朝典法，此三處並無爲父所生庶母服三年之文。唯義纂者是唐世蕭嵩、王仲丘等撰集，非創修之書，未可據以決事。且所引兩條，皆近世諸儒之說，不出於六經，臣已別狀奏駮。今薛紳爲映之孫，耀卿爲別子始祖，紳繼別之後爲大宗，所守至重，非如次庶子等承傳其重者也。不可輒服父所生庶母三年之喪，以廢始祖之祭也。臣謹按禮經所謂重者，皆承後之文。據義纂稱重於父，亦有二說：一者，嫡長子自爲正體，受重可知；二者，或嫡長亡，取嫡或庶次承傳父重，亦名爲受重也。若繼別子之後，自爲大宗，所承至重，不得更遠係庶祖母爲之服三年，惟其父以生已之故，爲之三年可也。詳義纂所謂『受重於父者』，指嫡長子亡、次子承傳父重者也，但其文不同耳。」

詔太常禮院與御史臺詳定聞奏。衆官參詳：「耀卿，王氏子；紳，王氏孫，尤親於慈母、庶母，祖母、庶祖母也，耀卿既亡，紳受重代養，當服之也。又薛紳頃因籍田覃恩，乞將敍封母氏恩澤，迴授與故父所生母王氏，其薛紳官爵未合敍封祖母，蓋朝廷以耀卿已亡，紳是長孫，敦以孝道，特許封邑，豈可王氏生則輒邀國恩，歿則不受重服？況紳被王氏鞠育之恩，體尊義重，合令解官持齊衰三年之服。」詔從之。

皇祐元年，大理評事石祖仁奏：「叔從簡爲祖父中立服後四十日亡，乞下禮院定承祖父重服。」禮官宋敏求議曰：「自開元禮以前，嫡孫卒則次孫承重，況從簡爲中子已卒，而祖仁爲嫡孫乎？古者重嫡，正貴所傳，其爲後者皆服三年，以主虞、練、祥、禫之祭。且三年之喪，必以日月之久而服之者有變也。今中立未及卒哭，從簡已卒，是日月未久而服未經變也。或謂已服期，不當改服斬，而更爲重制。按儀禮：『子嫁，反在父之室，爲父三年。』鄭氏注：『謂遭喪而出者，始服齊衰期，出而虞則以三年之喪。』是服可再制明矣。今祖仁宜解官，因其葬而制斬衰三年。後有如其類而已葬者，用再喪制服。」遂著爲定式。

熙寧八年，禮院請爲祖承重者，依封爵令立嫡孫，以次立嫡子同母弟，無母弟立庶子，無庶子立嫡孫同母弟；如又無之，卽立庶長孫，行斬衰服。於是禮房詳定：「古者封建國邑而立宗子，故周禮適子死，雖有諸子，猶令嫡孫傳重，所以一本統、明尊尊之義也。至於商禮，則嫡子死立衆子，然後立孫。今既不立宗子，又未嘗封建國邑，則嫡孫喪祖，不宜純用周禮。若嫡子死無衆子，然後嫡孫承重，卽嫡孫傳襲封爵者，雖有衆子猶承重。」時知廬州孫覺以嫡孫解官持祖母服，覺叔父在，有司以新令，乃改知潤州。

元豐三年，太常丞劉次莊祖母亡〔七〕，有嫡曾孫，次莊爲嫡孫同母弟，在法未有庶孫承重之文。詔下禮官立法：「自今承重者，嫡子死無諸子，卽嫡孫承重；無嫡孫，嫡孫同母弟承重；無母弟，庶孫長者承重；曾孫以下準此。其傳襲封爵，自依禮、令。」

雜議。大中祥符八年，廣平公德彝聘王顯孫女，將大歸而德彝卒，疑其禮制。禮官言：「按禮：『曾子問曰：娶女有吉日而女死，如之何？孔子曰：壻齊衰而弔，既葬而除之。夫死亦如之。』注云：『謂無期三年之恩也，女服斬衰。』又刑統云：『依禮，有三月廟見、有未廟見就婚等三種之文，妻並同夫法，其有克吉日及定婚夫等，惟不得違約改嫁，自餘相犯，並同凡人。』今詳女合服斬衰於室，既葬而除；或未葬，但出欑卽除之。」

天聖七年，興化軍進士陳可言：「臣昨與本軍進士黃價同保，臣預解送之後，本軍言黃價昨赴舉時，有叔爲僧，喪服未滿，臣例當駮放。竊思出家制服，禮律俱無明文，況僧犯大罪，並無緣坐；犯事還俗，準敕不得均分父母田園。又釋門儀式，見父母不拜，居父母喪不經，死則法門弟子爲之制服，其於本族並無服式。望下禮官詳議，許其赴試。」太常禮院言：「檢會敕文，期周尊長服，不得取應。又禮爲叔父齊衰期，外繼者降服大功九月。其黃價爲叔僧，合比外繼，降服大功。」

皇祐四年，吉州司理參軍祝紳幼孤，鞠於兄嫂。已嘗爲嫂持服，兄喪又請解官持喪。

有司以爲言。仁宗曰：「近世蓋有匿親喪而干進者。紳雖所服非禮，然不忘鞠養恩，亦可勸也。候服闋日與幕職、知縣。」

繼絕。熙寧二年，同修起居注、直史館蔡延慶父褒，故太尉齊之弟也。齊初無子，子延慶。後齊有子，而褒絕，請復本宗。禮官以請，許之。紹聖元年，尙書省言：「元祐南郊赦文，戶絕之家，近親不爲立繼者，官爲施行。今戶絕家許近親尊長命繼，已有著令，卽不當官爲施行。」四年，右武衞大將軍克務，乞故登州防禦使東牟侯克端子叔博爲嗣，請赴期朝參起居，而不爲克端服。大宗正司以聞。下禮官議，宜終喪三年。遂詔宗室居父母喪者，毋得乞爲繼嗣。

大觀四年詔曰：「孔子謂興滅繼絕，天下之民歸心。王安石子雱無嗣，有族子棣，已嘗用安石孫恩例官，可以棣爲雱後，以稱朕善善之意。」先是，元豐國子博士孟開，請以姪孫宗顏爲孫，據晉侍中荀顗無子，以兄之孫爲孫；其後王彥林請以弟彥通爲叔母宋繼絕孫，詔皆如所請。淳熙四年十月二十七日，戶部言：「知蜀州吳擴申明：乞自今養同宗昭穆相當之子，夫死之後，不許其妻非理遣還。若所養子破蕩家產，不能侍養，實有顯過，卽聽所養母愬官，近親尊長證驗得實，依條遣還，仍公共繼嗣。」

校勘記

〔一〕五十　長編卷一六一、宋會要禮三六之一五都作「三十」。

〔二〕後雖王涇著郊祀錄稱是一時之事　「稱」字原脫，據宋會要禮三六之一五補。

〔三〕郭稹　「稹」原作「積」，據本書卷三〇一郭稹傳、長編卷一一七、宋會要禮三六之一〇改。

〔四〕再詳格令　「再」原作「載」，據宋會要禮三六之一一改。

〔五〕若父卒爲母故三年　「若」字原脫，據宋會要禮三六之六補。

〔六〕祖卒爲祖母　上一「祖」字原脫，據宋會要禮三六之六補。

〔七〕太常丞劉夾莊祖母亡　「祖母」上原衍「請」字，據長編卷三一〇、宋會要禮三六之九删。

宋史卷一百二十六

志第七十九

樂一

有宋之樂，自建隆訖崇寧，凡六改作。始，太祖以雅樂聲高，不合中和，乃詔和峴以王朴律準較洛陽銅望臬石尺爲新度，以定律呂，故建隆以來有和峴樂。仁宗留意音律，判太常燕肅言器久不諧，復以朴準考正。時李照以知音聞，謂朴準高五律，與古制殊，請依神瞽法鑄編鍾。既成，遂請改定雅樂，乃下三律，鍊白石爲磬，範中金爲鍾，圖三辰、五靈爲器之飾，故景祐中有李照樂。未幾，諫官、御史交論其非，竟復舊制。其後詔侍從、禮官參定聲律，阮逸、胡瑗實預其事，更造鍾磬，止下一律，樂名大安。乃試考擊，鍾聲弇鬱震掉，不和滋甚，遂獨用之常祀、朝會焉，故皇祐中有阮逸樂。神宗御歷，嗣守成憲，未遑制作，間從言者緒正一二。知禮院楊傑條上舊樂之失，召范鎮、劉几與傑參議。几、傑請遵祖訓，一切下王朴樂二律，用仁宗時所制編鍾，追考成周分樂之序，辨正二舞容節；而鎮欲求一稃二米眞黍，以律生尺，改修鍾量，廢四淸聲。詔悉從几、傑議。樂成，奏之郊廟，故元豐中有楊傑、劉几樂。范鎮言其聲雜鄭、衞，請太府銅制律造樂。哲宗嗣位，以樂來上，按試於庭，比李照樂下一律，故元祐中有范鎮樂。楊傑復議其失，謂出於鎮一家之學，卒置不用。徽宗銳意制作，以文太平，於是蔡京主魏漢津之說，破先儒累黍之非，用夏禹以身爲度之文，以帝指爲律度，鑄帝鼐、景鍾。樂成，賜名大晟，謂之雅樂，頒之天下，播之教坊，故崇寧以來有魏漢津樂。

夫韶、濩之音，下逮戰國，歷千數百年，猶能使人感嘆作興。當是時，桑間、濮上之音已作，而古帝王之樂猶存，豈不以其制作有一定之器，而授受繼承亦代有其人歟？由是論之，鄭衞、風雅不異器也。知此道也，則雖百世不易可也。禮樂道喪久矣，故宋之樂屢變，而卒無一定不易之論。考諸家之說，累黍既各執異論，而身爲度之說尤爲荒唐。方古制作，欲垂萬世，難哉！觀其高二律、下一律之說，雖賢者有所未知，直曰樂聲高下於歌聲，則童子可知矣；八音克諧之說，智者有所未諭，直以歌聲齊簫聲，以簫聲定十六聲而齊八器，則愚者可諭矣。審乎此道，以之制作，器定聲應，自不奪倫，移宮換羽，特餘事耳。去滮滮靡曼而歸之和平澹泊，大雅之音，不是過也。

南渡之後，大抵皆用先朝之舊，未嘗有所改作。其後諸儒朱熹、蔡元定輩出，乃相與講明古今制作之本原，以究其歸極，著爲成書，理明義析，具有條制，粲然使人知禮樂之不難行也。惜乎宋祚告終，天下未一，徒亦空言而已。

今集累朝制作損益因革、議論是非，悉著于編，俾來者有考焉。爲樂志。

王者致治，有四達之道，其二曰樂，所以和民心而化天下也。歷代相因，咸有制作。唐定樂令，惟著器服之名。後唐莊宗起於朔野，所好不過北鄙鄭、衞而已，先王雅樂，殆將掃地。晉天福中，始詔定朝會樂章、二舞、鼓吹十二案。周世宗嘗觀樂縣，問工人，不能答。由是患雅樂淩替，思得審音之士以考正之，乃詔翰林學士竇儼兼判太常寺，與樞密使王朴同詳定，朴作律準，編古今樂事爲正樂。

宋初，命儼仍兼太常。建隆元年二月，儼上言曰：「三、五之興，禮樂不相沿襲。洪惟聖宋，肇建皇極，一代之樂，宜乎立名。樂章固當易以新詞，式遵舊典。」從之，因詔儼專其事。儼乃改周樂文舞崇德之舞爲文德之舞，武舞象成之舞爲武功之舞，改樂章十二「順」爲十二「安」，蓋取「治世之音安以樂」之義。祭天爲高安，祭地爲靜安，宗廟爲理安，天地、宗廟登歌爲嘉安，皇帝臨軒爲隆安，王公出入爲正安，皇帝食飲爲和安，皇帝受朝、皇后入宮爲順安，皇太子軒縣出入爲良安，正冬朝會爲永安，郊廟俎豆入爲豐安，祭享、酌獻、飲福、受胙爲禧安，祭文宣王、武成王同用永安，籍田、先農用靜安。

五月，有司上言：「僖祖文獻皇帝室奏大善之舞，順祖惠元皇帝室奏大寧之舞，翼祖簡恭皇帝室奏大順之舞，宣祖昭武皇帝室奏大慶之舞。」從之。

乾德元年，翰林學士承旨陶穀等奉詔撰定祀感生帝之樂章、曲名，降神用大安，太尉行用保安，奠玉幣用慶安，司徒奉俎用咸安，酌獻用崇安，飲福用廣安，亞獻、終獻〔二〕用文安，送神用普安。五代以來，樂工未具，是歲秋，行郊享之禮，詔選開封府樂工八百三十人，權隸太常習鼓吹。

四年春，遣拾遺孫吉取成都孟昶僞宮縣至京師，太常官屬閱視，考其樂器，不協音律，命毀棄之。六月，判太常寺和峴言：「大樂署舊制，宮縣三十六虡設於庭，登歌兩架設於殿上。望詔有司別造，仍令徐州求泗濱石以充磬材。」許之。先是，晉開運末，禮樂之器淪陷，至是，始令有司復二舞、十二案之制。二舞郎及引舞一百五十人，按視教坊、開封樂籍，選樂工子弟以備其列，冠服準舊制。鼓吹十二案，其制：設氈牀十二，爲熊羆騰倚之狀，以承其下；每案設大鼓、羽葆鼓、金錞各一，歌、簫、笳各二，凡九人，其冠服同引舞之制。

十月，峴又言：「樂器中有叉手笛，樂工考驗，皆與雅音相應。按唐呂才歌白雪之琴，馬滔進太一之樂，當時得與宮縣之籍。況此笛足以協十二旋相之宮，亦可通八十四調，其制如雅笛而小，長九寸，與黃鍾管等。其竅有六，左四右二，樂人執持，兩手相交，有拱揖之狀，請名之曰『拱宸管』。望於十二案、十二編磬并登歌兩架各設其一，編於令式。」詔可。

太祖每謂雅樂聲高，近於哀思，不合中和。又念王朴、竇儼〔三〕素名知樂，皆已淪沒，因詔峴討論其理。峴言：「以朴所定律呂之尺較西京銅望臬古制石尺短四分，樂聲之高，良由於此。」乃詔依古法別創新尺，以定律呂。自此雅音和暢，事具律曆志。

自國初已來，御正殿受朝賀，用宮縣；次御別殿，羣臣上壽，舉敎坊樂。是歲冬至，上御乾元殿受賀畢，羣臣詣大明殿行上壽禮，始用雅樂、登歌、二舞。是月，和峴又上言：

郊廟殿庭通用文德、武功之舞，然其綴兆未稱武功、文德之形容。又依古義，以揖讓得天下者，先奏文舞；以征伐得天下者，先奏武舞。陛下以推讓受禪，宜先奏文舞。按尙書，舜受堯禪，玄德升聞，乃命以位。請改殿宇所用文舞爲玄德升聞之舞。其舞人，約唐太宗舞圖，用一百二十八人，以倍八佾之數，分爲八行，行十六人，皆著履，執拂，服袴褶，冠進賢冠。引舞二人，各執五采纛，其舞狀、文容、變數，聊更增改。又陛下以神武平一宇內，即當次奏武舞。按尙書，周武王一戎衣而天下大定，請改爲天下大定之舞，其舞人數、行列，悉同文舞，其人皆被金甲持戟。引舞二人，各執五采旗。其舞六變：一變象六師初舉，二變象上黨克平，三變象維揚底定，四變象荆湖歸復，五變象邛蜀納款，六變象兵還振旅。乃別撰舞曲、樂章。其鐃、鐸、雅、相、金錞、鼗鼓并引二舞等工人冠服，卽依樂令，而文德、武功之舞，請於郊廟仍舊通用。

又按唐貞觀十四年，景雲見，河水清，張文收採古朱鴈、天馬之義，作景雲河淸歌，名燕樂，元會第二奏〔三〕者是也。伏見今年荆南進甘露，京兆、果州進嘉禾，黃州進紫芝，和州進綠毛龜，黃州進白兔。欲依月律，撰神龜、甘露、紫芝、嘉禾、玉兔五瑞各一曲，每朝會登歌首奏之。

有詔：「二舞人數衣冠悉仍舊制，樂章如所請。」

六年，峴又言：「漢朝獲天馬、赤鴈、神鼎、白麟之瑞，並爲郊歌。國朝，合州進瑞木成文，馴象由遠方自至，秦州獲白烏，黃州獲白雀，並合播在筦絃，薦于郊廟。」詔峴作瑞文、馴象、玉烏、皓雀四瑞樂章，以備登歌。未幾，峴復言：「按開元禮，郊祀，車駕還宮入嘉德門，奏采茨之樂；入太極門，奏太和之樂。今郊祀禮畢，登樓肆赦，然後還宮，宮縣但用隆安，不用采茨。其隆安樂章本是御殿之辭，伏詳禮意，隆安之樂自內而出，采茨之樂自外而入，若不並用，有失舊典。今大樂署丞王光裕誦得唐日采茨曲，望依月律別撰其辭，每郊祀畢車駕初人，奏之。御樓禮畢還宮，卽奏隆安之樂。」並從之。太常寺又言：「準令，宗廟殿庭宮縣三十虡，郊社二十虡，殿庭加鼓吹十二案。開寶四年，郊祀誤用宗廟之數，今歲親郊，欲用舊禮。」有詔，圜丘增十六虡，餘依前制。

太宗太平興國二年，冬至上壽，復用教坊樂。九年，嵐州獻祥麟；雍熙中，蘇州貢白龜；端拱初，澶州河清，廣州鳳凰集；諸州麥兩穗、三穗者，連歲來上。有司請以此五瑞爲祥麟、丹鳳、河清、白龜、瑞麥之曲，薦于朝會，從之。

淳化二年，太子中允、直集賢院和㠓上言：「兄峴嘗於乾德〔四〕中約唐志故事，請改殿庭二舞之名，舞有六變之象，每變各有樂章，歌詠太祖功業。今覩來歲正會之儀，登歌五瑞之曲已從改製，則文武二舞亦當定其名。周易有『化成天下』之辭，謂文德也；漢史有『威加海內』之歌，謂武功也。望改殿庭舊用玄德升聞之舞爲化成天下之舞，天下大定之舞爲威加海內之舞。其舞六變：一變象登臺講武，二變象潭、泉奉土，三變象杭、越來朝，四變象克殄幷、汾，五變象肅清銀、夏，六變象兵還振旅。每變樂章各一首。」詔可。

三年，元日朝賀畢，再御朝元殿，羣臣上壽，復用宮縣、二舞，登歌五瑞曲，自此遂爲定制。㠓又請取今朝祥瑞之殊尤者作爲四瑞樂章，備郊廟奠獻，以代舊曲，詔從之。有司雖承詔，不能奉行，故今闕其曲。

太宗嘗謂舜作五絃之琴以歌南風，後王因之，復加文武二絃。至道元年，乃增作九絃琴、五絃阮，別造新譜三十七卷。凡造九絃琴宮調、鳳吟商調、角調、徵調、羽調、龍仙羽調、側蜀調、黃鍾調、無射商調、瑟調變弦法各一。制宮調鶴唳天弄、鳳吟商調鳳來儀弄、龍仙羽調八仙操，凡三曲。又以新聲被舊曲者，宮調四十三曲，商調十三曲，角調二十三曲，徵調十四曲，羽調二十六曲，側蜀調四曲，黃鍾調十九曲，無射商調七曲，瑟調七曲。造五弦阮宮調、商調、鳳吟商調〔五〕、角調、徵調、羽調、黃鍾調、無射商調、瑟調、碧玉調、慢角調、金羽調變弦法各一〔六〕。制宮調鶴唳天弄、鳳吟商調鳳來儀弄，凡二曲。又以新聲被舊曲者，宮調四十四曲、商調十三曲、角調十一曲、徵調十曲、羽調十曲、黃鍾調〔七〕十九曲、無射商調七曲、瑟調七曲、碧玉調十四曲、慢角調十曲、金羽調三曲。阮成，以示中書門下，因謂曰：「雅樂與鄭、衞不同，鄭聲淫，非中和之道。朕常思雅正之音可以治心，原古聖之旨，尙存遺美。琴七弦，朕今增之爲九，其名曰君、臣、文、武、禮、樂、正、民、心，則九奏克諧而不亂矣。阮四絃，增之爲五，其名曰：水、火、金、木、土，則五材並用而不悖矣。」因命待詔朱文濟、蔡裔齎琴、阮詣中書彈新聲，詔宰相及近侍咸聽焉。由是中外獻賦頌者數十人。二年，太常音律官田琮以九弦琴、五弦阮均配十二律，旋相爲宮，隔八相生，並協律呂，冠于雅樂，仍具圖以獻。上覽而嘉之，遷其職以賞焉。自是遂廢拱宸管。

眞宗咸平四年，太常寺言：「樂工習藝匪精，每祭享郊廟，止奏黃鍾宮一調，未嘗隨月轉律，望示條約。」乃命翰林侍讀學士夏侯嶠、判寺郭贄同按試，擇其曉習月律者，悉增月奉，自餘權停廩給，再俾學習，以奬勵之。雖頗振綱紀，然亦未能精備。蓋樂工止以年勞次補，而不以藝進，至有抱其器而不能振作者，故難於驟變。

景德二年八月，監察御史艾仲孺上言，請修飾樂器，調正音律，乃詔翰林學士李宗諤權判太常寺，及令內臣監修樂器。後復以龍圖閣待制戚綸同判寺事，乃命太樂〔八〕、鼓吹兩署工校其優劣，黜去濫吹者五十餘人。宗諤因編次律呂法度、樂物名數，目曰樂纂，又裁定兩署工人試補條式及肄習程課。

明年八月，上御崇政殿張宮縣閱試，召宰執、親王臨觀，宗諤執樂譜立侍。先以鍾磬按律準，次令登歌，鍾、磬、塤、篪、琴、阮、笙、簫各二色合奏，筝、瑟、筑三色合奏，迭爲一曲，復擊鎛鍾爲六變、九變。又爲朝會上壽之樂及文武二舞、鼓吹、導引、警夜之曲，頗爲精習。上甚悅。舊制，巢笙、和笙每變宮之際，必換義管，然難於遽易，樂工單仲辛遂改爲一定之制，不復旋易，與諸宮調皆協。又令仲辛誕唱八十四調曲，遂詔補副樂正，賜袍笏、銀帶，自餘皆賜衣帶、緡錢，又賜宗諤等器幣有差。自是，樂府制度頗有倫理。

先是，惟天地、感生帝、宗廟用樂，親祀用宮縣，有司攝事，止用登歌，自餘大祀，未暇備樂。時旣罷兵，垂意典禮，至是詔曰：「致恭明神，邦國之重事；升薦備樂，方册之彝章。矧在尊神，固當嚴奉。舉行舊典，用格明靈。自今諸大祠並宜用樂，皆同感生帝，六變、八變如通禮所載。」

大中祥符元年四月，詳定所言：「東封道路稍遠，欲依故事，山上圜臺及山下封祀壇前俱設登歌兩架，壇下設二十架幷二舞，其朝覲壇前亦設二十架，更不設熊羆十二案。」從之。

九月，都官員外郎、判太常禮院孫奭上言：「按禮文，饗太廟終獻降階之後，武舞止，太祝徹豆，豐安之樂作，一成止，然後理安之樂作，是謂送神。論語曰：『三家者以雍徹。』又周禮樂師職曰：『及徹，帥學士而歌徹。』鄭玄曰：『謂歌雍也。』郊祀錄載登歌徹豆一章，奏無射羽。然則宗廟之樂，禮有登歌徹豆，今於終獻降階之後卽作理安之樂，誠恐闕失，望依舊禮增用。」詔判太常寺李宗諤與檢討詳議以聞。宗諤等言：「國初撰樂章，有徹豆豐安曲辭，樂署因循不作，望如奭所奏。」從之。時以將行封禪，詔改酌獻昊天上帝禧安之樂爲封安，皇地祇禧安之樂爲禪安，飮福禧安之樂爲祺安，別製天書樂章瑞安、靈文二曲，每親行禮用之。又作醴泉、神芝、慶雲、靈鶴、瑞木五曲，施於朝會、宴享，以紀瑞應。

十月，眞宗親習封禪儀于崇德殿，覩亞獻、終獻皆不作樂，因令檢討故事以聞。有司按開寶通禮，親郊，壇上設登歌，皇帝升降、奠獻、飲福則作樂；壇下設宮縣，降神、迎俎、退文舞、引武舞、迎送皇帝則作。亞獻、終獻、升降在退文舞引武舞之間。有司攝事，不設宮架、二舞，故三獻、升降並用登歌。今山上設登歌，山下設宮縣、二舞，其山上圜臺亞獻、終獻準親祠例，無用樂之文。於是特詔亞、終獻並用登歌。

五年，聖祖降，有司言：「按唐太清宮樂章，皆明皇親製，其崇奉玉皇、聖祖及祖宗配位樂章，並望聖製。」詔可之。聖製薦獻聖祖文舞曰發祥流慶之舞，武舞曰降眞觀德之舞。自是，玉清昭應宮、景靈宮親薦皆備樂，用三十六虡。景靈宮以庭狹，止用二十虡。上又取太宗所撰萬國朝天曲曰同和之舞，平晉曲曰定功之舞，親作樂辭，奏于郊廟。自時厥後，仁宗以大明之曲尊眞宗，英宗以大仁之曲尊仁宗，神宗以大英之曲尊英宗。

仁宗天聖五年十月，翰林侍講學士孫奭言：「郊廟二舞失序，願下有司考議。」於是翰林學士承旨劉筠等議曰：「周人奏清廟以祀文王，執競以祀武王，漢高帝、文帝亦各有舞。至唐有事太廟，每室樂歌異名。蓋帝王功德旣殊，舞亦隨變。屬者，有司不詳舊制，奠獻止登歌而樂舞不作，其失明甚。請如舊制，宗廟酌獻復用文舞，皇帝還版位，文舞退，武舞入。

亞獻酌醴已，武舞作，至三獻已奠還位則止。蓋廟室各頌功德，故文舞迎神後各奏逐室之舞。郊祀則降神奏高安之曲，文舞已作及皇帝酌獻，惟登歌奏禧安之樂，而縣樂舞綴不作，亞獻、終獻仍用武舞。」詔從之。是時，仁宗始大朝會，羣臣上壽，作甘露、瑞木、嘉禾之曲。明道初，章獻皇太后御前殿，見羣臣，作玉芝、壽星、奇木連理之曲，厚德無疆、四海會同之舞。明年，太后躬謁宗廟，帝耕籍田、享先農，率有樂歌。其後親祀南郊、享太廟、奉慈廟、大享明堂、祫享，帝皆親製降神、送神、奠幣、瓚祼、酌獻樂章，餘詔諸臣爲之。至於常祀、郊廟、社稷諸祠，亦多親製。

景祐元年八月，判太常寺燕肅等上言：「大樂制器歲久，金石不調，願以周王朴所造律準考按修治，并閱樂工，罷其不能者。」乃命直史館宋祁、內侍李隨同肅等典其事，又命集賢校理李照預焉。於是，帝御觀文殿取律準閱視，親篆之，以屬太常。明年二月，肅等上考定樂器并見工人，帝御延福宮臨閱，奏郊廟五十一曲，因問照樂音高，命詳陳之。照言：「朴準視古樂高五律，視教坊樂高二律。蓋五代之亂，雅樂廢壞，朴剏意造準，不合古法，用之本朝，卒無福應。又編鍾、鎛、磬無大小、輕重、厚薄、長短之差，銅錫不精，聲韻失美，大者陵，小者抑，非中度之器也。昔軒轅氏命伶倫截竹爲律，後令神瞽協其中聲，然後聲應鳳鳴，而管之參差亦如鳳翅。其樂傳之亘古，不刊之法也。願聽臣依神瞽律法，試鑄編鍾一虡，可使度、量、權、衡協和。」乃詔於錫慶院鑄之。既成，奏御。

照遂建議請改制大樂，取京縣秬黍累尺成律，鑄鍾審之，其聲猶高。更用太府布帛尺爲法，乃下太常制四律。別詔潞州取羊頭山秬黍上送於官，照乃自爲律管之法，以九十黍之量爲四百二十星，率一星占九秒，一黍之量得四星六秒，九十黍得四百二十星，以爲十二管定法。乃詔內侍鄧保信監視羣工。照并引集賢校理聶冠卿爲檢討雅樂制度故實官，入內都知閻文應董其事，中書門下總領焉。凡所改制，皆關中書門下詳定以聞。別詔翰林侍讀學士馮元同祁、冠卿、照討論樂理，爲一代之典。又詔天下有深達鍾律者，在所亟以名聞。於是，杭州鄭向言阮逸、蘇州范仲淹言胡瑗皆通知古樂，詔遣詣闕。其他以樂書獻者，悉上有司。

五月，照言：「既改制金石，則絲、竹、匏、土、革、木亦當更制，以備獻享。」奏可。照乃鑄銅爲龠、合、升、斗四物，以興鍾、鎛聲量之法，龠之率六百三十黍爲黃鍾之容，合三倍於龠，升十二倍於合，斗十倍於升。乃改造諸器，以定其法。俄又以鎛之容受差大，更增六龠爲合，十合爲升，十升爲斗，銘曰「樂斗」。後數月，潞州上秬黍，照等擇大黍縱累之，檢考長短，尺成，與太府尺合，法乃定。

先時，太常鍾磬每十六枚爲虡，而四淸聲相承不擊，照因上言：「十二律聲已備，餘四淸聲乃鄭、衞之樂，請於編縣止留十二中聲，去四清聲，則哀思邪僻之聲無由而起也。」元等駁之曰：「前聖制樂，取法非一，故有十三管之和，十九管之巢，三十六簧之竽，二十五弦之瑟，十三弦之箏，九弦、七弦之琴，十六枚之鍾磬，各自取義，寧有一之於律呂專為十二數者？且鍾磬，八音之首，絲竹以下受之於均，故聖人尤所用心焉。春秋號樂，總言金奏；詩頌稱美，實依磬聲。此二器非可輕改。今照欲損為十二，不得其法，稽諸古制，臣等以為不可。且聖人既以十二律各配一鍾，又設黃鍾至夾鍾四清聲以附正聲之次，原四清之意，蓋為夷則至應鍾四宮而設也。夫五音：宮為君，商為臣，角為民，徵為事，羽為物。不相凌謂之正，迭相凌謂之慢，百王所不易也。聲重濁者為尊，輕清者為卑，卑者不可加於尊，古今之所同也。故列聲之尊卑者，事與物不與焉。何則？事為君治，物為君用，不能尊於君故也。惟君、臣、民三者則自有上下之分，不得相越。故四清聲之設，正謂臣民相避以為尊卑也。今若止用十二鍾旋相考擊，至夷則以下四管為宮之時，臣民相越，上下交戾，則凌犯之音作矣。此甚不可者也。其鍾、磬十六，皆本周、漢諸儒之說及唐家典法所載，欲損為十二，惟照獨見，臣以為且如舊制便。」帝令權用十二枚為一格，且詔曰：「俟有知者，能考四鍾協調清濁，有司別議以聞。」鍾舊飾旋蟲，改為龍。乃遣使採泗濱浮石千餘段以為縣磬。

先是，宋祁上言：「縣設建鼓，初不考擊，又無三鼗，且舊用諸鼓率多陋敝。」於是敕元等詳求典故而言曰：「建鼓四，今皆具而不擊，別設四散鼓於縣閒擊之，以代建鼓。乾德四年，祕書監尹拙上言：『散鼓不詳所置之由，且於古無文，去之便。』時雖奏可，而散鼓于今仍在。又雷鼓、靈鼓、路鼓〔九〕雖擊之皆不成聲，故常賴散鼓以爲樂節，而雷鼗、靈鼗、路鼗闕而未製。今既修正雅樂，謂宜申敕大匠改作諸鼓，使擊考有聲。及創爲三鼗，如古之制，使先播之，以通三鼓。罷四散鼓，如乾德詔書。」奏可。

時有上言，以爲雷鼓八面，前世用以迎神，不載考擊之法，而大樂所製，以柱貫中，故擊之無聲。更令改造，山趺上出雲以承鼓，刻龍以飾柱，面各一工擊鼓，一工左執鼗以先引。凡圜丘降神六變，初八面皆三擊，推而左旋，三步則止。三者，取陽數也。又載擊以爲節，率以此法至六成。靈鼓、路鼓亦如之。植建鼓于四隅，皆有左鞞、右應。乾隅，左鞞應鍾，亥之位也；中鼓黃鍾，子之位也；右應大呂，丑之位也。艮隅，左鞞太簇，寅之位也；中鼓夾鍾，卯之位也；右應姑洗，辰之位也。巽隅，右應仲呂，巳之位也；中鼓蕤賓，午之位也；左鞞林鍾，未之位也。坤隅，右應夷則，申之位也；中鼓南呂，酉之位也；左鞞無射，戌之位也。宜隨月建，依律呂之均擊之。後照等復以殿庭備奏，四隅既隨月協均，顧無以節樂，而周官鼓人「以晉鼓鼓金奏」，應以施用。詔依周官舊法製焉。於是縣內始有晉鼓矣。

古者，鎛鍾擊爲節檢，而無合曲之義，大射有二鎛，皆亂擊焉。後周以十二鎛相生擊之。景德中，李宗諤領太常，總考十二鎛鍾，而樂工相承，殿庭習用三調六曲。三調者，黃鍾、太簇、蕤賓也；六曲者，調別有隆安、正安二曲。郊廟之縣則環而擊之。宗諤上言曰：「金部之中，鎛鍾爲難和，一聲不及，則宮商失序，使十二鎛工皆精習，則遲速有倫，隨月用律，諸曲無不通矣。」眞宗因詔黃鍾、太簇二宮更增文舞、武舞、福酒三曲。至是，詔元等詢考擊之法，元等奏言：「後周嘗以相生之法擊之，音韻克諧，國朝亦用隨均合曲，然但施殿庭，未及郊廟。謂宜使十二鍾依辰列位，隨均爲節，便於合樂，仍得幷施郊廟。若軒縣以下則不用此制，所以重備樂尊王制也。」詔從焉。

隋制，內宮縣二十虡，以大磬代鎛鍾而去建鼓。唐武后稱制，改用鍾，因而莫革。及是，乃詔訪元等曰：「大磬應何法考擊，何禮應用？」元等具言：「古者，特磬以代鎛鍾，本施內宮，遂及柔祀，隋、唐之代，繼有因改。先皇帝東禪梁甫，西瘞汾陰，並仍舊章，陳於縣奏。若其所用，吉禮則中宮之縣，祀禮則皇地祇、神州地祇、先蠶、今之奉慈廟、后廟，皆應陳設。宮縣則三十六虡，去四隅建鼓，如古便。若考擊之法，謂宜同於鎛鍾。比緣詔旨，不俾循環互擊，而立依均合曲之制，則特磬固應不出本均，與編磬相應，爲樂之節也。」詔可。

九月，翰林學士承旨章得象等言：「宋祁所上大樂圖義，其論武舞所執九器，經、禮但舉其凡而不著言其用後先，故旅進輩作而無終始之別。且鼗者，所謂導舞也；鐸者，所謂通鼓也；錞者，所謂和鼓也；鐃者，所謂止鼓也；相者，所謂輔樂也；雅者，所謂陔步也。寧有導舞方始而參以止鼓，止鼓既搖而亂以通鐸？臣謂當舞入之時，左執干，右執戚，離爲八列，別使工人執旌最前，鼗、鐸以發之，錞以和之，左執相以輔之，右執雅以節之。及舞之將成也，則鳴鐃以退行列，築雅以陔步武，鼗、鐸、錞、相皆止而不作。如此則庶協舞儀，請如祁所論。」其冬，帝躬款奉慈廟，樂縣罷建鼓，始以磬代鎛鐘。

禮官又言：「春秋隱公五年：『考仲子之宮，初獻六羽。』何休、范甯等咸謂，不言佾者，明佾則干舞在其中，婦人無武事，獨奏文樂也。江左宋建平、王宏皆據以爲說，故章皇后廟獨用文舞。至唐垂拱以來，中宮之縣既用鎛鐘，其後相承，故儀坤等廟獻武舞，備鐘石之樂，尤爲失禮。前詔議奉慈之樂，有司援舊典，已用特磬代鎛鐘，取陰教尚柔，以靜爲體。今樂去大鐘而舞進干盾，頗戾經旨，請止用文德之舞。」奏可。

大樂塤，舊以漆飾，敕令黃其色，以本土音。或奏言：「柷，舊以方畫木爲之，外圖以時卉則可矣，而中設一色，非稱也。先儒之說曰：『有柄，連底挏之。』鄭康成以爲設椎其中撞之。今當揔法垂久，用明制作之意有所本焉。柷之中，東方圖以青，隱而爲青龍；南方圖以赤，隱而爲丹鳳；西方圖以白，隱而爲騶虞；北方圖以黑，隱而爲靈龜；中央圖以黃，隱而爲神螾。撞擊之法，宜用康成之說。」從之。又詔以新製雙鳳管付大樂局，其制，合二管以足律聲，管端刻飾雙鳳，施兩簧焉。照因自造葦籥、清管、簫管、清笛、雅笛〔一〇〕、大笙、大竽、宮琴、宮瑟、大阮、大嵇，凡十一種，求備雅器。詔許以大竽、大笙二種下大樂用之。

時又出兩儀琴及十二弦琴二種，以備雅樂。兩儀琴者，施兩弦、十二柱〔一一〕；十二弦琴者，如常琴之制而增其弦，皆以象律呂之數。又勑更造七弦、九弦琴，皆令圓其首者以祀天，方其首者以祀地。

帝乃親製樂曲，以夾鍾之宮、黃鍾之角、太簇之徵、姑洗之羽，作景安之曲，以祀昊天。更以高安祀五帝、日月，作太安以享景靈宮，罷舊眞安之曲。以黃鍾之宮、大呂之角、太簇之徵、應鍾之羽作興安，以獻宗廟，罷舊理安之曲。景安、興安惟乘輿親行則用之。以姑洗之角、林鍾之徵、黃鍾之宮、太簇之角、南呂之羽作祐安之曲，以酌獻五帝。以林鍾之宮、太簇之角、姑洗之徵、南呂之羽作寧安之曲，以祭地及太社、太稷，罷舊靖安之曲。

于時制詔有司，以太祖、太宗、眞宗三聖並侑，乃以黃鍾之宮作廣安之曲以奠幣、彰安之曲以酌獻。又詔，躬謁奉慈廟章獻皇后之室，作達安之曲以奠瓚、厚安以酌獻；章懿皇后之室，作報安之曲以奠瓚、衍安以酌獻。皇帝入出作乾安，罷舊隆安之曲。常祀：至日祀圜丘，太祖配，以黃鍾之宮作定安以奠幣、英安以酌獻；孟春祀感生帝，宣祖配，以太簇之宮作皇安以奠幣、肅安以酌獻；祈穀祀昊天，太宗〔一二〕配，作仁安以奠幣、紹安以酌獻；孟夏雩上帝，太祖配，以仲呂之宮作獻安以奠幣、感安以酌獻；夏至祭皇地祇，太祖配，以蕤賓之宮作恭安以奠幣、英安以酌獻；季秋大饗明堂，眞宗配，以無射之宮作誠安以奠幣、德安以酌獻；孟冬祭神州地祇，太宗配，以應鍾之宮作化安以奠幣、韶安以酌獻。又造沖安之曲，以七均演之爲八十四〔三〕，皆作聲譜以授有司，沖安之曲獨未施行。親製郊廟樂章二十一曲，財成頌體，告于神明，詔宰臣呂夷簡等分造樂章，參施羣祀。

又爲景祐樂髓新經，凡六篇：第一，釋十二均；第二，明所主事；第三，辨音聲；第四，圖律呂相生，并祭天地、宗廟用律及陰陽數配；第五，十二管長短；第六，歷代度、量、衡。皆本之於陰陽，配之於四時，建之於日辰，通之於鞮竺，演之於壬式遁甲之法，以授樂府，以考正聲，以賜羣臣焉。

初，照等改造金石所用員程凡七百十四：攻金之工百五十三，攻木之工二百十六，攻皮之工四十九，刮摩之工九十一，搏埴之工十六，設色之工百八十九。起五月，止九月，成金石具七縣。至於鼓吹及十二案，悉修飾之。令冠卿等纂景祐大樂圖二十篇，以載鎔金鑄石之法、歷世八音諸器異同之狀、新舊律管之差。是月，與新樂并獻於崇政殿，詔中書、門下、樞密院大臣預觀焉。自董監而下至工徒凡七百餘人，進秩賞賜各有差。其年十一月，有事南郊，悉以新樂并聖製及諸臣樂章用之。

先是，左司諫姚仲孫言：「照所製樂多詭異，至如煉白石以爲磬，範中金以作鍾，又欲以三辰、五靈爲樂器之飾。臣愚，竊有所疑。自祖宗考正大樂，薦之郊廟，垂七十年，一旦黜廢而用新器，臣竊以爲不可。」御史曹脩睦亦爲言。帝既許照制器，且欲究其術之是非，故不聽焉。

校勘記

〔一〕終獻　原脫，據宋會要樂四之一〇補。

〔二〕寶儼　「儼」原作「儀」，據本卷上文、宋會要樂一之一改。

〔三〕第二奏　舊唐書卷二八音樂志作「第一奏」。

〔四〕乾德　原作「景德」，據上文及玉海卷一〇七改。

〔五〕鳳吟商調　「商」字原脫，據宋會要樂四之一四補。

〔六〕金羽調變弦法各一　「各一」二字原脫，據宋會要樂四之一四補。

〔七〕黃鍾調　「調」字原脫，據宋會要樂四之一四補。

〔八〕太樂　「太」下原衍「常」字，據宋會要樂四之一五、玉海卷一〇五刪。

〔九〕路鼓　原脫，據宋會要樂二之三、長編卷一一七補。

〔一〇〕雅笛　原脫，據宋會要樂二之五補。

〔一一〕十二柱　原脫，據宋會要樂二之五補。

〔一二〕太宗　「宗」原作「祖」，據本書卷一三一樂志、卷九九禮志和宋會要樂二之六改。

〔一三〕以七均演之爲八十四　「演」字原脫，據宋會要樂二之六、長編卷一一六補。

宋史卷一百二十七

志第八十

樂二

景祐三年七月，馮元等上新修景祐廣樂記八十一卷，詔翰林學士丁度、知制誥胥偃、直史館高若訥、直集賢院韓琦取鄧保信、阮逸、胡瑗等鍾律，詳定得失可否以聞。

九月，阮逸言：「臣等所造鍾磬皆稟於馮元、宋祁，其分方定律又出於胡瑗算術，而臣獨執周禮嘉量聲中黃鍾之法及國語鈞鍾紘準之制，皆抑而不用。臣前蒙召對，言王朴律高而李照鍾下。竊覩御製樂髓新經歷代度量衡篇，言隋書依漢志黍尺制管，或不容千二百，或不啻九寸之長，此則明班志已後，歷代無有符合者。惟蔡邕銅籥本得於周禮遺範，邕自知音，所以只傳銅籥，積成嘉量，則是聲中黃鍾而律本定矣。謂管有大小長短者，蓋嘉量既成，即以量聲定尺，明矣。今議者但爭漢志黍尺無準之法，殊不知鍾有鈞、石、量、衡之制。況周禮、國語，姬代聖經，飜謂無憑，孰爲稽古？有唐張文收定樂，亦鑄銅甌，此足驗周之嘉量以聲定律，明矣。臣所以獨執周禮鑄嘉量者，以其方尺深尺，則度可見也；其容一鬴，則量可見也；其重鈞，則衡可見也；聲中黃鍾之宮，則律可見也。既律、度、量、衡如此符合，則制管歌聲，其中必矣。臣昧死欲乞將臣見鑄成銅甌，再限半月內更鑄嘉量，以其聲中黃鍾之宮，乃取李照新鍾就加修整，務合周制鍾量法度。文字已編寫次，未敢具進。」詔送度等幷定以聞。

十月，度等言：「據鄧保信黍尺二，其一稱用上黨秬黍圓者一黍之長，累百成尺，與蔡邕合。臣等檢詳前代造尺，皆以一黍之廣爲分，唯後魏公孫崇以一黍之長累爲寸法〔二〕，太常劉芳以秬黍中者一黍之廣卽爲一分，中尉元匡〔三〕以一黍之廣度黍二縫以取一分，三家競不能決。而蔡邕銅龠，本志中亦不明言用黍長廣累尺。今將保信黃鍾管內秬黍二百粒以黍長爲分，再累至尺二條，比保信元尺一長五黍，一長七黍。又律管黃鍾龠一枚，容秬黍千二百粒，以元尺比量，分寸略同。復將實龠秬黍再累者校之，卽又不同。其龠、合、升、斗亦皆類此。又阮逸、胡瑗鍾律法黍尺，其一稱用上黨羊頭山秬黍中者累廣求尺，制黃鍾之聲。臣等以其大黍百粒累廣成尺，復將管內二百粒以黍廣爲分，再累至尺二條〔三〕，比逸等元尺，一短七黍，一短三黍。蓋逸等元尺並用一等大黍，其實管之黍大小不均，遂致差異。又其銅律管十二枚，臣等據楚衍等圜九方分之法，與逸等元尺及所實龠秬黍再累成尺者校之，又各不同。又所製銅稱二量亦皆類此。臣等看詳其鍾、磬各一架，雖合典故，而黍尺一差，難以定奪。」又言：「太祖皇帝嘗詔和峴等用景表尺典修金石，七十年間，薦之郊廟，稽合唐制，以示詒謀。則可且依景表舊尺，俟天下有妙達鍾律之學者，俾考正之，以從周、漢之制。其阮逸、胡瑗、鄧保信并李照所用太府寺等尺及阮逸狀進周禮度量法，其說疏舛，不可依用。」

五年五月，右司諫韓琦言：「臣前奉詔詳定鍾律，嘗覽景祐廣樂記，覩照所造樂不依古法，皆率己意別爲律度，朝廷因而施用，識者非之。今將親祀南郊，不可重以違古之樂上薦天地、宗廟。竊聞太常舊樂，見有存者，郊廟大禮，請復用之。」詔資政殿大學士宋綬、三司使晏殊同兩制官詳定以聞。七月，綬等言：「李照新樂比舊樂下三律，衆論以爲無所考據。願如琦請，郊廟復用和峴所定舊樂，鍾磬不經鑴磨者猶存三縣奇七虡〔四〕，郊廟、殿庭可以更用。」太常亦言：「舊樂，宮縣用龍鳳散鼓四面，以應樂節，李照廢而不用，止以晉鼓一面應節。舊樂，建鼓四，并鞞、應共十二面，備而不擊，李照以四隅建鼓與鎛鍾相應擊之。舊樂，雷鼓兩架各八面，止用一人考擊，李照別造雷鼓，每面各用一人椎鼓，順天左旋，三步一止，又令二人搖鞉以應之。又所造大竽、大笙、雙鳳管、兩儀琴、十二絃琴並行。今既復用舊樂，未審照所作樂器制度，合改與否？」詔：「悉仍舊制，其李照所作，勿復施用。」

康定元年，阮逸上鍾律制議幷圖三卷。皇祐二年五月，明堂禮儀使言：「明堂所用樂皆當隨月用律，九月以無射爲均，五天帝各用本音之樂。」於是內出明堂樂曲及二舞名：迎神曰誠安；皇帝升降行止曰儀安；昊天上帝、皇地祇、神州地祇位奠玉幣曰鎭安，酌獻曰慶安；太祖、太宗、眞宗位奠幣曰信安，酌獻曰孝安；司徒奉俎曰饎安；五帝位奠玉幣曰鎭安，酌獻曰精安；皇帝飮福曰胙安；退文舞、迎武舞、亞獻、終獻皆曰穆安，徹豆曰歆安，送神曰誠安，歸大次曰憩安；文舞曰右文化俗，武舞曰威功睿德。又出御撰樂章鎭安、慶安、信安、孝安四曲，餘詔輔臣分撰。庚戌，詔：「御所撰樂曲名與常祀同者，更之。」遂更常所用圜丘寓祭明堂誠安之曲曰宗安，祀感生帝慶安之曲曰光安，奉慈廟信安之曲曰慈安。

六月，內出御撰明堂樂八曲，以君、臣、民、事、物配屬五音，凡二十聲爲一曲；用宮變、徵變者，天、地、人、四時爲七音，凡三十聲爲一曲；以子母相生，凡二十八聲爲一曲：皆黃鍾爲均。又明堂月律五十七聲爲二曲，皆無射爲均；又以二十聲、二十八聲、三十聲爲三曲，亦無射爲均，皆自黃鍾宮入無射。如合用四十八或五十七聲，卽依前譜次第成曲，其徹聲自同本律。及御撰鼓吹、警嚴曲、合宮歌並肄于太常。

是月，翰林學士承旨王堯臣等言：

奉詔與參議阮逸所上編鍾四淸聲譜法，請用之於明堂者。竊以律呂旋宮之法既定以管，又制十二鍾準爲十二正聲，以律計自倍半。說者云：「半者，準正聲之半，以爲十二子聲之鍾，故有正聲、子聲各十二。」子聲卽淸聲也。其正管長者爲均，自用正聲；正管短者爲均，則通用子聲而成五音。然求聲之法，本之於鍾，故國語所謂「度律均鍾」者也。

其編金石之法，則歷代不同，或以十九爲一虡者，蓋取十二鍾當一月之辰，又加七律焉；或以二十一爲一虡者，以一均聲更加濁倍；或以十六爲一虡者，以一均淸、正爲十四〔五〕，宮、商各置一，是謂「縣八用七」也；或以二十四爲一虡，則淸、正之聲備。故唐制以十六數爲小架，二十四爲大架，天地、宗廟、朝會各有所施。

今太常鍾縣十六者，舊傳正聲之外有黃鍾至夾鍾四淸聲，雖於圖典未明所出，然考之實有義趣。蓋自夷則至應鍾四律爲均之時，若盡用正聲，則宮輕而商重，緣宮聲以下，不容更有濁聲。一均之中，宮弱商彊，是謂陵僭，故須用子聲，乃得長短相叙。自角而下，亦循茲法。故夷則爲宮，則黃鍾爲角；南呂爲宮，則大呂爲角；無射爲宮，則黃鍾爲商、太簇爲角；應鍾爲宮，則大呂爲商、夾鍾爲角。蓋黃鍾、大呂、太簇、夾鍾正律俱長，並當用淸聲，如此則音律相諧而無所抗，此四淸聲〔六〕可用之驗也。至他律爲宮，其長短、尊卑自序者，不當更以淸聲間之。

自唐末世，樂文墜缺，考擊之法久已不傳。今若使匏、土、絲、竹諸器盡求淸聲，卽未見其法。又據大樂諸工所陳，自磬、簫、琴、和、巢笙五器本有淸聲，塤、篪、竽、筑、瑟五器本無淸聲，五絃阮、九絃琴則有太宗皇帝聖制譜法。至歌工引音極唱，止及黃鍾淸聲。

臣等參議，其淸、正二聲旣有典據，理當施用。自今大樂奏夷則以下四均正律爲宮之時，商、角依次並用淸聲，自餘八均盡如常法。至於絲、竹等諸器舊有淸聲者，令隨鍾石敎習；本無淸聲者，未可輙意求法，且當如舊。惟歌者本用中聲，故夏禹以聲爲律，明人皆可及。若彊所不至，足累至和。請止以正聲作歌，應合諸器亦自是一音，別無差戾。其阮逸所上聲譜，以淸濁相應，先後互擊，取音靡曼，近於鄭聲，不可用。

詔可。

七月，御撰明堂無射宮樂曲譜三，皆五十七字，五音一曲，奉俎用之；二變七律一曲，飲福用之；七律相生一曲，退文舞、迎武舞及亞獻、終獻、徹豆用之。

是月，上封事者言：「明堂酌獻五帝精安之曲，並用黃鍾一均聲，此乃國朝常祀、五時迎氣所用舊法，若於親行大饗，卽所未安。且明堂之位，木室在寅，火室在巳，金室在申，水室在亥，蓋木、火、金、水之始也；土室在西南，蓋土王之次也。既皆用五行本始所王之次，則獻神之樂亦當用五行本始月律，各從其音以爲曲。其精安五曲，宜以無射之均：太簇爲角，獻青帝；仲呂爲徵，獻赤帝；林鍾爲宮，獻黃帝；夷則爲商，獻白帝；應鍾爲羽，獻黑帝。」詔兩制官同太常議，而堯臣等言：「大饗日迫，事難猝更。」詔俟過大禮詳定以聞。

九月，帝服鞾袍，御崇政殿，召近臣、宗室、館閣、臺諫官閱雅樂，自宮架、登歌、舞佾之奏凡九十一曲徧作之，因出太宗琴、阮譜及御撰明堂樂曲音譜，并按習大樂新錄，賜羣臣。又出新製頌塤、匏笙、洞簫，仍令登歌以八音諸器各奏一曲，遂召鼓吹局按警場，賜大樂、鼓吹令丞至樂工徒吏緡錢有差。帝既閱雅樂，謂輔臣曰：「作樂崇德，薦之上帝，以配祖考。今將有事于明堂，然世鮮知音，其令太常並加講求。」時言者以爲鎛鍾、特磬未協音律，詔令鄧保信、阮逸、盧昭序同太常檢詳典禮，別行鑄造。太常薦太子中舍致仕胡瑗曉音，詔同定鍾磬制度。

閏十一月，詔曰：

朕聞古者作樂，本以薦上帝、配祖考，三、五之盛，不相沿襲，然必太平，始克明備。周武受命，至成王時始大合樂；漢初亦沿舊樂，至武帝時始定泰一、后土樂詩；光武中興，至明帝時始改「大予」之名；唐高祖造邦，至太宗時孝孫、文收始定鍾律，明皇方成唐樂。是知經啓善述，禮樂重事，須三四世，聲文乃定。

國初亦循用王朴、竇儼所定周樂，太祖患其聲高，遂令和峴減一律，眞宗始議隨月轉律之法，屢加按覈。然念樂經久墜，學者罕傳，歷古研覃，亦未究緒〔七〕。頃雖博加訪求，終未有知聲、知經可信之人。嘗爲改更，未適茲意。中書門下其集兩制及太常禮樂官，以天地、五方、神州、日月、宗廟、社蜡祭享所用登歌、宮縣，審定聲律是非，按古合今，調諧中和，使經久可用，以發揚祖宗之功德，朕何憚改爲？但審聲、驗書，二學鮮並，互詆胸臆，無所援據，慨然希古，靡忘于懷。

於是中書門下集兩制、太常官，置局於祕閣，詳定大樂。王堯臣等言：天章閣待制趙師民博通今古，願同詳定，及乞借參知政事高若訥所校十五等古尺。並從之。

三年正月，詔徐、宿、泗、耀、江、鄭、淮陽七州軍采磬石，仍令諸路轉運司訪民間有藏古尺律者上之。二月，詔兩制及禮官參稽典制，議定國朝大樂名，中書門下審加詳閱以聞。初，胡瑗請太祖廟舞用干戚，太宗廟兼用干羽，眞宗廟〔八〕用羽籥，以象三聖功德。然議者謂國朝七廟之舞，名雖不同，而干羽並用，又廟制與古異。及瑗建言，止降詔定樂名而已。

七月，堯臣等言：「按太常天地、宗廟、四時之祀，樂章凡八十九曲，自景安而下七十五章，率以『安』名曲，豈特本道德、政教嘉靖之美，亦緣神靈、祖考安樂之故。臣等謹上議，國朝樂宜名大安。」詔曰：「朕惟古先格王隨代之樂〔九〕，亦旣制作，必有稱謂，緣名以討義，繇義以知德。蓋名者，德之所載，有行遠垂久之效焉〔一〇〕。故韶以紹堯，夏以承舜，濩以救民，武以象伐，傳之不朽，用此道也。國家舉墜正失，典章交備，獨斯體大而有司莫敢易言之。朕憫然念茲，大懼列聖之休未能昭揭於天下之聽，是用申敕執事，遠求博講而考定其衷。今禮官、學士洎三有事之臣，同寅一辭，以大安之議來復。且謂：藝祖之戡暴亂也，安天下之未安，其功大；二宗之致太平也，安天下之旣安，其德盛；洎朕之承聖烈也，安祖宗之所安〔一一〕，其仁厚。祗覽所議，熟復于懷。恭惟神德之造基，神功之戢武，章聖恢清淨之治，沖人蒙成定之業，雖因世之迹各異，而靖民之道同歸。以之播鍾球、文羽籥、用諸郊廟、告於神明，曰『大』且『安』，誠得其正。」

十二月〔一二〕，召兩府及侍臣觀新樂于紫宸殿，凡鑄鍾十二：黃鍾高二尺二寸半，于廣一尺二寸〔一三〕，鼓六，鉦四，舞六，甬、衡并旋蟲高八寸四分，遂徑二寸二分，深一寸二釐，篆帶每面縱者四，橫者四，枚景挾鼓與舞，四處各有九，每面共三十六，兩欒間一尺四寸，容九斗九升五合，重一百六斤；大呂以下十一鍾並與黃鍾同制，而兩欒間遞減半分〔一四〕；至應鍾容九斗三升五合，而其重加至應鍾重一百四十八斤：並中新律本律。特磬十二：黃鍾、大呂股長二尺，博一尺，鼓三尺，博六寸九分寸之六，絃三尺七寸五分；太簇以下股長尺八寸，博九寸，鼓二尺七寸，博六寸，絃三尺三寸七分半，其聲各中本律。黃鍾厚二寸一分，大呂以下遞加其厚，至應鍾厚三寸五分。詔以其圖送中書。議者以爲周禮：「大鍾十分其鼓間，以其一爲之厚；小鍾十分其鉦間，以其一爲之厚。」則是大鍾宜厚，小鍾宜薄。今大鍾重一百六斤，小鍾乃重一百四十八斤，則小鍾厚，非也。又：「磬氏爲磬，倨句一矩有半，博爲一，股爲二，鼓爲三。參分其股博，去其一以爲鼓博；三分其鼓博，以其一爲之厚。」今磬無博厚、無長短，亦非也。

五年四月，命參知政事劉沆、梁適監議大樂。是月，知制誥王洙奏：「黃鍾爲宮最尊者，但聲有尊卑耳，不必在其形體也。言鍾磬依律數爲大小之制者，經典無正文，惟鄭康成立意言之，亦自云假設之法。孔穎達作疏，因而述之。據歷代史籍，亦無鍾磬依律數大小之說〔五〕，其康成、穎達等即非身曾制作樂器。至如言『磬前長三律，二尺七寸；後長二律，一尺八寸，是磬有大小之制』者〔六〕，據此以黃鍾爲律。臣曾依此法造黃鍾特磬者，止得林鍾律聲。若隨律長短爲鍾磬大小之制〔七〕，則黃鍾長二尺二寸半，減至應鍾，則形制大小比黃鍾才四分之一。又九月、十月以無射、應鍾爲宮，即黃鍾、大呂反爲商聲，宮小而商大，是君弱臣彊之象。今參酌其鑄鍾、特磬制度，欲且各依律數，算定長短、大小、容受之數，仍以皇祐中黍尺爲法，鑄大呂、應鍾鍾磬各一，即見形制、聲韻所歸。」奏可。

五月，翰林學士承旨王拱辰言：「奉詔詳定大樂，比臣至局，鍾磬已成。竊緣律有長短，磬有大小，黃鍾九寸最長，其氣陽，其象土，其正聲爲宮，爲諸律之首，蓋君德之象，不可並也。今十二鍾磬，一以黃鍾爲率，與古爲異。臣等亦嘗詢逸、瑗等，皆言『依律大小，則聲不能諧』。故臣竊有疑，請下詳定大樂所，更稽古義參定之。」是月，知諫院李兌言：「曩者紫宸殿閱太常新樂，議者以鍾之形制未中律度，遂斥而不用，復詔近臣詳定。竊聞崇文院聚議，而王拱辰欲更前史之義，王洙不從，議論喧嘖。夫樂之道，廣大微妙，非知音入神，豈可輕議？西漢去聖尚近，有制氏世典大樂，但能紀其鏗鏘，而不能言其義。況今又千餘年，而欲求三代之音，不亦難乎？且阮逸罪廢之人，安能通聖明述作之事？務爲異說，欲規恩賞。朝廷制樂數年，當國財匱乏之時，煩費甚廣。器既成矣，又欲改爲，雖命兩府大臣監議，然未能裁定其當。請以新成鍾磬與祖宗舊樂參校其聲，但取諧和近雅者合用之。」

六月，帝御紫宸殿奏太常新定大安之樂，召輔臣至省府、館閣預觀焉，賜詳定官器幣有差。八月，詔：「南郊姑用舊樂，其新定大安之樂，常祀及朝會用之。」翰林學士胡宿上言：「自古無並用二樂之理，今舊樂高，新樂下，相去一律，難並用。且新樂未施郊廟，先用之朝會，非先王薦上帝、配祖考之意。」帝以爲然。九月，御崇政殿，召近臣、宗室、臺諫、省府推判官觀新樂并新作晉鼓。乃以瑗爲大理寺丞，逸復尚書屯田員外郎，保信領榮州防禦使，入內東頭供奉官賈宣吉爲內殿承制，並以制鍾律成，特遷之。

至和元年，言者多以陰陽不和由大樂未定。帝曰：「樂之不合於古，久矣。水旱之來，繫時政得失，豈樂所召哉？」二年，潭州上瀏陽縣所得古鍾，送太常。初，李照斥王朴樂音高，乃作新樂，下其聲。太常歌工病其太濁，歌不成聲，私賂鑄工，使減銅齊，而聲稍淸，歌乃協。然照卒莫之辨。又朴所制編鍾皆側垂，照、瑗皆非之。及照將鑄鍾，給銅於鑄瀉務，得古編鍾一，工人不敢毀，乃藏於太常。鍾不知何代所作，其銘云：「粵朕皇祖寶龢鍾，粵斯萬年，子子孫孫永寶用。」叩其聲，與朴鍾夷則淸聲合，而其形側垂。瑗後改鑄，正其鈕，使下垂，叩之弇鬱而不揚。其鏄鍾又長甬而震掉，聲不和。著作佐郎劉羲叟謂人曰：「此與周景王無射鍾無異，上將有眩惑之疾。」嘉祐元年正月，帝御大慶殿受朝，前一夕，殿庭設仗衛，旣具而大雨雪，至壓宮架折，帝於禁中跣而告天，遂暴感風眩，人以羲叟之言爲驗。八月，御製恭謝樂章。是月，詔恭謝用舊樂。

四年九月，御製祫享樂舞名：僖祖奏大基，順祖奏大祚，翼祖奏大熙，宣祖奏大光，太祖奏大統，太宗奏大昌，眞宗奏大治，孝惠皇后奏淑安，孝章皇后奏靜安，淑德皇后奏柔安，章懷皇后奏和安，迎神、送神奏懷安，皇帝升降奏肅安，奠瓚奏顧安，奉俎、徹豆奏充安，飮福奏禧安，亞獻、終獻奏祐安，退文舞、迎武舞奏顯安，皇帝歸大次奏定安，登樓禮成奏聖安，駕同奏采茨；文舞曰化成治定，武舞曰崇功昭德。帝自製迎神、送神樂章，詔宰臣富弼等撰大祚至采茨曲詞十八。七年八月，御製明堂迎神樂章，皆肄于太常。

翰林學士王珪言：「昔之作樂，以五聲播於八音，調和諧合而與治道通，先王用於天地、宗廟、社稷，事于山川鬼神，使鳥獸盡感，況於人乎？然則樂雖盛而音虧，未知其所以爲樂也。今郊廟升歌之樂，有金、石、絲、竹、匏、土、革而無木音。夫所謂柷、敔者，聖人用以著樂之始終，顧豈容有缺耶？且樂莫隆於韶，書曰『戛擊』，是柷、敔之用。既云下而擊鼗，知鳴球與柷、敔之在堂，故傳曰：『堂上堂下，各有柷、敔也。』今陛下躬祠明堂，宜詔有司考樂之失而合八音之和。」於是下禮官議，而堂上始置柷、敔。

又祕閣校理裴煜奏：「大祠與國忌同者，有司援舊制，禮樂備而不作。忌日必哀，志有所至，其不有樂，宜也。然樂所以降格神祇，非以適一己之私也。謹案開元中禮部建言，忌日享廟應用樂。裴寬立議，廟尊忌卑則作樂，廟卑忌尊則備而不奏。中書令張說以寬議爲是。宗廟如此，則天地、日月、社稷之祠用樂，明矣。臣以爲凡大祠天地、日月、社稷與忌日同者，伏請用樂，其在廟則如寬之議。所冀略輕存重，不失其稱。」下其章禮官，議曰：「傳稱祭天以煙爲歆神之始，以血爲陳饌之始；祭地以埋爲歆神之始，以血爲陳饌之始；宗廟以灌爲歆神之始，以腥爲陳饌之始。然則天地、宗廟皆以樂爲致神之始，故曰大祭有三始，謂此也。天地之間虛豁而不見其形者，陽也。鬼神居天地之間，不可以人道接也。聲屬於陽，故樂之音聲號呼召於天地之間，庶幾神明聞之，因而來格，故祭必求諸陽。商人之祭，先奏樂以求神，先求於陽也；次灌地求神於陰，達于淵泉也。周人尚臭，四時之祭，先灌地以求神，先求諸陰也。然則天神、地祇、人鬼之祀不可去樂，明矣。今七廟連室，難分廟忌之尊卑，欲依唐制及國朝故事：廟祭與忌同日，並縣而不作；其與別廟諸后忌同者，作之；若祠天地、日月、九宮、太一及蜡百神，並請作樂；社稷以下諸祠既卑於廟，則樂可不作。」翰林學士王珪等以爲：「社稷，國之所尊，其祠日若與別廟諸后忌同者，伏請亦不去樂。」詔可。

英宗治平元年六月，太常寺奏，仁宗配饗明堂，奠幣歌誠安，酌獻歌德安。二年九月，禮官李育上言：「南郊、太廟二舞郎總六十八，文舞罷，舍羽籥，執干戚，就爲武舞。臣謹按舊典，文武二舞各用八佾，凡祀圜丘、祀宗廟，太樂令率工人以入，就位，文舞入，陳於架北，武舞立於架南。又文舞出，武舞入，有送迎之曲，名曰舒和，亦曰同和，凡三十一章，止用一曲。是進退同時，行綴先定，步武容體，各應樂節。夫玄德升聞之舞〔六〕象揖讓，天下大定之舞象征伐，柔毅舒急不侔，而所法所習亦異，不當中易也。竊惟天神皆降，地祇皆出，八音克諧，祖考來格，天子親執珪幣，『相維辟公』，『嚴恭寅畏』，可謂極矣。而舞者紛然縱橫於下，進退取舍，蹙迫如是，豈明有德、象有功之誼哉？國家三年而躬一郊，同殿而享八室，而舞者闕如，名曰二舞，實一舞也。且如大朝會所以宴臣下，而舞者備其數；郊廟所以事天地、祖考，而舞者減其半：殊未爲稱。事有近而不可迹，禮有繁而不可省，所繫者大，而有司之職不敢廢也。伏請南郊、太廟文武二舞各用六十四人，以備帝王之禮樂，以明祖宗之功德。」奏可。

四年八月，學士院建言：「國朝宗廟之樂，各以功德名舞。洪惟英宗，繼天遵業，欽明勤儉，不自暇逸。踐祚未幾，而恩行威立，固已超軼百王之上。今厚陵復土，祔廟有期，而樂名未立，亡以詔萬世。請上樂章及名廟所用舞曰大英之舞。」自後禮官、御史有所建明，而詳定朝會及郊廟禮文官於樂節有議論，率以時考正之。

神宗熙寧九年，禮官以宗廟樂節而有請者三：

其一、今祠太廟興安之曲，舉柷而聲已過，舉敔而聲不止，則始終之節未明。請祠祭用樂，一奏將終，則戛敔而聲少止，擊柷則樂復作，以盡合止之義。

其二、大樂降神之樂，均聲未齊，短長不協，故舞行疾徐亦不能一。請以一曲爲一變，六變用六，九變用九，則樂舞始終莫不應節。

其三、周人尙臭，蓋先灌而後作樂；本朝宗廟之禮多從周，請先灌而後作樂。

元豐二年，詳定所以朝會樂而有請者十：

其一、唐元正、冬至大朝會，迎送王公用舒和，開元禮以初入門舒和之樂作，至位，樂止。蓋作樂所以待王公，今中書、門下、親王、使相先於丹墀上東西立，皇帝升御坐，乃奏樂引三品以上官，未爲得禮。請侍從及應赴官先就立位，中書、門下、親王、使相、諸司三品、尙書省四品及宗室、將軍以上，班分東西入，正安之樂作，至位，樂止。

其二、今朝會儀：舉第一爵，宮縣奏和安之曲，第二、第三、第四，登歌作慶雲、嘉禾、靈芝之曲。則是合樂在前、登歌在後，有違古義。請：第一爵，登歌奏和安之曲，堂上之樂隨歌而發；第二爵，笙入奏慶雲之曲，止吹笙，餘樂不作；第三爵，堂上歌嘉禾之曲，堂下吹笙，瑞木成文之曲，一歌一吹相間；第四爵，合樂奏靈芝之曲，堂上下之樂交作。

其三、定文舞、武舞各爲四表，表距四步爲酇綴，各六十四。文舞者服進賢冠〔九〕，左執籥，右秉翟，分八佾，二工執纛引前，衣冠同之。舞者進蹈安徐，進一步則兩兩相顧揖，三步三揖，四步爲三辭之容，是爲一成。餘成如之。自南第一表至第二表爲第一成，至第三表爲再成，至北第一表爲三成，覆身卻行至第三表爲四成，至第二表爲五成，復至南第一表爲六成，而武舞入。今文舞所秉翟羽，則集雉尾置於髹漆之柄，求之古制，實無所本。聶崇義圖，羽舞所執類羽葆幢，析羽四重，以結綬系於柄，此纛翳之謂也。請按圖以翟羽爲之。

其四、武舞服平巾幘，左執干，右執戈。二工執旌居前；執鼗、執鐸各二工；金錞二，四工舉；二工執鐲、執鐃；執相在左，執雅在右，亦各二工；夾引舞者，衣冠同之。分八佾於南表前，先振鐸以通鼓，乃擊鼓以警戒，舞工聞鼓聲，則各依酇綴總干正立定位，堂上長歌以咏嘆之。於是播鼗以導舞，舞者進步，自南而北，至最南表，以見舞漸。然後左右夾振鐸，次擊鼓，以金錞和之，以金鐲節之，以相而輔樂，以雅而陔步。舞者發揚蹈厲，爲猛賁趫速之狀。每步一進，則兩兩以戈盾相嚮，一擊一刺爲一伐，四伐爲一成，成謂之變。至第二表爲一變；至第三表爲二變；至北第一表爲三變；舞者覆身嚮堂〔10〕，卻行而南，至第三表爲四變；乃擊刺而前，至第二表回易行列，舂、雅節步分左右而跪，以右膝至地，左足仰起，象以文止武爲五變；舞蹈而進，爲兵還振旅之狀，振鐸、搖鼗、擊鼓，和以金錞，廢鐲鳴鐃，復至南第一表爲六變而舞畢。古者，人君自舞大武，故服冕執干戚。若用八佾而爲擊刺之容，則舞者執干戈。說者謂武舞戰象，樂六奏，每一奏之中，率以戈矛四擊刺。戈則擊兵，矛則刺兵，玉戚非可施於擊刺，今舞執干戚，蓋沿襲之誤。請左執干，右執戈。

其五、古之鄉射禮，三笙一和而成聲，謂三人吹笙，一人吹和。今朝會作樂，丹墀之上，巢笙、和笙各二人，其數相敵，非也。蓋鄉射乃列國大夫、士之禮，請增倍爲八人，丹墀東西各三巢一和。

其六、今宮縣四隅雖有建鼓、鞞、應，相傳不擊。乾德中，詔四建鼓幷左右鞞、應合十有二，依李照所奏，以月建爲均，與鎛鍾相應。鞞、應在建鼓旁，是亦朔鼙、應鼙之類。請將作樂之時，先擊鼙，次擊應，然後擊建鼓。

其七、今樂縣四隅設建鼓，不擊，別施散鼓於樂縣內代之。乾德中，尹拙奏宜去散鼓，詔可，而樂工積習亦不能廢。李照議作晉鼓，以爲樂節。請樂縣內去散鼓，設晉鼓以鼓金奏。

其八、古者，瞽矇、眡瞭皆掌播鼗，所以節一唱之終。請宮縣設鼗，以爲樂節。

其九、以天子禮求之，凡樂事播鼗，擊頌磬、笙磬，以鍾鼓奏九夏，是皆在庭之樂；戛擊則柷、敔，球則玉磬，搏拊所以節樂，琴瑟所以詠詩，皆堂上樂也。磬本在堂下，尊玉磬，故進之使在上，若擊石拊石，則當在庭。後世不原於此，以春秋鄭人賂晉侯歌鍾二肆，遂於堂上設歌鍾、歌磬，蓋歌鍾則堂上歌之，堂下以鼓應之耳〔三〕。歌必金奏相和，名曰歌鍾，則以節歌是已，豈堂上有鍾邪？歌磬之名，本無所出，晉賀循奏置登歌簨虡，采玉造小磬，蓋取舜廟鳴球之制。後周登歌，備錄鍾磬，隋、唐迄今，因襲行之，皆不應禮。請正、至朝會，堂上之樂不設鍾磬。

其十、古者，歌工之數：大射工六人，四瑟，則是諸侯鼓瑟以四人〔三〕歌以二人；天子八人，則瑟與歌皆四人矣。魏、晉以來，登歌五人，隋、唐四人，本朝因之，是循用周制也。禮「登歌下管」，貴人聲也，故儀禮瑟與歌工皆席于西階上。隋、唐相承，庭中磬虡之下，繫以偶歌琴瑟，非所謂升歌貴人聲之義。今堂上琴瑟，比之周制，不啻倍蓰，而歌工止四人，音高下不相權。蓋樂有八音，所以行八風，是以舞佾與鍾磬俱用八爲數。請罷庭中歌者，堂上歌爲八，琴瑟之數放此，其箏、阮、筑悉廢。

太常以謂：「堂上鍾磬，去之則歌聲與宮縣遠。漢、唐以來，宮室之制寖廣，堂上益遠庭中，其上下樂節苟不相應，則繁亂而無序。況朝會之禮，起於西漢，則後世難以純用三代之制。其堂上鍾磬、庭中歌工與箏筑之器，從舊儀便。」遂如太常議。

校勘記

〔一〕以一黍之長累爲寸法　「累」字原脫，據魏書卷一〇七上律曆志、宋會要樂二之一四補。

〔二〕元匡　「匡」原作「正」，係避趙匡胤諱，據魏書卷一〇七上律歷志、魏書卷一〇九樂志改。

〔三〕尺二條　「尺二」原倒，「條」字原脫，據宋會要樂二之一五改補。

〔四〕鍾磬不經鐫磨者猶存三縣奇七虡　宋會要樂二之二〇本句作「舊樂鍾磬内不經李照鐫磨者見存餘七架」。

〔五〕以一均清正爲十四　「一」字原脫，據長編卷一六八補。

〔六〕四清聲　「聲」原作「鍾」，據宋會要樂二之二二、長編卷一六八改。

〔七〕學者罕傳歷古研覃亦未究緒　「傳」原作「專」，「究」原作「完」，據宋會要樂四之二二改。

〔八〕眞宗廟　「廟」字原脫，據上文和長編卷一七〇補。

〔九〕古先格王隨代之樂　宋會要樂五之一、宋大詔令集卷一四九國樂名大安詔「格」作「哲」，「之」作「立」。

〔一〇〕有行遠垂久之效焉　「有」原作「而」，「效」原作「致」，據長編卷一七〇改。

〔一一〕安祖宗之所安　「所」字原脫，據宋大詔令集卷一四九國樂名大安詔補。

〔一二〕十二月　據宋會要樂五之二、長編卷一七三，「召兩府及侍臣觀新樂于紫宸殿」是皇祐四年十二月事，此處脫「四年」二字。

〔一三〕于廣一尺二寸　「于」字原脫，據宋會要樂五之二、玉海卷一〇九補。

〔一四〕而兩欒間遞減半分　「半分」二字原脫，據宋會要樂五之二、長編卷一七三補。

〔一五〕亦無鍾磬依律數大小之說　「律」字原脫，據上文和宋會要樂五之三補。

〔一六〕是磬有大小之制者　「之制」二字原脫，據周禮考工記磬氏孔疏、宋會要樂五之三、長編卷一七四補。

〔一七〕爲鍾磬大小之制　「磬」字原脫，據同上書同卷補。

〔一八〕玄德升聞之舞　「玄」原作「至」，據本書卷一二六樂志、宋會要樂四之一二改。

〔一九〕文舞者服進賢冠　「文」字原脫，據通考卷一四五樂考補。

〔二〇〕舞者覆身嚮堂　「堂」原作「空」，據通考卷一四五樂考改。

〔二一〕堂下以鼓應之耳　「鼓」上原衍「鍾」字，據長編卷二九九刪。

〔二二〕四瑟則是諸侯鼓瑟以四人　「是諸侯」三字和「鼓」下「瑟」字原脫，據長編卷二九九補。

宋史卷一百二十八

志第八十一

樂三

元豐三年五月，詔祕書監致仕劉几赴詳定所議樂，以禮部侍郎致仕范鎭與几參考得失。而几亦請命楊傑同議，且請如景祐故事，擇人修製大樂。詔可。

初，傑言大樂七失：

一曰歌不永言，聲不依永，律不和聲。蓋金聲春容，失之則重；石聲溫潤，失之則輕；土聲函胡，失之則下；竹聲淸越，失之則高；絲聲纖微，失之則細；革聲隆大，失之則洪；匏聲叢聚，失之則長；木聲無餘，失之則短。惟人稟中和之氣而有中和之聲，八音、律呂皆以人聲爲度〔一〕，言雖永，不可以逾其聲。今歌者或詠一言而濫及數律，或章句已闋而樂音未終，所謂歌不永言也。請節其煩聲，以一聲歌一言。且詩言人志，詠以爲歌。五聲隨歌，是謂依詠；律呂協奏，是謂和聲。先儒以爲依人音而制樂，託樂器以寫音，樂本效人，非人效樂者，此也。今祭祀樂章並隨月律，聲不依詠，以詠依聲，律不和聲，以聲和律，非古制也。

二曰八音不諧，鐘磬闕四清聲。虞樂九成，以簫爲主；商樂和平，以磬爲依；周樂合奏，以金爲首。鐘、磬、簫者，衆樂之所宗，則天子之樂用八；鐘、磬、簫，衆樂之本，乃倍之爲十六。且十二者，律之本聲；而四者，應聲也。本聲重大爲君父，應聲輕清爲臣子，故其四聲曰清聲，或曰子聲也。李照議樂，始不用四清聲，是有本而無應，八音何從而諧哉？今巢笙、和笙，其管十九，以十二管發律呂之本聲，以七管爲應聲。用之已久，而聲至和，則編鐘、磬、簫宜用四子聲以諧八音。

三曰金石奪倫。樂奏一聲，諸器皆以其聲應，既不可以不及，又不可以有餘。今琴、瑟、塤、篪、笛、簫、笙、阮、箏、筑奏一聲，則鎛鐘、特磬、編鐘、編磬連擊三聲〔二〕；聲煩而掩衆器，遂至奪倫，則鎛鐘、特磬、編鐘、編磬節奏與衆器同，宜勿連擊。

四曰舞不象成。國朝郊廟之樂，先奏文舞，次奏武舞，而武舞容節六變：一變象六師初舉，所向宜北〔三〕；二變象上黨克平，所向宜北；三變象維揚底定，所向宜東南；四變象荆湖來歸，所向宜南；五變象邛蜀納款，所向宜西；六變象兵還振旅，所向宜北而南。今舞者發揚蹈厲、進退俯仰，既不足以稱成功盛德，失其所向，而文舞容節尤無法度，則舞不象成也。

五曰樂失節奏。樂之始，則翕然如衆羽之合；縱之，純如也；節奏明白，皦如也；往來條理，繹如也；然後成。今樂聲不一，混殽無敍，則失於節奏，非所謂成也。

六曰祭祀、饗無分樂之序。蓋金石衆作之謂奏，詠以人聲之謂歌。陽律必奏，陰呂必歌，陰陽之合也。順陰陽之合，所以交神明、致精意。今冬至祀天，不歌大呂；夏至祭地，不奏太簇；春饗祖廟，不奏無射；秋饗后廟，不歌小呂。而四望山川無專祠用樂之制，則何以贊導宣發陰陽之氣而生成萬物哉？

七曰鄭聲亂雅。然朱紫有色而易別，雅、鄭無象而難知，聖人懼其難知也，故定律呂中正之音，以示萬世。今古器尙存，律呂悉備，而學士、大夫不講考擊，奏作委之賤工，則雅、鄭不得不雜。願審調鐘琯〔四〕，用十二律還宮均法，令上下通習，則鄭聲莫能亂雅。

遂爲十二均圖，幷上之。

其論以爲：「律各有均，有七聲，更相爲用。協本均則樂調，非本均則樂悖。今黃鐘爲宮，則太簇、姑洗、林鐘、南呂、應鐘、蕤賓七聲相應，謂之黃鐘之均。餘律爲宮，同之。宮爲君，商爲臣，角爲民，徵爲事，羽爲物。君者，法度號令之所出，故宮生徵；法度號令所以授臣而承行之，故徵生商；君臣一德，以康庶事，則萬物得所，民遂其生，故商生羽，羽生角。然臣有常職，民有常業，物有常形，而遷則失常，故商、角、羽無變聲。君總萬化，不可執以一方；事通萬務，不可滯於一隅：故宮、徵有變聲。凡律呂之調及其宮、樂章，具著於圖。」

帝取所上圖，考其說，乃下鎭、几參定。而王朴、阮逸之黃鍾乃當李照之太簇，其編鍾、編磬雖有四清聲，而黃鍾、大呂正聲舛誤；照之編鍾、編磬雖有黃鍾、大呂，而全闕四清聲，非古制也。朴之太簇、夾鍾，則聲失之高，歌者莫能追逐，平時設而不用。聖人作樂以紀中和之聲，所以導中和之氣，淸不可太高，重不可太下，必使八音協諧，歌者從容而能永其言。鎭等因請擇李照編鍾、編磬十二參於律者，增以王朴無射、應鍾及黃鍾、大呂淸聲，以爲黃鍾、大呂、太簇、夾鍾之四淸聲，俾衆樂隨之，歌工詠之，中和之聲庶可以考。請下朴二律，就太常鍾磬擇其可用者用之，其不可修者別製之。而太常以爲大樂法度舊器，乞留朴鍾磬，別製新樂，以驗議者之術。詔以朴樂鍾爲淸聲，毋得銷毀。

几等謂：「新樂之成，足以薦郊廟，傳萬世。其明堂、景靈宮降天神之樂六奏：舊用夾鍾之均三奏，謂之夾鍾爲宮；夷則之均一奏，謂之黃鍾爲角；林鍾之均二奏，謂之太簇爲徵、姑洗爲羽。而大司樂『凡樂，圜鍾爲宮，黃鍾爲角，太簇爲徵，姑洗爲羽』。而『圜鍾者，夾鍾也』。用夾鐘均之七聲，以其宮聲爲始終，是謂圜鐘爲宮；用黃鐘均之七聲，以其角聲爲始終，是謂黃鐘爲角；用太簇均之七聲，以其徵聲爲始終，是謂太簇爲徵；用姑洗均之七聲，以其羽聲爲始終，是謂姑洗爲羽。今用夷則之均一奏，謂之黃鐘爲角，林鐘之均二奏，謂之太簇爲徵、姑洗爲羽，則祀天之樂無夷則、林鐘而用之，有太簇、姑洗而去之矣。唐典，祀天以夾鐘宮、黃鐘角、太簇徵、姑洗羽，乃周禮也，宜用夾鐘爲宮。其黃鐘爲角，則用黃鐘均，以其角聲爲始終；太簇爲徵，則用太簇均，以其徵聲爲始終；姑洗爲羽，則用姑洗均，以其羽聲爲始終。祭地祇，享宗廟，皆視此均法以度曲。」

几等又以太常磬三等，王朴磬厚，李照磬薄，惟阮逸、胡瑗磬形制精密而聲太高，以磬氏之法摩其旁，輕重與律呂相應。鐘三等，王朴鐘所謂「聲疾而短聞」者也，阮逸、胡瑗鐘所謂「聲舒而遠聞」者也，惟李照鐘有旋蟲之制。鐘磬〔五〕皆三十有六架，架各十有六，則正律相應，淸聲自足。其堂上堂下箎、笛率從新制，而調琴、瑟、阮、筑、塤諸器，隨所下律。詔悉從之。乃緝新器用，徙置太常，闢屋以貯藏之。考選樂工，汰其椎鈍癃老，而優募能者補其闕員，立爲程度，以時習焉。

初，皇祐中，益州進士房庶論尺律之法，以爲嘗得古本漢書，言在律曆志。范鎭以其說爲然，請依法作爲尺律，然後別求古樂參考。於是庶奉詔造律管二，尺、量、龠各一，而殿中丞胡瑗以爲非。詔鎭與几等定樂，鎭曰：「定樂當先正律。」帝然之。鎭作律、尺等，欲圖上之。而几之議律主於人聲，不以尺度求合。其樂大抵卽李照之舊而加四淸聲，遂奏樂成。第加恩賚，而鎭謝曰：「此劉几樂也，臣何預焉！」乃復上奏曰：「太常鎛鐘皆有大小、輕重之法，非三代莫能爲者。禁中又出李照、胡瑗所鑄銅律及尺付太常，按照黃鍾律合王朴太簇律，仲呂律合王朴黃鍾律，比朴樂纔下半律，外有損益而內無損益，鍾聲鬱而不發，無足議者。照之律雖是，然與其樂校，三格自相違戾。且以太簇爲黃鍾，則是商爲宮也。方劉几奏上時，臣初無所預。臣頃造律，內外有損益，其聲和，又與古樂合。今若將臣所造尺律依大小編次太常鎛鐘，可以成一代大典。又太常無雷鼓、靈鼓、路鼓，而以散鼓代之。開元中，有以畫圖獻者，一鼓而爲八面、六面、四面，明皇用之。國朝郊廟或考或不考，宮架中惟以散鼓，不應經義。又八音無匏、土二音：笙、竽以木斗攢竹而以匏裹之，是無匏音也；塤器以木爲之，是無土音也。八音不具，以爲備樂，安可得哉！」不報。

四年十一月，詳定所言：「『搏拊、琴、瑟以詠』，則堂上之樂，以象朝廷之治；『下管、鼗鼓』，『合止柷、敔』，『笙、鏞以間』，則堂下之樂，以象萬物之治。後世有司失其傳，歌者在堂，兼設鐘磬；宮架在庭，兼設琴瑟；堂下匏竹，寘之於床：並非其序。請親祠宗廟及有司攝事，歌者在堂，不設鐘磬；宮架在庭，不設琴瑟；堂下匏竹，不寘於床。其郊壇上下之樂，亦以此爲正，而有司攝事如之。」又言：「以小胥宮縣推之，則天子鐘、磬、鎛十二虡爲宮縣，明矣。故或以爲配十二辰，或以爲配十二次，則虡無過十二。先王之制廢，學者不能考其數。隋、唐以來，有謂宮縣當二十虡，甚者又以爲三十六虡。方唐之盛日，有司攝事，樂並用宮縣。至德後，太常聲音之工散亡，凡郊廟有登歌而無宮縣，後世因仍不改。請郊廟有司攝事，改用宮架十二虡。」太常以謂用宮架十二虡，則律呂均聲不足，不能成均。請如禮：宮架四面如辰位，設鎛鐘十二虡，而甲、丙、庚、壬設鐘，乙、丁、辛、癸設磬，位各一虡；四隅植建鼓，以象二十四氣。宗廟、郊丘如之。

五年正月，開封布衣葉防上書論樂器、律曲不應古法，復下楊傑議。傑論防增編鐘、編磬二十有四爲簨制，管籥視鐘磬數，登歌用玉磬，去樂曲之近淸聲者，舞不立表，皆非是。其言均律差互，與劉几同。請以晉鼓節金奏。考經、禮，制簨虡教國子、宗子舞，用之郊廟，爲何所取？而范鎭亦言：「自唐以來至國朝，三大祀樂譜並依周禮，然其說有黃鐘爲角、黃鐘之角。黃鐘爲角者，夷則爲宮；黃鐘之角者，姑洗爲角。十二律之於五聲，皆如此率。而世俗之說，乃去『之』字，謂太簇曰黃鐘商，姑洗曰黃鐘角，林鐘曰黃鐘徵，南呂曰黃鐘羽。今葉防但通世俗夷部之說，而不見周禮正文，所以稱本寺均差互，其說難行。」帝以樂律絕學，防草萊中習之尤難，乃補防爲樂正。

六年春正月，御大慶殿，初用新樂。二月，太常言：「郊廟樂虡，若遇雨雪，望祭卽設於殿上。」三月，禮部言：「有司攝事，祀昊天舞名〔六〕，請初獻曰帝臨嘉至，亞、終獻〔七〕曰神娭錫羨；太廟初獻曰孝熙昭德，亞、終獻曰禮洽儲祥。」詔可。九月，禮部言：「周禮，凡大祭祀，王出入則奏王夏，明入廟門已用樂矣。今既移祼在作樂之前，皇帝詣罍洗奏乾安，則入門亦當奏乾安，庶合古制。其入景靈宮及南郊壝門，乞如之。」

七年正月，詔從協律郎榮咨道請，於奉宸庫選玉造磬，令太常審定音律。六月，禮部言：「親郊之歲，夏至祀皇地祇於方丘，遣冢宰攝事，禮容樂舞謂宜加於常祀。而其樂虡二十、樂工百五十有二、舞者六十有四，與常歲南北郊上公攝事無異，未足以稱欽崇之意。乞自今準親祠用三十六虡〔八〕，工人三百有六，舞人百三十有四〔九〕。」詔可。

元祐元年，咨道又言：「先帝詔臣製造玉磬，將用于廟堂之上，依舊同編鐘以登歌。今年親祠明堂，請用之，以章明盛典。」從之。三年，范鎭樂成，上其所製樂章三、鑄律十二、編鐘十二、鎛鐘一〔一〇〕、衡一、尺一、斛一，鑿石爲編磬十二、特磬一，簫、笛、塤、篪、巢笙、和笙各二，幷書及圖法。帝與太皇太后御延和殿，詔執政、侍從、臺閣、講讀官皆往觀焉。賜鎭詔曰：「朕惟春秋之後，禮樂先亡，秦、漢以來，韶、武僅在。散樂工於河、海之上，往而不還；聘先生於齊、魯之間，有莫能致。魏、晉以下，曹、鄶無譏。豈徒鄭、衞之音，已雜華、戎之器。間有作者，猶存典刑。然銖、黍之一差，或宮、商之易位。惟我四朝之老，獨知五降之非。審聲知音，以律生尺。覽詩書之來上，閱簨虡之在廷。君臣同觀，父老太息。方詔學士、大夫論其法，工師、有司考其聲。上追先帝移風易俗之心，下慰老臣愛君憂國之志。究觀所作，嘉歎不忘。」

鎭爲樂論，其自敍曰：「臣昔爲禮官，從諸儒難問樂之差謬，凡十餘事。厥初未習，不能不小牴牾。後考周官、王制、司馬遷書、班氏志，得其法，流通貫穿，悉取舊書，去其牴牾，掇其要，作爲八論。」其論律、論黍、論尺、論量、論聲器，言在律曆志。

論鐘曰：

夫鐘之制，周官鳧氏言之甚詳，而訓解者其誤有三：若云：「帶，所以介，其名也介在于、鼓、鉦、舞、甬、衡之間。」介于、鼓、鉦、舞之間則然，非在甬、衡之上，其誤一也。又云：「舞，上下促，以橫爲修，從爲廣，舞廣四分。」今亦去徑之二分以爲之間，則舞間之方常居銑之四也。舞間方四，則鼓間六亦其方也。鼓六、鉦六、舞四，既言鼓間與舞脩相應，則鼓與舞皆六，所云「鉦六、舞四」，其誤二也。又云：「鼓外二，鉦外一。」彼既以鉦、鼓皆六，無厚薄之差，故從而穿鑿以遷就其說，其誤三也。

今臣所鑄編鐘十二，皆從其律之長，故鐘口十者，其長十六以爲鐘之身。鉦者，正也，居鐘之中，上下皆八，下去二以爲之鼓，上去二以爲之舞，則鉦居四而鼓與舞皆六。是故于、鼓、鉦、舞、篆、景、欒、隧、甬、衡、旋蟲，鐘之文也，著於外者也；廣、長、空徑、厚、薄、大、小，鐘之數也，起於內者也。若夫金錫之齊與鑄金之狀率按諸經，差之毫釐則聲有高下，不可不審。其鎛鐘亦以此法而四倍之。

今太常鐘無大小、無厚薄、無金齊，一以黃鐘爲率，而磨以取律之合，故黃鐘最薄而輕。自大呂以降，迭加重厚，是以卑陵尊，以小加大，其可乎？且清聲者不見於經，惟小胥注云「鐘磬者，編次之，二八十六枚而在一虡謂之堵。」至唐又有十二清聲，其聲愈高，尤爲非是。國朝舊有四清聲，置而弗用，至劉几用之，與鄭、衞無異。

論磬曰：

臣所造編磬，皆以周官磬氏爲法，若黃鐘股之博四寸五分，股九寸，鼓一尺三寸五分；鼓之博三寸，而其厚一寸，其弦一尺三寸五分。十二磬各以其律之長而三分損益之，如此其率也。今之十二磬，長短、厚薄皆不以律，而欲求其聲，不亦遠乎？鐘有齊也，磬，石也，天成之物也。以其律爲之長短、厚薄，而其聲和，此出於自然，而聖人者能知之，取以爲法，後世其可不考正乎？考正而非是，則不足爲法矣。

特磬則四倍其法而爲之。國朝祀天地、宗廟及大朝會，宮架內止設鎛鐘，惟后廟乃用特磬，非也。今已升祔后廟，特磬遂爲無用之樂。臣欲乞凡宮架內於鎛鐘後各加特磬，貴乎金石之聲小大相應。

論八音曰：

匏、土、革、木、金、石、絲、竹，是八物者，生天地間，其體性不同而至相戾之物也。聖人制爲八器，命之商則商，命之宮則宮，無一物不同者。能使天地之間至相戾之物無不同，此樂所以爲和而八音所以爲樂也。

樂下太常，而楊傑上言：「元豐中，詔范鎭、劉几與臣詳議郊廟大樂，既成而奏，稱其和協。今鎭新定樂法，頗與樂局所議不同。且樂經仁宗制作，神考睿斷，奏之郊廟、朝廷，蓋已久矣，豈可用鎭一說而遽改之？」遂著元祐樂議，以破鎭說。其議樂章曰：

國朝大樂所立曲名，各有成憲，不相淆雜，所以重正名也。故廟室之樂皆以「大」名之，如大善、大仁、大英之類是也。今鎭以文明之曲獻祖廟，以大成之曲進皇帝，以萬歲之曲進太皇太后，其名未正，難以施於宗廟、朝廷。

議宮架加磬曰：

鎮言：「國朝祀天地、宗廟及大朝會，宮架內止設鎛鐘，惟后廟乃用特磬，非也。今已升后廟，特磬遂爲無用之樂，欲乞凡宮架內於鎛鐘後各加特磬，貴乎金石之聲小大相應。」按唐六典：天子宮架之樂，鎛鐘十二、編鐘十二、編磬十二，凡三十有六虡，宗廟與殿庭同。凡中宮之樂，則以大磬代鐘，餘如宮架之制。今以鎛鐘、特磬並設之，則爲四十八架，於古無法。皇帝將出，宮架撞黃鐘之鐘，右五鐘皆應；皇帝興，宮架擿蕤賓之鐘，左五鐘皆應。未聞皇帝出入，以特磬爲節。

議十六鐘磬曰：

鎮謂：「清聲不見於經，惟小胥注云『鐘磬者，編次之，十六枚而在一虡謂之堵。』至唐又有十二清聲，其聲愈高，尤爲非是。國朝舊有四清聲，置而弗用，至劉几用之，與鄭、衞無異。」按編鐘、編磬十六，其來遠矣，豈徒見於周禮小胥之注哉？漢成帝時，犍爲郡於水濱得古磬十六枚，帝因是陳禮樂、雅頌之聲，以風化天下。其事載於禮樂志，不爲不詳，豈因劉几然後用哉？且漢承秦，秦未嘗制作禮樂，其稱古磬十六者，乃二帝、三王之遺法也。其王朴樂內編鐘、編磬，以其聲律太高，歌者難逐，故四清聲置而弗用。及神宗朝下三律，則四清聲皆用而諧協矣。周禮曰：「鳧氏爲鐘，薄厚之所震動，清濁之所由出。」則清聲豈不見於經哉？今鎮以簫、笛、塤、篪、巢笙、和笙獻於朝廷〔二〕，簫必十六管，是四清聲在其間矣。自古無十二管之簫，豈簫韶九成之樂已有鄭、衞之聲乎？

禮部、太常亦言「鎮樂法自係一家之學，難以參用」，而樂如舊制。

四年十二月，始命大樂正葉防撰朝會二舞儀。

武舞曰威加四海之舞：

第一變：舞人去南表三步，總干而立，聽舉樂，三鼓，前行三步，及表而蹲；再鼓，皆舞，進一步，正立；再鼓，皆持干荷戈，相顧作猛賁趫速之狀；再鼓，皆轉身向裏，以干戈相擊刺，足不動；再鼓，皆回身向外，擊刺如前；再鼓，皆正立舉手，蹲；再鼓，皆舞，進一步轉面相向立，干戈各置腰；再鼓，各前進，以左足在前，右足在後，左手執干當前，右手執戈在腰爲進旅；再鼓，各相擊刺；再鼓，各退身復位，整其干爲退旅；再鼓，皆正立，蹲；再鼓，皆舞，進一步正立；再鼓，皆轉面相向，秉干持戈坐作；再鼓，各相擊刺；再鼓，皆起，收其干戈爲克捷之象；再鼓，皆正立，遇節樂則蹲。

第二變：聽舉樂，依前蹲；再鼓，皆舞，進一步正立；再鼓，皆正面，作猛賁趫速之狀；再鼓，各轉身向裏相擊刺，足不動；再鼓，各轉身向外擊刺如前；再鼓，皆正立，蹲；再鼓，皆舞，進一步，陳其干戈，左右相顧爲猛賁趫速之狀；再鼓，皆併入行，以八

爲四；再鼓，皆兩兩對相擊刺；再鼓，皆回，易行列，左在右，右在左；再鼓，皆舉手，

蹲；再鼓，皆舞，進一步正立；再鼓，各分左右；再鼓，各揚其干戈；再鼓，交相擊刺；再鼓，皆總干正立，遇節樂則蹲。

第三變：聽舉樂則蹲；再鼓，皆舞，進一步轉面相向；再鼓，整干戈以象登臺講武；再鼓，皆擊刺於東南；再鼓，皆按盾舉戈，東南嚮而望，以象潭、泉奉土；再鼓，皆擊刺於正南；再鼓，皆按盾舉戈，南嚮而望，以象杭、越來朝；再鼓，皆舞，進一步正立；再鼓，皆擊刺於西北；再鼓，皆按盾舉戈，西北嚮而望，以象克殄幷、汾；再鼓，皆擊刺於正西；再鼓，皆按盾舉戈，西嚮而望，以象肅淸銀、夏；再鼓，皆舞，進一步正跪，右膝至地，左足微起；再鼓，皆置干戈于地，各拱其手，象其不用；再鼓，皆左右舞蹈，象以文止武之意；再鼓，皆就拜，收其干戈，起而躬立；再鼓，皆舞，退，鼓盡卽止，以象兵還振旅。

文舞曰化成天下之舞：

第一變：舞人立南表之南，聽舉樂則蹲；再鼓，皆舞，進一步正立；再鼓，皆稍前而正揖，合手自下而上；再鼓，皆左顧左揖；再鼓，皆右顧右揖；再鼓，皆開手，蹲；再鼓，皆舞，進一步正立；再鼓，皆少卻身，初辭，合手自上而下；再鼓，皆右顧，以右

手在前、左手推出爲再辭；再鼓，皆左顧，以左手在前、右手推出爲固辭；再鼓，皆合手，蹲；再鼓，皆舞，進一步正立；再鼓，皆俛身相顧，初謙，合手當胸；再鼓，皆右側身、左垂手爲再謙；再鼓，皆左側身、右垂手爲三謙；再鼓，皆躬而授之，遇節樂則蹲。

第二變：聽舉樂則蹲；再鼓，皆舞，進一步轉面相嚮；再鼓，皆稍前相揖；再鼓，皆左顧左揖；再鼓，開手，蹲，正立；再鼓，皆舞，進一步復相嚮；再鼓，皆卻身爲初辭；再鼓，皆舞，辭如上儀；再鼓，皆再辭；再鼓，皆固辭；再鼓，皆合手，蹲，正立；再鼓，皆舞，進一步；再鼓，相嚮；再鼓，皆顧爲初謙；再鼓，皆再謙；再鼓，皆三謙；再鼓，皆躬而授之，正立，遇節樂則蹲。

第三變：聽舉樂則蹲；再鼓，皆舞，進一步兩兩相嚮；再鼓，皆相趨揖；再鼓，皆左揖如上；再鼓，皆右揖；再鼓，皆開手，蹲，正立；再鼓，皆舞，進一步復相嚮；再鼓，皆卻身初辭；再鼓，皆再辭；再鼓，皆固辭；再鼓，皆合手，蹲，正立；再鼓，皆舞，進一步兩兩相嚮；再鼓，皆相顧初謙；再鼓，皆再謙；再鼓，皆三謙，躬而授之，正立，節樂則蹲。

凡二舞綴表器及引舞振作，並與大祭祀之舞同。協律郎陳沂按閱，以謂節奏詳備，自是朝會則用之。

八年，太常博士孫諤言：「臣嘗奉社稷之祠，親覩陳設，初疑其闕略而不備，退而考元祐祀儀，乃與所親見者合焉。其登歌之樂，雖有鐘、磬、簨虡、搏拊、柷、敔之屬，獨陳太社壇上，而太稷闕焉。夫宮架不備，非所以重社稷也。周官制祭祀之法，則有靈鼓以鼓之，有帗舞以舞之，有太簇、應鐘、咸池以極其歌舞之節，此樂文之備也。唐社稷用二十架，至於開元，亦循三代之遺法，於壇之北，宮架備陳，別異天神，中建靈鼓，歌鐘、歌虡〔三〕各設二壇，下舞上歌，何其盛也！臣稽考典禮，凡祭太社、太稷，宜倣周官及開元禮文，於壇之北，備設宮架，鐘、匏、竹各列二壇，南架之內，更植靈鼓。」於是集侍從、禮官議增稷壇樂，而添用宮架之說不行。

元符元年十一月，詔登歌、鐘、磬並依元豐詔旨，復先帝樂制也。

二年正月，詔前信州司法參軍吳良輔按協音律，改造琴瑟，教習登歌，以太常少卿張商英薦其知樂故也。初，良輔在元豐中上樂書五卷，其書分爲四類，以謂：「天地兆分，氣數爰定。律厥氣數，通之以聲。於是撰釋律。律爲經，聲爲緯。律以聲爲文，聲以律爲質。旋相爲宮，七音運生。於是撰釋聲。聲生於日，律生於辰，故經之以六律，緯之以五聲。聲律相協，和而無乖。播之八音，八音以生。於是撰釋音。四物兼采，八器以成。度數施設，象隱於形。考器論義，道德以明。於是撰釋器。」類各有條，凡四十四篇，大抵考之經傳，精以講思，頗益於樂理，文多，故弗著焉。

崇寧元年，詔宰臣置僚屬，講議大政。以大樂之制訛繆殘闕，太常樂器弊壞，琴瑟制度參差不同，籥篴之屬樂工自備，每大合樂，聲韻淆雜，而皆失之太高。箏、筑、阮，秦、晉之樂也，乃列於琴、瑟之間；熊羆按，梁、隋之制也，乃設於宮架之外。笙不用匏，舞不象成，曲不協譜。樂工率農夫、市賈，遇祭祀朝會則追呼於阡陌、閭閻之中，教習無成，曹不知音。議樂之臣以樂經散亡，無所據依；秦、漢之後，諸儒自相非議，不足取法。乃博求知音之士，而魏漢津之名達於上焉。

漢津至是年九十餘矣，本剩員兵士，自云居西蜀，師事唐仙人李良，授鼎樂之法。皇祐中，漢津與房庶以善樂被薦，既至，黍律已成，阮逸始非其說，漢津不得伸其所學。後逸之樂不用，乃退與漢津議指尺，作書二篇，敍述指法。漢津嘗陳於太常，樂工憚改作，皆不主其說。或謂漢津舊嘗執役於范鎮，見其制作，略取之，蔡京神其說而託於李良。

二年九月，禮部員外郎陳暘上所撰樂書二百卷，命吏部尙書何執中看詳，以謂暘欲考定音律，以正中聲，願送講議司，令知音律者參驗行之。暘之論曰：「漢津論樂，用京房二變、四淸。蓋五聲十二律，樂之正也；二變、四淸，樂之蠹也。二變以變宮爲君，四淸以黃鐘淸爲君。事以時作，固可變也，而君不可變；太蔟、大呂、夾鐘，或可分也，而黃鐘不可分。豈古人所謂尊無二上之旨哉？」壬辰，詔曰：「朕惟隆禮作樂，實治內修外之先務，損益述作，其敢後乎？其令講議司官詳求歷代禮樂沿革，酌古今之宜，修爲典訓，以貽永世，致安上治民之至德，著移風易俗之美化，迺稱朕咨諏之意焉。」

三年正月，漢津言曰：「臣聞黃帝以三寸之器名爲咸池，其樂曰大卷，三三而九，乃爲黃鐘之律。禹效黃帝之法，以聲爲律，以身爲度，用左手中指三節三寸，謂之君指，裁爲宮聲之管；又用第四指三節三寸，謂之臣指，裁爲商聲之管；又用第五指三節三寸，謂之物指，裁爲羽聲之管。第二指爲民、爲角，大指爲事、爲徵，民與事，君臣治之，以物養之，故不用爲裁管之法。得三指合之爲九寸，卽黃鐘之律定矣。黃鐘定，餘律從而生焉。臣今欲請帝中指、第四指、第五指各三節，先鑄九鼎，次鑄帝坐大鐘，次鑄四韻淸聲鐘，次鑄二十四氣鐘，然後均弦裁管，爲一代之樂制。」

其後十三年，帝一日忽夢人言：「樂成而鳳凰不至乎！蓋非帝指也。」帝寤，大悔歎，謂：「崇寧初作樂，請吾指寸，而內侍黃經臣執謂『帝指不可示外人』，但引吾手略比度之，曰：『此是也。』蓋非人所知。今神告朕如此，且奈何？」於是再出中指寸付蔡京，密命劉昺試之。時昺終匿漢津初說，但以其前議爲度，作一長笛上之。帝指寸既長於舊，而長笛殆不可易，以動人觀聽，於是遂止。蓋京之子絛云。

秋七月，景鐘成。景鐘者，黃鐘之所自出也。垂則爲鐘，仰則爲鼎。鼎之大，終於九斛，中聲所極。製煉玉屑，入於銅齊，精純之至，音韻淸越。其高九尺，拱以九龍，惟天子親郊乃用之。立於宮架之中，以爲君圍。於是命翰林學士承旨張康國爲之銘，其文曰：「天造我宋，於穆不已。四方來和，十有二紀。樂象厥成，維其時矣。迪惟有夏，度自禹起。我龍受之，天地一指。於論景鐘，中聲所止。有作于斯，無襲于彼。九九以生，律呂根柢。維此景鐘，非弇非侈。在宋之庭，屹然中峙。天子萬年，既多受祉。維此景鐘，上帝命爾。其承伊何，以燕翼子。永言寶之，宋樂之始。」

校勘記

〔一〕八音律呂皆以人聲爲度　宋會要樂五之一一和長編卷三〇七本句都作「足以權量八音，使律呂皆以人聲爲度，以一聲歌一言」。疑史有刪簡。

〔二〕編磬連擊三聲　「編」字和「連」字原脫，據宋會要樂五之一二、長編卷三〇七補。

〔三〕所向宜北　原脫，據同上書同卷補。

〔四〕願審調鐘琯　「調」原作「條」，據同上書同卷改。

〔五〕鏞磬　「磬」原作「聲」，據上文和本書卷一二六樂志改。

〔六〕祀昊天舞名　「祀」字原脫，據長編卷三三四、玉海卷一〇七補。

〔七〕亞終獻　「獻」字原脫，據宋會要樂五之一四、長編卷三三四補。

〔八〕三十六虡　「三」原作「二」，據長編卷三四六、玉海卷一〇七改。

〔九〕百三十有四　「三」原作「二」，據宋會要樂五之一五、長編卷三四六改。

〔一〇〕鎛鏞一　「一」字原脫，據宋會要樂五之一五、長編卷四一九補。

〔一一〕今鎮以簫笛塤篪巢笙和笙獻於朝廷　「以」字原脫，據宋會要樂五之一七補。

〔一二〕歌虡　據文義，「虡」疑應作「磬」。

宋史卷一百二十九

志第八十二

樂四

崇寧四年七月，鑄帝鼐、八鼎成。八月，大司樂劉昺言：「大朝會宮架舊用十二熊羆按，金錞、簫、鼓、鸑篥等與大樂合奏。今所造大樂，遠稽古制，不應雜以鄭、衞。」詔罷之。又依昺改定二舞，各九成，每三成爲一變，執籥秉翟，揚戈持盾，威儀之節，以象治功。庚寅，樂成，列于崇政殿。有旨，先奏舊樂三闋，曲未終，帝曰：「舊樂如泣聲。」揮止之。既奏新樂，天顏和豫，百僚稱頌。九月朔，以鼎樂成，帝御大慶殿受賀。是日，初用新樂，太尉率百僚奉觴稱壽，有數鶴從東北來，飛度黃庭，回翔嗚唳。乃下詔曰：「禮樂之興，百年於此。然去聖愈遠，遺聲弗存。迺者，得隱逸之士於草茅之賤，獲英莖之器於受命之邦。適時之宜，以身爲度，鑄鼎以起律，因律以制器，按協於庭，八音克諧。昔堯有大章，舜有大韶，三代之王亦各異名。今追千載而成一代之制，宜賜新樂之名曰大晟，朕將薦郊廟、享鬼神、和萬邦，與天下共之。其舊樂勿用。」

先是，端州上古銅器，有樂鐘，驗其款識，乃宋成公時。帝以端王繼大統，故詔言受命之邦，而隱逸之士謂漢津也。朝廷舊以禮樂掌于太常，至是專置大晟府，大司樂一員、典樂二員並爲長貳，大樂令一員，協律郎四員，又有製撰官，爲制甚備，於是禮樂始分爲二。

五年九月，詔曰：「樂不作久矣！朕承先志，述而作之，以追先王之緒；建官分屬，設府庀徒，以成一代之制。二月，嘗詔省內外冗官，大晟府亦併之禮官。夫舜命夔典樂，命伯夷典禮，禮樂異道，各分所守，豈可同職？其大晟府名可復仍舊。」

又詔曰〔二〕：「樂作已久，方薦之郊廟，施於朝廷，而未及頒之天下。宜令大晟府議頒新樂，使雅正之聲被於四海，先降三京四輔，次帥府。」

大觀二年，詔曰：「自唐以來，正聲全失，無徵角之音，五聲不備，豈足以道和而化俗哉？劉詵所上徵聲，可令大晟府同教坊依譜按習，仍增徵、角二譜，候習熟來上。」初，進士彭几進樂書，論五音，言本朝以火德王，而羽音不禁，徵調尚闕。禮部員外郎吳時善其說，建言乞召几至樂府，朝廷從之。至是，詵亦上徵聲，乃降是詔。

三年五月，詔：「今學校所用，不過春秋釋奠，如賜宴辟廱，乃用鄭、衞之音，雜以俳優之戲，非所以示多士。其自今用雅樂。」

四年四月，議禮局言：「國家崇奉感生帝、神州地祇爲大祠，以僖祖、太祖配侑，而有司行事不設宮架、二舞，殊失所以尊祖、侑神作主之意。乞皆用宮架、二舞。」詔可。六月，詔：「近選國子生教習二舞，以備祠祀先聖，本周官教國子之制。然士子肄業上庠，頗聞恥於樂舞與樂工爲伍、坐作、進退。蓋今古異時，致於古雖有其迹，施於今未適其宜。其罷習二舞，願習雅樂者聽。」

八月，帝親製大晟樂記，命太中大夫劉昺編修樂書，爲八論：

其一曰：樂由陽來，陽之數極於九，聖人攝其數於九鼎，寓其聲於九成。陽之數復而爲一，則寶鼎之卦爲坎；極而爲九，則彤鼎之卦爲離。離，南方之卦也。聖人以光明盛大之業，如日方中，嚮明而治，故極九之數則曰景鐘，大樂之名則曰大晟。日王於午，火明於南，乘火德之運，當豐大之時，恢擴規模，增光前烈，明盛之業，永觀厥成。樂名大晟，不亦宜乎？

其二曰：後世以黍定律，其失樂之本也遠矣。以黍定尺，起於西漢，蓋承六經散亡之後，聞古人之緒餘而執以爲法，聲既未協，乃屢變其法而求之。此古今之尺所以至於數十等，而至和之聲愈求而不可得也。傳曰：「萬物皆備於我矣，反身而誠，樂莫大焉！」秬黍云乎哉？

其三曰：焦急之聲不可用於隆盛之世。昔李照欲下其律，乃曰：「異日聽吾樂，當令人物舒長。」照之樂固未足以感動和氣如此，然亦不可謂無其意矣。自藝祖御極，和樂之聲高，歷一百五十餘年，而後中正之聲乃定。蓋奕世修德，和氣薰蒸，一代之樂，理若有待。

其四曰：盛古帝王皆以明堂爲先務，後世知爲崇配、布政之宮，然要妙之旨，祕而不傳，徒區區於形制之末流，而不知帝王之所以用心也。且盛德在木，則居青陽，角聲乃作；盛德在火，則居明堂，徵聲乃作；盛德在金，則居總章，商聲乃作；盛德在水，則居玄堂，羽聲乃作；盛德在土，則居中央，宮聲乃作。其應時之妙，不可勝言。一歲之中，兼總五運，凡麗於五行者，以聲召氣，無不總攝。鼓宮，宮動；鼓角，角應：彼亦莫知所以使之者。則永膺壽考，曆數過期，不亦宜乎？

其五曰：魏漢律以太極元氣，函三爲一，九寸之律，三數退藏，故八寸七分〔三〕爲中聲。正聲得正氣則用之，中聲得中氣則用之。宮架環列，以應十二辰；中正之聲，以應二十四氣；加四清聲，以應二十八宿。氣不頓進，八音乃諧。若立春在歲元之後，則迎其氣而用之，餘悉隨氣用律，使無過不及之差，則所以感召陰陽之和，其法不亦密乎？

其六曰：乾坤交於亥，而子生於黄鐘之宫，故稟於乾，交於亥，任於壬，生於子。自乾至子凡四位，而清聲具焉。漢津以四清爲至陽之氣，在二十八宿爲虚、昴、星、房，四者居四方之正位，以統十二律。每清聲皆有三統：申、子、辰屬於虚而統於子，巳、酉、丑屬於昴而統於丑，寅、午、戌屬於星而統於寅，亥、卯、未屬於房而統於卯。中正之聲分爲二十四宿，統於四清焉。

其七曰：昔人以樂之器有時而弊，故律失則求之於鐘，鐘失則求之於鼎，得一鼎之龠，則權衡度量可考而知。故鼎以全渾淪之體，律呂以達陰陽之情，天地之間，無不統攝，機緘運用，萬物振作，則樂之感人，豈無所自而然邪？

其八曰：聖上稽帝王之制而成一代之樂，以謂帝舜之樂以教胄子，乃頒之於宗學；成周之樂，掌於成均，乃頒之府學、辟廱、太學；而三京藩邸，凡祭祀之用樂者皆賜之：於是中正之聲被天下矣。漢施鄭聲於朝廷，唐升夷部於堂上，至於房中之樂，唯恐淫哇之聲變態之不新也。聖上樂聞平淡之音，而特詔有司制爲宫架，施之於禁庭，房中用雅樂，自今朝始云。

又爲圖十二：一曰五聲，二曰八音，三曰十二律應二十八宿，四曰七均應二十八宿，五曰八十四調，六曰十二律所生，七曰十二律應二十四氣，八曰十二律鐘正聲，九曰堂上樂，十曰金鐘玉磬，十一曰宮架，十二曰二舞。圖雖不能具載，觀其所序，亦可以知其旨意矣：

天地相合，五數乃備。不動者爲五位，常動者爲五行，五行發而爲五聲。律呂相生，五聲乃備，布於十二律之間，猶五緯往還於十有二次，五運斡旋於十有二時。其圖五聲以此。

兩儀既判，八卦肇分。氣盈而動，八風行焉。顓帝乃令飛龍效八風之音，命之曰承雲。方是時，金、石、絲、竹、匏、土、革、木之音未備，後聖有作，以八方之物全五聲者，制而爲八音，以聲召氣，八風從律。其圖八音以此。

上象著明器形，而下以聲召氣，脗合元精。其圖十二律應二十八宿以此〔三〕。

斗在天中，周制四方，猶宮聲處中爲四聲之綱。二十八舍列在四方，用之於合樂者，蓋東方七角屬木，南方七徵屬火，西方七商屬金，北方七羽屬水。四方之宿各有所屬，而每方之中，七均備足。中央七宮管攝四氣。故二十八舍應中正之聲者，制器之法也；二十八舍應七均之聲者，和聲之術也。其圖七均應二十八宿以此。

合陰陽之聲而文之以五聲，則九六相交，均聲乃備。黃鐘爲宮，是謂天統；林鐘爲徵，是謂地統；太簇爲商，是謂人統。南呂爲羽，於時屬秋；姑洗爲角，於時屬春；

應鐘爲變宮，於時屬冬；蕤賓爲變徵，於時屬夏。旋相爲宮，而每律皆具七聲，而八十四調備焉。其圖八十四調以此。

自黃鐘至仲呂，則陽數極而爲乾，故其位在左；蕤賓至應鐘，則陰數極而爲坤，故其位在右。陰窮則歸本，故應鐘自生陰律；陽窮則歸本，故仲呂自歸陽位。律呂相生，起於復而成於乾，終始皆本於陽，故曰「樂由陽來」，六呂則同之而已。相生之位，分則爲乾、坤之爻，合則爲既濟、未濟之卦。自黃鐘至仲呂爲既濟，故屬陽而居左；自蕤賓至應鐘爲未濟，故屬陰而居右。易始於乾、坤而終於既濟、未濟，天地辨位而水火之氣交際於其中，造化之原皆自此出。其圖十二律所生以此。

二十四氣差之毫釐，則或先天而太過，或後天而不及。在律爲聲，在曆爲氣。若氣方得節，乃用中聲；氣已及中，猶用正律。其圖十二律應二十四氣以此。

漢津曰：「黃帝、夏禹之法，簡捷徑直，得於自然，故善作樂者以聲爲本。若得其聲，則形數、制度當自我出。今以帝指爲律，正聲之律十二，中聲之律十二，淸聲凡四，共二十有八」云。其圖十二律鐘正聲以此〔四〕。

堂上之樂，以人聲爲貴，歌鐘居左，歌磬居右。近世之樂，曲不協律，歌不擇人，有先製譜而後命辭。奉常舊工，村野癃老者斥之。升歌之工，選擇惟艱，故堂上之樂鏗然特異焉。其圖堂上樂以此。

金玉之精，稟氣於乾，故堂上之樂，鐘必以金，磬必以玉。歷代樂儀曰：「歌磬次歌鐘之西，以節登歌之句。」卽周官頌磬也。神考肇造玉磬，聖上紹述先志，而堂上之樂方備，非聖智兼全、金聲而玉振之者，安能與於天道哉？其圖金鐘玉磬以此。

大晟之制，天子親祀圜丘，則用景鐘爲君圍，鎛鐘、特磬爲臣圍，編鐘、編磬爲民圍，非親祀則不用君圍。漢津以謂：「宮架總攝四方之氣，故大晟之制，羽在上而以四方之禽，虡在下而以四方之獸，以象鳳儀、獸舞之狀。龍簨崇牙，制作華煥。」其圖宮架以此。

新樂肇興，法夏籥九成之數：文舞九成，終於垂衣拱手，無爲而治；武舞九成，終於偃武修文，投戈講藝。每成進退疾徐，抑揚顧揖，皆各象方今之動烈。文舞八佾，左執籥，右秉翟。蓋籥爲聲之中，翟爲文之華，秉中聲而昌文德。武舞八佾，執干戈而進，以金鼓爲節。其圖二舞以此。

又列八音之器，金部有七：曰景鐘，曰鎛鐘，曰編鐘，曰金錞，曰金鐲，曰金鐃，曰金鐸。其說以謂：

景鐘乃樂之祖，而非常用之樂也。黃帝五鐘，一曰景鐘。景，大也。鐘，四方之聲，以象厥成。惟功大者其鐘大，世莫識其義久矣。其聲則黃鐘之正，而律呂由是生焉。平時弗考，風至則鳴。鎛鐘形聲宏大，各司其辰，以管攝四方之氣。編鐘隨月用律，雜比成文，聲韻淸越。錞、鐲、鐃、鐸，古謂之四金。鼓屬乎陽，金屬乎陰。陽造始而爲之倡，故以金錞和鼓；陽動而不知已，故以金鐲節鼓。陽之用事，有時而終，故以金鐃止鼓。時止則止，時行則行，天之道也，故以金鐸通鼓。金乃兌音，兌爲口舌，故金之屬皆象之。

石部有二：曰特磬，曰編磬。其說以謂：

「依我磬聲」，以石有一定之聲，衆樂依焉，則鐘磬未嘗不相須也。往者，國朝祀天地、宗廟及大朝會，宮架內止設鎛鐘，惟后廟乃用特磬，若已升祔后廟，遂置而不用。如此，則金石之聲小大不侔。大晟之制，金石並用，以諧陰陽。漢津之法，以聲爲主，必用泗濱之石，故禹貢必曰「浮磬」者，遠土而近於水，取之實難。昔奉常所用，乃以白石爲之，其聲沉下，製作簡質，理宜改造焉。

絲部有五〔五〕：曰一弦琴，曰三弦琴，曰五弦琴，曰七弦琴，曰九弦琴，曰瑟。其說以謂：

漢津誦其師之說曰：「古者，聖人作五等之琴，琴主陽，一、三、五、七、九，生成之數也。師延拊一弦之琴，昔人作三弦琴，蓋陽之數成於三。伏羲作琴有五弦，神農氏爲琴七弦，琴書以九弦象九星。五等之琴，額長二寸四分，以象二十四氣；嶽闊三分，以象三才；嶽內取聲三尺六寸，以象期三百六十日；龍齗及折勢四分，以象四時；共長三尺九寸一分，成於三，極於九。九者，究也，復變而爲一之義也。大晟之瑟長七尺二寸，陰爻之數二十有四，極三才之陰數而七十有二，以象一歲之候。既罷箏、筑、阮，絲聲稍下，乃增瑟之數爲六十有四，則八八之數法乎陰，琴之數則九十有九而法乎陽。」

竹部有三：曰長篴〔六〕，曰篪，曰簫。其說以謂：

篴以一管而兼律呂，衆樂由焉。三竅成籥，三才之和寓焉。六竅爲篴，六律之聲備焉。篪之制，採竹竅厚均者，用兩節，開六孔，以備十二律之聲，則篪之樂生於律。樂始於律而成於簫。律準鳳鳴，以一管爲一聲。簫集衆律，編而爲器；參差其管，以象鳳翼；簫然清亮，以象鳳鳴。

匏部有六：曰竽笙，曰巢笙，曰和笙，曰閏餘匏，曰九星匏，曰七星匏。其說以謂：

列其管爲簫，聚其管爲笙。鳳凰于飛，簫則象之；鳳凰戾止，笙則象之。故內皆用簧，皆施匏於下。前古以三十六簧爲竽，十九簧爲巢，十三簧爲和，皆用十九數，而以管之長短、聲之大小爲別。八音之中，匏音廢絕久矣。後世以木代匏，乃更其制，下皆用匏，而幷造十三簧者，以象閏餘。十者，土之成數；三者，木之生數：木得土而能生也。九簧者，以象九星。物得陽而生，九者，陽數之極也。七簧者，以象七星。笙之形若鳥斂翼，鳥，火禽，火數七也。

土部有一：曰壎。其說以謂：

釋詩者以壎、篪異器而同聲，然八音孰不同聲，必以壎、篪爲況？嘗博詢其旨，蓋八音取聲相同者，惟壎、篪爲然。壎、篪皆六孔而以五竅取聲。十二律始於黃鐘，終於應鐘。二者，其竅盡合則爲黃鐘，其竅盡開則爲應鐘，餘樂不然。故惟壎、篪相應。

革部十有二：曰晉鼓，曰建鼓，曰鼗鼓，曰靁鼓，曰靁鼗，曰靈鼓，曰靈鼗，曰路鼓，曰路鼗，曰雅鼓，曰相鼓，曰搏拊。其說以謂：

凡言樂者，必曰鐘鼓，蓋鐘爲秋分之音而屬陰，鼓爲春分之音而屬陽。金奏待鼓而後進者，雷發聲而後羣物皆鳴也；鼓復用金以節樂者，雷收聲而後蟄蟲坯戶也。周官以晉鼓鼓金奏，陽爲陰唱也。建鼓，少昊氏所造，以節衆樂。夏加四足，謂之足鼓；商貫之以柱，謂之楹鼓；周縣而擊之，謂之縣鼓。鼗者，鼓之兆也。天子錫諸侯樂，以柷將之；賜伯、子、男樂，以鼗將之。柷先衆樂，鼗則先鼓而已。以靁鼓鼓天神，因天聲以祀天也；以靈鼓鼓社祭，以天爲神，則地爲靈也；以路鼓鼓鬼享，人道之大也。

以舞者迅疾，以雅節之，故曰雅鼓。相所以輔相於樂，今用節舞者之步，故曰相鼓。登歌今奏擊拊，以革爲之，實之以糠，升歌之鼓節也。

木部有二：曰柷，曰敔。其說以謂：

柷之作樂，敔之止樂，漢津嘗問於李良，良曰：「聖人制作之旨，皆在易中。易曰：『震，起也。艮，止也。』柷、敔之義，如斯而已。柷以木爲底，下實而上虛。震一陽在二陰之下，象其卦之形也。擊其中，聲出虛，爲衆樂倡。震爲雷，雷出地奮，爲春分之音，故爲衆樂之倡，而外飾以山林物生之狀。艮位寅，爲虎，虎伏則以象止樂。背有二十七刻，三九陽數之窮。戛之以竹，裂而爲十，古或用十寸，或裂而爲十二，陰數。十二者，二六之數，陽窮而以陰止之。」

又有度、量、權、衡四法，候氣、運律、教樂、運譜四議，與律曆、運氣或相表裏，甚精微矣，茲獨採其言樂事顯明者。凡爲書二十卷。說者以謂蔡京使爲緣飾之，以布告天下云。

政和二年，賜貢士聞喜宴于辟廱，仍用雅樂，罷瓊林苑宴。兵部侍郎劉煥言：「州郡歲貢士，例有宴設，名曰『鹿鳴』，乞於斯時許用雅樂，易去倡優淫哇之聲。」八月，太常言：「宗廟、太社、太稷並爲大祠，今太社、太稷登歌而不設宮架樂舞，獨爲未備，請迎神、送神、詣罍洗、歸復位、奉俎、退文舞、迎武舞、亞終獻、望燎樂曲，並用宮架樂，設於北墉之北。」詔皆從之。

三年四月，議禮局上親祠登歌之制：大朝會同。

金鐘一，在東；玉磬一，在西：俱北向。柷一，在金鐘北，稍西；敔一，在玉磬北，稍東。搏拊二：一在柷北，一在敔北，東西相向。一弦、三弦、五弦、七弦、九弦琴各一，瑟四，在金鐘之南，西上；玉磬之南亦如之，東上。又於午階之東，太廟則於泰階之東，宗祀則於東階之西，大朝會則於丹墀香案之東。設篴二、篪一、巢笙二、和笙二，爲一列，西上。大朝會，和笙在篴南。塤一，在篴南。大朝會在篪南。閏餘匏一，簫一〔七〕，各在巢笙南。又於午階之西，太廟則於泰階之西，宗祀則於西階之東，大朝會則於丹墀香案之西。設篴二、篪一、巢笙二、和笙二，爲一列，東上。塤一，在篴南。七星匏一、九星匏一，在巢笙南。簫一，在九星匏西。鐘、磬、柷、敔、搏拊、琴、瑟工各坐於壇上，太廟、宗祀、大朝會則於殿上。塤、篪、笙、篴、簫、匏工並立於午階之東西。太廟則於泰階之東西，宗祀則於兩階之間，大朝會則於丹墀香案之東西。樂正二人在鐘、磬南，歌工四人在敔東，俱東西相向。執麾挾仗色掌事一名，在樂虡之西，東向。樂正紫公服，大朝會服絳朝服，方心曲領，緋白大帶，金銅革帶，烏皮履。樂工黑介幘，執麾人平巾幘，並緋繡鸞衫、白絹夾袴、抹帶。大朝會同。

又上親祠宮架之制：景靈宮、宣德門、大朝會附。

四方各設編鐘三、編磬三。東方，編鐘起北，編磬間之，東向。西方，編磬起北，編鐘間之，西向。南方，編磬起西，編鐘間之；北方，編鐘起西，編磬間之：俱北向。設十二鎛鐘、特磬於編架內，各依月律。四方各鎛鐘三、特磬三。東方，鎛鐘起北，特磬間之，東向。西方，特磬起北，鎛鐘間之，西向。南方，特磬起西，鎛鐘間之；北方，鎛鐘起西，特磬間之：皆北向。景靈宮、天興殿鎛鐘、編鐘、編磬如每歲大祠宮架陳設。

植建鼓、鞞鼓、應鼓於四隅，建鼓在中，鞞鼓在左，應鼓在右。設柷、敔於北架內：柷一，在道東；敔一，在道西。設瑟五十二，朝會五十六。宣德門五十四。列爲四行：二行在柷東，二行在敔西。次，一弦琴七，左四右三。次，三弦琴一十有八；宣德門二十。次，五弦琴一十有八；宣德門二十。並分左右。次，七弦琴二十有三；次，九弦琴二十有三：並左各十有二，右各十有一。宣德門七弦、九弦各二十五，並左十有三，右十有二。次，巢笙二十有八，分左右。宣德門三十二。次，匏笙三，在巢笙之間，左二、右一。次，簫二十有八；宣德門、大朝會三十。次，竽二十；次，箎二十有八；宣德門三十六。朝會箎三十三：左十有七，右十有六。次，塤一十有八；宣德門、朝會二十。次，篴二十有八：並分左右。宣德門篴三十六。朝會三十三：左十有七，右十有六。雷鼓、雷鼗各一，在左；又雷鼓、雷鼗各一，在右：地祇：靈鼓、靈鼗各二。太廟路鼓〔八〕、路鼗各二。大朝會晉鼓二。宣德門不設。並在三弦、五弦琴之間，東西相向。晉鼓一，在匏笙間，少南北向。

副樂正二人在柷、敔之前，北向。歌工三十有二，宣德門四十。朝會三十有六。次柷、敔，東西相向，列爲四行，左右各二行。樂師四人，在歌工之南北，東西相向。運譜二人，在晉鼓之左右，北向。執麾挾仗色掌事一名，在樂虡之右，東向。副樂正同樂正服，大朝會同樂正朝服。樂師緋公服，運譜綠公服，大朝會介幘、絳韝衣、白絹抹帶。樂工執麾人並同登歌執麾人服。朝會同。

又上親祠二舞之制：大朝會同。

文舞六十四人，執籥翟；武舞六十四人，執干戚：俱爲八佾。文舞分立於表之左右，各四佾。引文舞二人，執纛在前，東西相向。舞色長〔九〕二人，在執纛之前，分東西。若武舞則在執旌之前。引武舞，執旌二人，鼗二人，雙鐸二人，單鐸二人，鐃二人，持金錞四人，奏金錞二人，鉦二人，相二人，雅二人，各立於宮架之東西，北向，北上，武舞在其後。舞色長幞頭、抹額、紫繡袍。引二舞頭及二舞郎，並紫平冕、皁繡鸞衫、金銅革帶、烏皮履。大朝會引文舞頭及文舞郎並進賢冠、黃鸞衫、銀褐裙、綠褡襠、革帶、烏皮履；引武舞頭及武舞郎並平巾幘、緋鸞衫、黃畫甲身、紫褡襠、豹文大口袴、起梁帶、烏皮鞾。引武舞人，武弁、緋繡鸞衫、抹額、紅錦臂鞲、白絹袴、金銅革帶、烏皮履。大朝會同。

又上大祠、中祠登歌之制：

編鐘一，在東；編磬一，在西：俱北向。柷一，在編鐘之北，稍西；敔一，在編磬之北，稍東。搏拊二：一在柷北，一在敔北，俱東西相向〔10〕。一弦、三弦、五弦、七弦、九弦琴各一，瑟一，在編鐘之南，西上。編磬之南亦如之，東上。壇下午階之東，太廟、別廟則於殿下泰階之東，明堂、祠廟則於東階之西。設篴一、篪一、塤一，爲一列，西上。和笙一，在篴南；巢笙一，在篪南；簫一，在塤南。午階之西亦如之，東上。太廟、別廟則於泰階之西，明堂、祠廟則於西階之東。鐘、磬、柷、敔、搏拊、琴、瑟工各坐於壇上，明堂、太廟、別廟於殿上，祠廟於堂上。塤、篪、笙、篴、簫工並立於午階東西。太廟、別廟於太階之東西，明堂、祠廟於兩階之間，若不用宮架，卽登歌工人並坐。樂正二人在鐘、磬南，歌工四人在敔東，俱東西相向。執麾挾仗色掌事一名，在樂虡之西，東向。樂正公服，執麾挾仗色掌事平巾幘，樂工黑介幘，並緋繡鸞衫、白絹抹帶。三京帥府等每歲祭社稷，祀風師、雨師、雷神，釋奠文宣王，用登歌樂，陳設樂器並同，每歲大、中祠登歌。

又上大祠宮架、二舞之制：

四方各設鎛鐘三，各依月律。編鐘一，編磬一。北方，應鐘起西，編鐘次之，黃鐘次之，編磬次之，大呂次之，皆北向。東方，太簇起北，編鐘次之，夾鐘次之，編磬次之，姑洗次之，皆東向。南方，仲呂起東，編鐘次之，㽔賓次之，編磬次之，林鐘次之，皆北向。西方，夷則起南，編鐘次之，南呂次之，編磬次之，無射次之，皆西向。設十二特磬，各在鎛鐘之內。

植建鼓、鞞鼓、應鼓於四隅。設柷、敔於北架內，柷在左，敔在右。雷鼓、雷鼗各二，地祇以靈鼓、靈鼗，太廟、別廟以路鼓、路鼗。分東西，在歌工之側〔一一〕。瑟二，在柷東。次，一絃、三絃、五絃、七絃、九絃琴各二，各爲一列。敔西亦如之。巢笙、簫、竽〔一二〕、篪、塤、篴各四，爲四列，在雷鼓之後；若地祇即在靈鼓後，太廟、別廟在路鼓後。晉鼓一，在篴之後；俱北向。副樂正二人在柷、敔之北。歌工八人，左右各四，在柷、敔之南，東西相向。執麾挾仗色掌事一名，在宮架西，北向。副樂正本色公服，執麾挾仗色掌事及樂正平巾幘，服同登歌樂工。凡軒架之樂〔一三〕三面，其制，去宮架之南面；判架之樂二面，其制，又去軒架之北面；特架之樂一面。文武二舞並同親祠，惟二舞郎並紫平冕、皂繡袍、銀褐裙、白絹抹帶，與親祠稍異。

詔並頒行。

五月，帝御崇政殿，親按宴樂，召侍從以上侍立。詔曰：「大晟之樂已薦之郊廟，而未施於宴饗。比詔有司，以大晟樂播之教坊，試於殿庭，五聲既具，無沾滯焦急之聲，嘉與天下共之，可以所進樂頒之天下，其舊樂悉禁。」於是令尚書省立法，新徵、角二調曲譜已經按試者，並令大晟府刊行，後續有譜，依此。其宮、商、羽調曲譜自從舊，新樂器五聲、八音方全。塤、箎、匏、笙、石磬之類已經按試者，大晟府畫圖疏說頒行，教坊、鈞容直、開封府各頒降二副。開封府用所頒樂器，明示依式造粥，教坊、鈞容直及中外不得違。今輒高下其聲〔四〕，或別爲他聲，或移改增損樂器，舊來淫哇之聲，如打斷、哨笛、呀鼓、十般舞、小鼓腔、小笛之類與其曲名，悉行禁止，違者與聽者悉坐罪。

八月，大晟府奏，以雅樂中聲播於宴樂，舊闕徵、角二調，及無土、石、匏三音，今樂並已增入。詔頒降天下。九月，詔：「大晟樂頒於太學、辟廱，諸生習學，所服冠以弁，袍以素紗、皂緣，紳帶，佩玉。」從劉昺製也。

昺又上言曰：「五行之氣，有生有剋，四時之禁，不可不頒示天下。盛德在木，角聲乃作，得羽而生，以徵爲相；若用商則刑，用宮則戰，故春禁宮、商。盛德在火，徵聲乃作，得角而生，以宮爲相；若用羽則刑，用商則戰，故夏禁商、羽。盛德在土，宮聲乃作，得徵而生，以商爲相；若用角則刑，用羽則戰，故季夏土王，宜禁角、羽。盛德在金，商聲乃作，得宮而生，以羽爲相；若用徵則刑，用角則戰，故秋禁徵、角。盛德在水，羽聲乃作，得商而生，以角爲相；若用宮則刑，用徵則戰，故冬禁宮、徵。此三代之所共行，月令所載，深切著明者也。作樂本以導和，用失其宜，則反傷和氣。夫淫哇殺雜，干犯四時之氣久矣。陛下親灑宸翰，發爲詔旨，淫哇之聲轉爲雅正，四時之禁亦右所頒，協氣則粹美，繹如以成。」詔令大晟府置圖頒降。

四年正月，大晟府言：「宴樂諸宮調多不正，如以無射爲黃鍾宮，以夾鍾爲中呂宮，以夷則爲仙呂宮之類。又加越調、雙調、大食、小食，皆俚俗所傳，今依月律改定。」詔可。六年，詔：「先帝嘗命儒臣肇造玉磬，藏之樂府，久不施用，其令略加磨礲，俾與律合。幷造金鐘，專用於明堂。」又詔：「大晟雅樂，頃歲已命儒臣著樂書，獨宴樂未有紀述。其令大晟府編集八十四調幷圖譜，令劉昺撰以爲宴樂新書。」十月，臣僚乞以崇寧、大觀、政和所得珍瑞名數，分命儒臣作爲頌詩，協以新律，薦之郊廟，以告成功。詔送禮制局。

七年二月，典樂裴宗元言：「乞按習虞書賡載之歌，夏五子之歌，商之那，周之關雎、麟趾、騶虞、鵲巢、鹿鳴、文王、清廟之詩。」詔可。中書省言：「高麗，賜雅樂〔五〕，乞習教聲律、大晟府撰樂譜辭。」詔許教習，仍賜樂譜。

三月，議禮局言：「先王之制，舞有小大：文舞之大，用羽、籥；文舞之小，則有羽無籥，謂之羽舞。武舞之大，用干、戚；武舞之小，則有干無戚，謂之干舞。武舞又有戈舞焉，而戈不用於大舞。近世武舞以戈配干，未嘗用戚。乞武舞以戚配干，置戈不用，庶協古制。」

又言：「伶州鳩曰：『大鈞有鎛無鐘，鳴其細也；細鈞有鐘無鎛，昭其大也。』然則鐘，大器也；鎛，小鐘也。以宮、商爲鈞，則謂之大鈞，其聲大，故用鎛以鳴其細，而不用鐘；以角、徵、羽爲鈞，則謂之小鈞，其聲細，故用鐘以昭其大，而不用鎛。然後細大不踰，聲應相保，和平出焉。是鎛、鐘兩器，其用不同，故周人各立其官。後世之鎛鐘，非特不分大小，又混爲一器，復於樂架編鐘、編磬之外，設鎛鐘十二，配十二辰，皆非是。蓋鎛鐘猶之特磬，與編鐘、編磬相須爲用者也。編鐘、編磬，其陽聲六，以應律；其陰聲六，以應呂〔一六〕。既應十二辰矣，復爲鎛鐘十二以配之，則於義重複。乞宮架樂去十二鎛鐘，止設一大鐘爲鐘、一小鐘爲鎛、一大磬爲特磬，以爲衆聲所依。」詔可。

四月，禮制局言：「尊祖配天者，郊祀也；嚴父配天者，明堂也。所以來天神而禮之，其義一也。則明堂宜同郊祀，用禮天神六變之樂，其宮架赤紫，用雷鼓、雷鼗。又圜丘方澤，各有大樂宮架，自來明堂就用大慶殿大朝會宮架。今明堂肇建，欲行製置。」

十月，皇帝御明堂平朔左个，始以天運政治頒于天下。是月也，凡樂之聲，以應鐘爲宮、南呂爲商、林鐘爲角、仲呂爲閏徵、姑洗爲徵、太簇爲羽、黃鐘爲閏宮。既而中書省言：「五聲、六律、十二管還相爲宮，若以左旋取之，如十月以應鐘爲宮，則南呂爲商、林鐘爲角、仲呂爲閏徵、姑洗爲徵、太簇爲羽、黃鐘爲閏宮；若以右旋七均之法，如十月以應鐘爲宮，則當用大呂爲商、夾鐘爲角、仲呂爲閏徵、蕤賓爲徵、夷則爲羽、無射爲閏宮。明堂頒朔，用左旋取之，非是。欲以本月律爲宮，右旋取七均之法。」從之。仍改正詔書行下。

自是而後，樂律隨月右旋。

仲冬之月，皇帝御明堂，南面以朝百辟，退坐于平朔，授民時。樂以黃鐘爲宮、太簇爲商、姑洗爲角、蕤賓爲閏徵、林鐘爲徵、南呂爲羽、應鐘爲閏宮。調以羽，使氣適平。

季冬之月，御明堂平朔右个。樂以大呂爲宮、夾鐘爲商、仲呂爲角、林鐘爲閏徵、夷則爲徵、無射爲羽、黃鐘爲閏宮〔七〕。客氣少陰火，調以羽，尙羽而抑徵。

孟春之月，御明堂青陽左个。樂以太簇爲宮、姑洗爲商、蕤賓爲角、夷則爲閏徵、南呂爲徵、應鐘爲羽、大呂爲閏宮。客氣少陽相火，與歲運同，火氣太過，調宜羽，致其和。

仲春之月，御明堂青陽。樂以夾鐘爲宮、仲呂爲商、林鐘爲角、南呂爲閏徵、無射爲徵、黃鐘爲羽、太簇爲閏宮。調以羽。

季春之月，御明堂青陽右个〔八〕。樂以姑洗爲宮、蕤賓爲商、夷則爲角、無射爲閏徵、應鐘爲徵、大呂爲羽、夾鐘爲閏宮。客氣陽明，尙徵以抑金。

孟夏之月，御明堂左个。樂以仲呂爲宮、林鐘爲商、南呂爲角、應鐘爲閏徵、黃鐘爲徵、太簇爲羽、姑洗爲閏宮。調宜尙徵。

仲夏之月，御明堂。樂以蕤賓爲宮、夷則爲商、無射爲角、黃鐘爲閏徵、大呂爲徵、夾鐘爲羽、仲呂爲閏宮。客氣寒水，調宜尙宮以抑之。

季夏之月，御明堂右个。樂以林鐘爲宮、南呂爲商、應鐘爲角、大呂爲閏徵、太簇爲徵、姑洗爲羽、蕤賓爲閏宮。調宜尙宮，以致其和。

孟秋之月，御明堂總章左个。樂以夷則爲宮、無射爲商、黃鐘爲角、太簇爲閏徵、夾鐘爲徵、仲呂爲羽、林鐘爲閏宮。調宜尙商。

仲秋之月，御明堂總章。樂以南呂爲宮、應鐘爲商、大呂爲角、夾鐘爲閏徵、姑洗爲徵、蕤賓爲羽、夷則爲閏宮。調宜尙商。

季秋之月，御明堂總章右个。樂以無射爲宮、黃鐘爲商、太簇爲角、姑洗爲閏徵、仲呂爲徵、林鐘爲羽、南呂爲閏宮。調宜尙羽，以致其平。

閏月，御明堂，闔左扉。樂以其月之律。

十一月，知永興軍席旦言：「太學、辟廱士人作樂，皆服士服，而外路諸生尙衣襴幞，望下有司考議，爲圖式以頒外郡。」

八年八月，宣和殿大學士蔡攸言：「九月二日，皇帝躬祀明堂，合用大樂。按樂書：『正聲得正氣則用之，中聲得中氣則用之。』自八月二十八日，已得秋分中氣，大饗之日當用中聲樂。今看詳古之神瞽考中聲以定律，中聲謂黃鐘也，黃鐘卽中聲，非別有一中氣之中聲也。考閱前古，初無中、正兩樂。若以一黃鐘爲正聲，又以一黃鐘爲中聲，則黃鐘君聲，不當有二。況帝指起律，均法一定，大呂居黃鐘之次，陰呂也，臣聲也。今減黃鐘三分，則入大呂律矣，易其名爲黃鐘中聲，不唯紛更帝律，又以陰呂臣聲僭竊黃鐘之名。若依樂書『正聲得正氣則用之，中聲得中氣則用之』，是冬至祀天、夏至祭地，常不用正聲而用中聲也。以黃鐘爲正聲，易大呂爲中聲之黃鐘，是帝律所起，黃鐘常不用而大呂常用也。抑陽扶陰，退律進呂，爲害斯大，無甚於此。今來宗祀明堂，緣八月中氣未過，而用中聲樂南呂爲宮，則本律正聲皆不得預。欲乞廢中聲之樂，一遵帝律，止用正聲，協和天人，刊正訛謬，著於樂書。」詔可。攸又乞取已頒中聲樂在天下者。

宣和元年四月，攸上書：

奉詔製造太、少二音登歌宮架，用於明堂，漸見就緒，乞報大晟府者凡八條：

一，太、正、少鐘三等。舊制，編鐘、編磬各一十六枚，應鐘之外，增黃鐘、大呂、太簇、夾鐘四清聲。今既分太、少，則四清聲不當兼用，止以十二律正聲各為一架。

其二，太、正、少琴三等。舊制，一、三、五、七、九弦凡五等。今來討論，並依律書所載，止用五弦。弦大者為宮而居中央，君也。商張右傍，其餘大小相次，不失其序，以為太、正、少之制，而十二律舉無遺音。其一、三、五、七、九弦，太、少樂內更不製造。

其三，太、正、少籥三等。謹按周官籥章之職，歙以迎寒暑。王安石曰：「籥，三孔，律呂於是乎生，而其器不行於世久矣。近得古籥，嘗以頒行。」今如爾雅所載，製造太、正、少三等，用為樂本，設於衆管之前。

其四，太正少篴、塤、篪、簫各三等。舊制，簫一十六管，如鐘磬之制，有四清聲。今既分太、少，其四清聲亦不合兼用，止用十二管。

其五，大晟匏有三色：一曰七星，二曰九星，三曰閏餘，莫見古制。匏備八音，不可闕數，今已各分太、正、少三等，而閏餘尤無經見，唯大晟樂書稱「匏造十三簧者，以象閏餘。十者，土之成數；三者，木之生數：木得土而能生也。」故獨用黃鐘一清聲。黃鐘清聲無應閏之理，今去閏餘一匏，止用兩色，仍改避七星、九星之名，止曰七管、九管。

其六，舊制有巢笙、竽笙、和笙。巢笙自黃鐘而下十九管，非古制度。其竽笙、和笙並以正律林鐘爲宮，三笙合奏，曲用兩調，和笙奏黃鐘曲，則巢笙奏林鐘曲以應之，宮、徵相雜。器本宴樂，今依鐘磬法，裁十二管以應十二律，爲太、正、少三等，其舊笙更不用。

其七，柷、敔、晉鼓、鎛鐘、特磬，雖無太、少，係作止和樂，合行備設。

其八，登歌宮架有搏拊二器，按虞書「戛擊鳴球，搏拊琴瑟。」王安石解曰：「或戛或擊，或搏或拊。」與虞書所載乖戾。今欲乞罷而不用。

詔悉從之。

攸之弟條曰：

初，漢津獻說，請帝三指之三寸，三合而爲九，爲黃鐘之律。又以中指之徑圍爲容盛，度量權衡皆自是而出。又謂：「有太聲、有少聲。太者，淸聲，陽也，天道也；少者，濁聲，陰也，地道也；中聲，其間，人道也。合三才之道，備陰陽之奇偶，然後四序可得而調，萬物可得而理。」當時以爲迂怪。

劉昺之兄煒以曉樂律進，未幾而卒。昺始主樂事，乃建白謂：太、少不合儒書。以太史公書黃鐘八寸七分琯爲中聲，奏之於初氣；班固書黃鐘九寸琯爲正聲，奏之於中氣。因請帝指時止用中指，又不得徑圍爲容盛，故後凡制器，不能成劑量，工人但隨律調之，大率有非漢津之本說者。

及政和末，明堂成，議欲爲布政調燮事，乃召武臣前知憲州任宗堯換朝奉大夫爲大晟府典樂。宗堯至，則言太、少之說本出於古人，雖王朴猶知之，而劉昺不用，乃自剏黃鐘爲兩律。黃鐘，君也，不宜有兩。蔡攸方提舉大晟府，不喜佗人預樂。有士人田爲者，善琵琶，無行，攸乃奏爲大晟府典樂，遂不用中聲八寸七分琯，而但用九寸琯。又爲一律，長尺有八寸，曰太聲；一律長四寸有半，曰少聲：是爲三黃鐘律矣。律與容盛又不翅數倍。黃鐘既四寸有半，則圜鐘幾不及二寸。諸器大小皆隨律，蓋但以器大者爲太，小者爲少。樂始成，試之于政事堂，執政心知其非，然不敢言，因用之於明堂布政，望鶴愈不至。

條又曰：「宴樂本雜用唐聲調，樂器多夷部，亦唐律。徵、角二調，其均自隋、唐間已亡。政和初，命大晟府改用大晟律，其聲下唐樂已兩律。然劉昺止用所謂中聲八寸七分琯爲之，又作匏、笙、塤、篪，皆入夷部。至於徵招、角招，終不得其本均，大率皆假之以見徵音。然其曲譜頗和美，故一時盛行於天下，然教坊樂工嫉之如讎。其後，蔡攸復與教坊用事樂工附會，又上唐譜徵、角二聲，遂再命教坊制曲譜，既成，亦不克行而止。然政和徵招、角招遂傳於世矣。」

二年八月，罷大晟府製造所幷協律官。四年十月，洪州奏豐城縣民鋤地得古鐘，大小九具，狀制奇異，各有篆文。驗之考工記，其制正與古合。令樂工擊之，其聲中律之無射。繪圖以聞。

七年十二月，金人敗盟，分兵兩道入，詔革弊事，廢諸局，於大晟府及教樂所、教坊額外人並罷。靖康二年，金人取汴，凡大樂軒架、樂舞圖、舜文二琴、教坊樂器、樂書、樂章、明堂布政閏月體式、景陽鐘幷虡、九鼎皆亡矣。

校勘記

〔一〕又詔曰　據本書卷二〇徽宗紀、宋會要樂五之二〇，此係大觀元年五月詔，志舛入上年。

〔二〕八寸七分　原作「八寸七寸」，據本卷下文改。

〔三〕其圖十二律應二十八宿以此　「此」原作「北」。按上下文例都以「以此」結句，「北」與「此」形近易訛，下句又和漢書卷二六天文志「斗爲帝車，運於中央，臨制四海」合，故改。

〔四〕其圖十二律鐘正聲以此　「鐘正聲」三字原脫，按本卷上文敍目有此三字，因補。

〔五〕絲部有五　文內一弦琴、三弦琴、五弦琴、七弦琴、九弦琴和瑟共六種，疑「五」爲「六」之誤。

〔六〕竹部有三曰長篴　文內有簫，合篴、箎、籥爲四，疑「三」爲「四」之誤。又「曰長篴」下疑脫「曰簫」

二字。

〔七〕簫一　「一」字原脫，據宋會要樂五之二一、通考卷一四〇樂考補。

〔八〕路鼓　原脫，據五禮新儀卷六、通考卷一四〇樂考補。

〔九〕舞色長　「長」字原脫，據下文和宋會要樂五之二二補。

〔一〇〕俱東西相向　「相」字原脫，據同上書同卷頁補。

〔一一〕在歌工之側　五禮新儀卷六作「敔工之南」。「側」，宋會要樂五之二四和通考卷一四〇樂考都作「南」。

〔一二〕巢笙簫竽　「簫」字原脫，據宋會要樂五之二四、五禮新儀卷六補。

〔一三〕軒架之樂　「樂」原作「架」，據宋會要樂五之二四、通考卷一四〇樂考改。

〔一四〕今輒高下其聲　「今」原作「令」。通考卷一三〇樂考此語作「今樂敢高下其聲」，按文義作「今」是，據改。

〔一五〕高麗賜雅樂　玉海卷一〇五作「賜高麗雅樂」。

〔一六〕其陰聲六以應呂　「其陰聲六以應」六字原脫，據宋會要樂五之二五補。

〔一七〕黃鐘爲閏宮　「黃」原作「夾」，誤。樂以大呂爲宮，閏宮應是黃鐘，故改。

〔一八〕青陽右个　「右」原作「左」，據禮記月令改。